Reinhard Leube

Nicht noch einen Friedensvertrag

Sechster Teil

Anderwelt Verlag

Impressum

Nicht noch einen Friedensvertrag
Europa 1942 bis zum Frühjahr 1943
Teil 6

Titelbild von Andreas Schäfer

1. Auflage 2021

Anderwelt Verlag, München
Druck: CPI Books GmbH Printed in Germany

ISBN: 978-3-940321-28-2

Reinhard Leube

Nicht noch einen Friedensvertrag

Europa 1942 bis zum Frühjahr 1943

Der Geschichte sechster Teil

Titelbild von Andreas Schäfer

Verfolgen Sie hier, wie sich die Nachkriegspolitik in Bonn schon in den Jahren 1942/43 vorgezeichnet hat und wie sehr der Widerstand an der Ausarbeitung der Konzepte beteiligt war, aber erst nach dem Kriegsende zur Wirkung kam. Allerdings ganz anders, als man es bislang vermutet. Sie werden die Sterne* aus meinen ersten sechs Bänden dieser Serie in den Jahrzehnten bis 1990 wiederfinden.

Was Sie hier erwartet

1942

1943

Zum Verständnis der Welt bis 1989

Beginnen möchte ich mit einer halbherzigen Entschuldigung dafür, dass vor den ersten fünf Bänden nie ein Vorwort war. Im gleichen Atemzug muss ich mich entschuldigen, weil Sie Texte gelesen haben, die Sie unter normalen Umständen nie zu Gesicht bekommen hätten. Ich sehe, wie es hier läuft. Aus Stichworten im Vorwort hätten Sie entnommen, dass ihre antrainierte Weltsicht beim Lesen durcheinander geraten würde. Das ist zumindest für einen Teil der Leserschaft wahr. Doch ich möchte wirklich *alle* mit meinen Texten erreichen, auch diejenigen, die Texte noch nicht einmal anfassen, wenn die Texte nicht den richtigen Stallgeruch haben. Es gibt weltweit eine Menge Literatur, die sich mit Hintergründen sowie mit blinden Flecken bezüglich der Beziehungen einiger Länder mit dem Deutschen Reich bis 1945 beschäftigt. Doch sie findet kaum den Weg in deutsche Zeitungen. Aber für die Endverbraucher wissenschaftlicher Ergebnisse ist interessant, welche zusammenfassenden Kernaussagen von Journalisten in den Massenmedien angeboten werden. Bis hin zur Überraschung, dass Auschwitz-Monowitz ein unternehmenseigenes KZ eines Kartells war, das von den USA aus aufgebaut wurde und von dem Zinsen auf die Investitionen bis 1945 an die Bank of England abgeführt wurden, werden ungern gehörte Erkenntnisse unter den Teppich gekehrt.[1] Und auf der anderen Seite werden die Vorwürfe an die Insassen der Diktatur mit jedem Jahrzehnt immer noch lauter – gute und mutige Handlungen unter diesen hässlichen Umständen werden dafür heruntergespielt und als vernachlässigbare Größen darstellt. Das ist ganz großes Theater.

Selbst wenn man nur wenige Sätze sagen oder schreiben kann, weil bloß wenig Zeit oder nicht genug Platz vorhanden ist, dürfte es möglich sein, ein ausgewogenes Bild über den jeweiligen Zusammenhang anzubieten. Häufig entsteht aber der Eindruck, dass dies gar nicht erwünscht ist. Da werden kritikwürdige Handlungen grob verallgemeinert, und dabei entstehen Aussagen, die darauf hinauslaufen, Adolf Hitler sei an die Macht gekommen, die übergroße Mehrheit sei davon begeistert gewesen, dann

---

1 LeBor (2014), S. 92, 109 bis 120

begann der Krieg, es wurden viele Menschen umgebracht und am Ende waren die Deutschen unglücklich, weil sie den Krieg verloren haben. Das Elend beginnt ja schon mit der höchst verkürzten Antwort auf die Frage, was die Leute am Anfang an Hitler gut fanden. Da kommen dann immer die Autobahnen und die gesunkene Arbeitslosigkeit. Für den Historiker sollten solche Antworten zu flach und eines Profis unwürdig sein. Es ist allerdings wahr, dass es die Experten auch nicht leicht haben. Ihre Texte schaffen es nicht bis in die Zeitung, wenn sie schreiben, dass sich Hitler seine Argumente gegen den ungebremsten Imperialismus des britischen Weltreiches zum Beispiel nicht aus den Fingern saugen musste. Die sehr beeindruckende wirtschaftliche Aufwärtsbewegung inklusive des öffentlichen wie auch des privaten Wohnungsbaus muss man nicht verschämt verschweigen, und die westlichen Kredite ebenso wenig, die jenes Wirtschaftswunder unter einem Hitler überhaupt erst ermöglicht haben.

Spannend wird es natürlich, wenn sich die Erkenntnisse in den Büchern von der Quintessenz in den Medien völlig unterscheiden. Es muss zum Beispiel Gründe dafür geben, warum verbissen an dem Bild festgehalten wird, dass es sich bei der Bundesrepublik der frühen Jahre um ein Land gehandelt hat, welches mehr oder minder von alten Nazis regiert wurde. Es ist nicht zu bezweifeln, dass es Nazis weiterhin in vielen Berufen gab. Wer den Krieg überlebt hat, ist ja nicht 1945 geplatzt. Aber die Leute, die etwas mit westdeutscher Außenpolitik zu tun hatten, waren eben *clean*. Warum führen Bücher, die Persönlichkeiten wie Hans Globke, Reinhard Gehlen oder Kurt Georg Kiesinger in ein sehr positives Licht stellen, nun nicht zum Überdenken der Rolle, die sie in diesen zwölf Jahren spielten?

Der Journalist Günter Gaus schrieb 1986 gar, dass in seiner Branche der Widerstand breiter Teile der Bevölkerung – und nicht nur in den beiden großen Kirchen – von den Medien in der Bundesrepublik seit 1949 totgeschwiegen wurde. Da drängt sich die Frage nach dem Grund förmlich auf. Es stellt sich auch die Frage, inwiefern es Absprachen zwischen den Blättern gegeben hat. In der Endnote 56 des Jahres '43 wird der *insider* aus der bundesdeutschen Medienwelt mit seiner einschlägigen Stellungnahme wiedergegeben. Auf der anderen Seite lässt es sicher Einblicke in die völlige Unabhängigkeit der westdeutschen Medien zu, wenn die Verstrickung von Personen in das Staatswesen der Nazis dann *nicht* publik wurde, wenn diese ihr Wirken nach 1945 in den Dienst der gewünschten Aufklärung stellten – wie zum Beispiel der Nachkriegs-Fabulator Günter Grass, der für die literarische Perfektionierung der Moralkeule mit dem Nobelpreis ausgezeichnet wurde. Der hatte bei der SS doch Vorgesetzte, Kameraden, Freunde und Feinde – und von denen hat keiner mal einen Leserbrief an die unabhängigen Medien geschrieben? Wer hat die Briefe denn in die Papierkörbe der Redaktionsstuben geworfen?

Um zu beurteilen, wie sich die vielen Millionen Deutschen in den Jahren von 1933 bis 1945 im Einzelnen verhielten, ist es notwendig, sich klar zu machen, welches Lebensumfeld eine Diktatur schafft. Manch eine heute gängige Darstellung erzeugt den fragwürdigen Eindruck, in den Verhältnissen unter Adolf Hitler bis hin zu den Konzentrationslagern hätte sich der Wille einer Mehrheit der Bevölkerung ausgedrückt. Wäre dem so gewesen, hätte man eine nur klitzekleine Minderheit der Kritiker nicht mit derart drakonischen Mitteln an ihrer freien Meinungsäußerung hindern brauchen. Dann könnte man jedoch auch ganz direkt sagen, dass es sich beim Dritten Reich um eine demokratische Gesellschaft gehandelt habe, die ihre religiös-sittlichen, moralischen und die kulturellen Wurzeln aus den Angeln gehoben hatte. In meinen Büchern werden ja ausgesprochen viele Belege dafür angeführt, dass dem gewiss nicht so war. Sonst würde es auch schwerfallen, zu erklären, warum so viele Deutsche die Alliierten im Jahr 1945 überaus herzlich begrüßt haben, statt sie mit der Waffe in der Hand zum Teufel zu jagen. Erst wenn ein Puzzleteilchen zum jeweils nächsten passt, gelangt man langsam zu einem realen Bild. Geschichtsschreibung sollte auch mit Psychologie und Soziologie einhergehen und keine unwahrscheinlichen Schlussfolgerungen hervorbringen. Je freier die Leute denken und reden können, desto zufriedener sind sie. Je mehr Zwang sie ausgesetzt werden, desto mehr Leute fühlen sich eingezwängt. Es gibt noch nicht einmal theoretisch eine andere Möglichkeit. Noch ein Wort zu dem hier verwendeten Begriff *Opposition*. Er wird mit *kursiver*

Schrift hervorgehoben, weil es in einer Diktatur *per definitionem* keine parlamentarische Opposition gibt. Nun ist wohl nicht jedes Aufbegehren in einer Diktatur gleich als Widerstand einzustufen, aber bei vielen hier aufgeführten Worten und Taten kann man gewiss sagen, dass die jeweiligen Akteure in Opposition zur offiziellen Linie waren. In diesem Sinne ist dieser Terminus in diesem Buch also durchaus verwendbar. Wenn es heute überdies kein Geheimnis mehr ist, dass sowohl der Umsturz vom Oktober 1917 im Russischen Reich als auch die Hochzüchtung der Nazis bis zur Regierungsbeteiligung im Deutschen Reich auf den *support* aus *America and England* zurückzuführen sind, ist es die leichteste Übung, nicht mehr rassistischen Anomalien unter den Deutschen nachzugehen, sondern den Diskurs aufzufrischen, inwieweit stinkreiche Kamintäter in der Welt Konflikte schüren, um auf diesem Weg noch reicher zu werden.

Für die vorliegende Serie hat der Autor den Versuch unternommen, aus keineswegs unzugänglichen Quellen herauszufiltern, was man gesichert über jene Deutschen aussagen kann, die zwölf Jahre ihres Lebens unter Kanzler Adolf Hitler gelebt haben. Hier werden geschehene Verbrechen weder geleugnet noch beschönigt. Doch die Verbrecher sowie ihre Taten werden in ein realistisches Gesamtbild eingeordnet. Die Zeichen der Ablehnung bekannt gewordener Verbrechen, von wem auch immer sie begangen wurden, durch eine große Mehrheit des Volkes werden in dieser Darstellung allerdings einmal *nicht* ausgespart. Wenn Sie wieder einmal von einer Aktion des Widerstandes gegen die Zustände im Dritten Reich lesen oder hören, achten Sie einmal bewusst auf jene Formulierung, die unterstellt, dass diese Aktion die einzige in diesen zwölf Jahren war. Das entwertet natürlich den mutigsten Akt des Widerstandes, so schön man ihn zuvor auch dargestellt hat. Am Ende steht derselbe dunkelschwarze Eindruck, wie man ihn zuvor auch hatte – gepaart mit einer zusätzlichen Ration schlechten Gewissens, das auf einen Teil unserer Gesellschaft die gewünschte Wirkung hat. Es muss aber nachdenklich machen, wenn das Deutschland-*bashing* in wachsendem Maße sein Teil dazu beiträgt, dass Millionen Menschen in der Zielgruppe den Medienkonsum verweigern – und sich so der einseitigen Dauerberieselung insgesamt entziehen.

Dass Verbrechen von der übergroßen Mehrzahl der Menschen abgelehnt wurden, bedeutet aber noch lange nicht, dass man sie dadurch hätte verhindern können. Wenn es schon in einer Demokratie nicht leicht ist, den Gang der Dinge zu beeinflussen, wie stellt man sich dann praktisch vor, „Maßnahmen staatlicher Organe“ in einer Diktatur zu beeinflussen ohne freie Presse und ohne Rechte? Hier werden immer wieder Zeitzeugen in Anspruch genommen, die ihre Sicht auf die Vorgänge anbieten. Was soll denn authentischer sein, als eine Wahrnehmung an einem Ort zu einem Zeitpunkt? Im Nachgang hat man einen besseren Überblick über Zahlen und Fakten, aber der Zeitzeuge war mittendrin und hatte sich so oder so positioniert. Hält man viele authentische subjektive Darstellungen über eine konkrete Zeit gegeneinander, wird man dem wirklichen Hergang in der Sache immer näher kommen. Wie gelangt man denn zu solchen Verkürzungen: Es gab da viele Opfer, somit waren die übrigen Leute Täter? Wenn in ihrer Straße eine Leiche liegt, dann waren Sie der Mörder?

Spätestens dann, wenn sich Aussagen von Zeitzeugen mit Auswertungen des Historikers nicht mehr vertragen und sich mit ihrer Hilfe nicht mal erklären lassen, wird die Darstellung des Historikers fragwürdig. Es hat den Autoren stark beeindruckt, dass er sich als Kritiker der Zustände in der DDR nach 1990 zunehmend mit ausgesprochenen Befürwortern des Sozialismus einig war in einer Hinsicht: Egal, wie es gewesen sein mag – so, wie es heute in den Medien dargestellt wird, war es ganz sicher nicht. Offenbar wurde mit den Jahren unter Adolf Hitler analog umgegangen.

So weit darf das pädagogische Bemühen den Historiker nicht abtreiben, dass er sich in bester Absicht ein eigenes Drittes Reich anfertigt. Es darf davon ausgegangen werden, dass der Autor Übung hat, Sprache auf ihre Ehrlichkeit abzuklopfen. Selbstredend gilt es stets, Auftragsarbeiten mit vorgegebenem Ergebnis als solche zu identifizieren, auch solche, die zur Aufhellung der eigenen Biografie verfertigt wurden. In solchen Fällen ist es nötig, tiefer zu graben. Dann darf es aber auch nicht erstaunen, wenn die Deutung von Vorgängen hier von den Interpretationen der einzelnen Autoren der Originalwerke abweichen. Wenn ein Vorgang selbst gewiss stattgefunden hat, die Ausdeutung jedoch zweifelhaft ist, dann ist sicher nichts dagegen einzuwenden, wenn der sachliche Kern aufgegriffen und neu interpretiert wird. Letzten Endes hat Geschichtsschreibung viel mit Wahrscheinlichkeitsrechnung zu tun. Unwahrscheinlich ist es beispielsweise, wenn postuliert wird, dass fast jeder Deutsche Hitlers Regime gut gefunden hat. Das ist trotz des Abbaus der Arbeitslosigkeit auch einfach nicht wahr. Allein jene von mir genutzten Quellen liefern beeindruckend viele Beispiele dafür, dass es anders war, und wer in einer Diktatur groß geworden ist, weiß, dass das mit der Realität einer Diktatur, unter Hitler oder einem anderen, nichts zu tun hat. Erst wenn alle bekannten Fakten über einen Zusammenhang in ein Geschichtsbild hineinpassen oder sich zumindest damit erklären lassen, kann man davon ausgehen, dass so ein Bild zutrifft. Offen gebliebene Fragen und unerklärliche Sensationen in der Darstellung deuten doch wohl eher darauf hin, dass das Gesamtbild in seiner Tendenz noch nicht so recht stimmig ist. Es macht ja durchaus nachdenklich, wenn Fakten über den negativen Einfluss anderer Länder auf Deutschland ausgespart werden, nur um nicht so dazustehen, als ob man hier etwas rechtfertigen wollte. Was wahr ist, darf wahr bleiben.

Verwenden Zeitzeugen in ihren Erinnerungen Formulierungen, die zum Darstellen einer Situation besonders geeignet erscheinen, so werden sie dankbar aufgegriffen und entsprechend ausgewiesen. In dem Kontext ist speziell auf Passagen hinzuweisen, die die Zeitzeugen mit Verben in der Vergangenheit aufgeschrieben haben. Weil die Texte hier nicht original wiedergegeben werden, um die Darstellung insgesamt in der Gegenwart von 1942/1943 abzufassen, stehen sie zwar nicht in Anführungsstrichen, sie sind jedoch nach den Jahren 1942 oder 1943 wie Zitate ausgewiesen. Herausragend unter meinen Quellen, was Authentizität sowie die Glaubwürdigkeit angeht, sind die *Meldungen aus dem Reich*, die auf den zusammengetragenen Spitzelberichten des Sicherheitsdienstes der SS aus allen Gebieten des Deutschen Reiches sowie aus dem Ausland beruhen.

Allein die unkommentierten Wiedergaben der Analysen des Jahres 1943 umfassen dort die Bände 12 bis 15. Sie befassen sich nicht nur eingehend mit Problemen in Wirtschaft und Verwaltung, sondern vor allem mit der Stimmung unter denjenigen Deutschen, die sich im gegebenen Rahmen frei bewegen konnten. Es ist eindrucksvoll, wie viel Gegenwind die Nazis dort festhielten. Einzelne Bürger mochten ja aus ihrem Blickwinkel den Eindruck haben, um sie herum sei alles eine braune Suppe. Doch dieses Bild bekommt Farbe durch die Kritik der Spitzel an normalen Bürgern. In diesen Bänden steht vieles von dem, was schon jahrelang nicht mehr den Weg in Goebbels' gleichgeschaltete Medien fand. Welche Klischees bedienen aber Historiker, die auf diese Schätze in den Akten verzichten und stattdessen auf Texte und Bilder zurückgreifen, die durch Goebbels' Zensur abgesegnet worden waren? Damals hatte längst nicht jeder einen Fotoapparat und konnte Eindrücke von seinem persönlichen Umfeld im Bild festhalten, und Berufsfotografen, die für die Wochenschau oder für eine Zeitung Bilder einfangen sollten, kannten ihren Auftrag. Abgesehen davon werden Widerstandskreise kaum Fotos von sich gemacht haben – das wäre sonst ein gefundenes Fressen für die Gestapo gewesen.

Eine weitere ausgewählte Quelle stellt eine Sammlung politischer Witze dar, die Kurt Hirche zusammengetragen hat und die er jeweils mit dem Jahr versah, in dem er jeden einzelnen der Witze erstmals zu Gehör bekommen hat. Wenn man auf Briefe zurückgriffe, so würde man wohl im Wesentlichen Texte vorfinden, die mit einer Schere im Kopf geschrieben worden waren, denn es war bald ein offenes Geheimnis, dass die Post in vielen Fällen geöffnet und gelesen wurde. Doch in einem Witz kann man anonym seine Kritik an den Zuständen im Land oder an der Propaganda unter die Leute bringen und solch ein Witz hat keine Überlebenschance, wenn die enthaltene Kritik nicht von anderen Leuten geteilt wird. Dabei kommt dem Autoren dieser Darstellung unbedingt zugute, dass er bis zu seinem fünfundzwanzigsten Lebensjahr in der abgeschlossenen Welt der DDR gelebt hat und einschätzen kann, wie die Weitergabe von solchem Gedankengut über Witze einzuordnen ist. Auf welche Erfahrungen kann sich denn ein Historiker stützen, der zum Beispiel in einer relativ freien Gesellschaft aufgewachsen war? Der sieht dann die Aufzeichnung eines von vielen Verbrechen und stellt sich staunend die Frage, wie es zu dem jeweiligen abscheulichen Vorfall kommen konnte. Das ist sehr flach und nur aus der Distanz des Forschers zum betrachteten Objekt zu erklären.

Nun liegt der sechste Band dieser Serie vor. Im Kern war mein Anliegen, die Lebensumstände von Kritikern des Naziregimes lebendig zu machen und zu erklären, wie ich mir die Herkunft der Außenpolitik der Bundesrepublik Deutschland mit ihrem Sitz in Bonn bei Köln erkläre. Wenn bei dieser Recherche das Bild zerstört wurde, dass es sich bei jener Republik im Westen Deutschlands um einen braun geführten Staat gehandelt hat, und bei den deutschen Urgroßmüttern und Urgroßvätern womöglich gar um ein entnazifizierungsbedürftiges Volk, so habe ich hier zwei Fliegen mit einer Klappe geschlagen. Es musste doch eine natürliche Erklärung geben für die großen Rätsel Nachkriegsdeutschlands. Warum gaben die westdeutschen Agenten den Amerikanern nach dem Krieg falsche Infos über angebliche sowjetische Massenvernichtungswaffen? Wie passt das jahrzehntelange Anfachen des Kalten Krieges durch die Regierungen in Bonn mit dem Aufbau Westdeutschlands und der Erhaltung von Frieden und Sicherheit in Europa zusammen? Warum sollte ein Friedensvertrag um jeden Preis vermieden werden? Welches ist der gemeinsame Nenner des zur Schau getragenen Antikommunismus und all der Unterstützung der osteuropäischen Regime nach dem Kriege? Es gibt Antworten, wenn man die Mär von einer Stunde null im Jahr 1945 hinterfragt.

Zu den Konstanten des politischen Diskurses in der Bundesrepublik hat daneben von 1945 an die Forderung nach der *Wiedervereinigung* unter Einschluss der Gebiete östlich von Oder und Neiße gehört. Die Alliierten hätten die ausgefallenen Wünsche nach Schlesien, Pommern sowie nach Ostpreußen auch nicht geglaubt, wenn sie erfahren hätten, dass vom Geheimdienstchef Gehlen bis zu Kanzler Adenauers Staatssekretär Globke alle relevanten Leute zu den Gegnern des Führers zählten. Wenn ich die Anfänge der Bonner Außenpolitik ausgerechnet im Jahr 1943 und nach der Verkündung der Forderung nach der bedingungslosen Kapitulation Deutschlands suche, dann unter anderem darum, weil Carl F. Goerdeler am 26. März 1943 erstmals von dem Prinzip abwich, nach dem Überfall der Wehrmacht auf die Republik Polen nur noch den Erhalt der Grenzen des Deutschen Reiches zu fordern, wie sie im Friedensvertrag nach dem Ersten Weltkrieg festgelegt worden waren. Die utopischen Forderungen nach mehr Land als die Alliierten bei einer Vereinigung Deutschlands in der Nachkriegszeit noch zulassen würden, setzte sich im Wunschkatalog Claus Schenk Graf von Stauffenbergs für seine Verhandlungen mit dem Britischen Weltreich vom 25. Mai 1944 fort und sie wurden bis zum Jahr 1990 immer wieder neu formuliert. Da es durch Quellen belegt ist, dass maßgebliche westdeutsche Politiker von allem Anfang an wussten, dass es sehr wohl eine Vereinigung Deutschlands nicht aber eine Wiedervereinigung von der Maas bis an die Memel geben könne, sehe ich an dieser Stelle, neben der ständigen Anfachung des Kalten Krieges und der Verteilung unserer Militärspezialisten auf zwei Supermächte, den Schlüssel, wie man durch die ständige Forderung nach der *Wiedervereinigung* den Abschluss eines Friedensvertrages, die Vereinigung Deutschlands sowie die Zahlung von Reparationen zusätzlich zu den noch offenen Summen nach dem Versailler Vertrag verhindern konnte. Damit werden auch die Milliardenkredite von 1983/84 nachvollziehbar, die das Überleben einer DDR sicherten. Wäre sie damals zusammengebrochen, hätte diese Frage nach den Reparationen für die im Zweiten Weltkrieg angerichteten Zerstörungen in Europa noch akuter gestanden. In größter Unschuld heißt es in den *Erinnerungen* des dubiosen bayerischen Ministerpräsidenten Franz J. Strauß* auf Seite 257: „Da wir aber nicht bereit und nicht in der Lage sind, Reparationen zu zahlen, wollen wir auch keinen Friedensvertrag. Die höhere und die niedere Mathematik der Politik trafen hier zusammen – das Offenhalten der deutschen Frage und das Vermeiden gigantischer Reparationszahlungen."

Zu den Sternchen in diesem Band kommen aus meinen vorhergehenden Büchern über die Jahre des sogenannten Dritten Reiches natürlich eine ganze Reihe weiterer Personen. Es wird sehr rasch auffallen, dass nicht ihre Anzahl die entscheidende Rolle spielt. Es ist wesentlich, dass es sich bei ihnen in vielen Fällen um Personen handelt, die nach dem Kriege in wichtigen Positionen der Bundesrepublik und der DDR wirken durften, in der Politik oder in der Diplomatie, in den Führungen der Kirchen und in den Medien sowie in den Geheimdiensten. Dieser Personenkreis stellt das Personal für die Bücher über die Jahre bis 1990, die vielleicht umgeschrieben werden. Es hat sich eindeutig gelohnt, deren Einstellung zum Dritten Reich näher unter die Lupe zu nehmen, immerhin wurden diese Personen Bundespräsidenten oder Kanzler, Journalisten oder führende Militärs und zwei von ihnen wurden Geheimdienstchefs. Es sind weitere Agenten darunter, die später von Reinhard Gehlen in seinen BND geholt wurden. Interessanter ist noch, dass einige von ihnen eben zur Stärkung der DDR beitrugen oder Informationen nach Moskau weitergaben und so im Dienste der Teilung Deutschlands tätig waren. Vergessen wir nicht den Sinn der Aktion: Mit der Anbahnung des „Kalten Krieges" haben die Männer um Gehlen erreicht, dass Deutschland-West nach dem Zweiten Weltkrieg nicht unter irren Reparationszahlungen in die Knie ging, und ihnen verdanken wir den bis 1990 andauernden Frieden in Europa. Aber denken Sie bloß nicht eindimensional: Die Chefetage in Ost-Berlin hatte mit Sicherheit keine Ahnung davon, was hier gespielt wurde. Haben Sie Markus Wolf und andere gelesen? Sicher hat uns die B.R.D. unterstützt, aber das waren die fortschrittlichen Kräfte, man denke nur an Strauß...

Es ist völlig richtig, wenn man feststellt, dass einige von ihnen die Nachkriegszeit nicht mehr persönlich mitgestalten konnten. Stattdessen taten dies nahe Verwandte und jene sind selbstredend ebenfalls von Interesse. Der Geheimdienstexperte Erich Schmidt-Eenboom stellte fest, dass es in der Bundesrepublik und besonders beim Bundesnachrichtendienst gang und gäbe war, die Verwandten von bereits involvierten Personen ebenso einzubeziehen, was er als Gehlens Form der Familienzusammenführung bezeichnete.[2] Das ist großartige Geheimhaltung. Erinnern wir uns noch einmal kurz daran, welche Sternchen* uns alleine bei diesen Streifzügen durch die zwölf Jahre unter Hitler über den Weg gelaufen waren.

2 Schmidt-Eenboom (2004), S. 50

Ruth Müller	war nach 1945	Chefin vom Bundespresseamt
Konrad Adenauer		erster Bundeskanzler
Theodor Heuss		Bundespräsident
Erich Kordt		Diplomat
Elisabeth von Thadden		1944 hingerichtet
Adolf von Thadden		Chef der NPD, Agent des MI 6
Bischof Albrecht Schönherr		Draht zwischen Ost und West
Carola Stern		Journalistin
Fritz Schäffer		Bundesminister
Rudolf Augstein		Journalist
Kurt Schumacher		Bundespolitiker
Golo Mann		Historiker
Martin Niemöller		Kirchenpräsident
Hans Zehrer		Journalist
Robert A. Ulrich		Diplomat
Sebastian Haffner		Historiker
Gottfried von Nostitz		Diplomat

Hans Rothfels	Historiker
Axel Springer	Verleger
Herbert von Bismarck	Politiker
Vollrath von Maltzan	Diplomat
Eugen Gerstenmaier	Berater von Adenauer
Wilhelm Niklas	Staatssekretär
Albrecht von Kessel	Diplomat
Hildegard Hamm-Brücher	Staatsministerin im AA
Konrad Graf von Preysing	Bischof
Wolfgang Vogel	Draht zwischen Ost und West
Leo Geyr von Schweppenburg	Bundeswehr-Generalinspekteur
Hasso von Etzdorf	Diplomat
Eberhard Wildermuth	Bundesminister
Hans von Dohnanyi	Vater des Folgenden
Klaus von Dohnanyi	Bundesminister
Theodor Steltzer	Berater von Adenauer
Werner von Tippelskirch	Diplomat

Helmut Gollwitzer	Theologe
Otto Suhr	Politiker
Theodor Kordt	Diplomat
Marion Gräfin Dönhoff	Journalistin
Heinz Gerstner	Journalist
Werner von Hentig	Diplomat
Gertrud Bäumer	Politikerin
Jakob Kaiser	Politiker
Fritz von Twardowski	Bundespressesprecher
Hans Herwarth von Bittenfeld	Diplomat
Ernst Jünger	Schriftsteller
Herbert Czaja	Politiker
Werner Haag	Generalleutnant
Franz Maria Liedig	Politiker
Klaus Mehnert	Journalist
Carl-Dietrich von Trotha	Europa-Union
Augustin Roesch	Bayerischer Senat

Hans Peters	Rektor der Uni Köln
Rolf Pauls	Diplomat
Friedrich Sieburg	Journalist
Gerhard Nebel	Schriftsteller
Wolf Freiherr von Wrangel	Bundesinnenministerium
Vinzenz Müller	Draht zwischen Ost und West
Constantin von Dietze	Rektor der Uni Freiburg
Gerhard Ritter	Historiker
Hans-Eduard Riesser	Diplomat
Manfred von Ardenne und andere	sowjetische Wasserstoffbombe
Georg Ferdinand Duckwitz	Diplomat
Reinhard Gehlen	Chef des BND
Hermann Baun	enger Mitarbeiter von Gehlen
Axel von dem Bussche-Streithorst	Diplomat
Hans Maria Globke	Adenauers Staatssekretär
Kurt Georg Kiesinger	Bundeskanzler
Otto Carl Kiep	Onkel des Folgenden

Walter Leisler Kiep	Chef der Atlantik-Brücke
Adolf Heusinger	Berater von Adenauer
Walter Lehweß-Litzmann	Draht zwischen Ost und West
Friedrich Wilhelm Lübke	Ministerpräsident
Hans Lukaschek	Bundesminister
Josef Müller	Vorsitzender der CSU
Fabian von Schlabrendorff	Bundesverfassungsrichter
Carlo Schmid	SPD-Landesvorsitzender
Hans Speidel	Berater Adenauers
Franz Josef Strauß	Ministerpräsident
Heinz Ullstein	Verleger
Ernst von Weizsäcker	Vater des Folgenden
Richard von Weizsäcker	Bundespräsident
Dolf Sternberger	Journalist
Erwin Respondek	Draht zum KGB für Heinemann
Gustav Heinemann	Bundespräsident, Mitglied von FDP, CDU, GVP und SPD plus Namensgeber der DKP

und viele andere kritische Geister, auch wenn sie in meinen Bänden nicht in einer der vielen Szenen vorkommen. Es fällt auf, dass stets der Eindruck erweckt wird, nach 1933 war plötzlich alles braun. Man kann Menschen mit Gewalt zum Schweigen bringen, aber so schnell verändern Menschen ihre Überzeugungen nicht.

Das bedeutet, dass mit der Hinrichtung Claus Schenk Graf von Stauffenbergs und der vielen anderen Verschwörer gegen Adolf Hitler nicht jeder Oppositionelle in Deutschland in der *Stunde null* des Jahres 1945 schon tot war. Etwas spät eröffnete Bundeskanzler Helmut Kohl interessierten Geschichtsenthusiasten, es sei sicher kein Zufall, dass von den wenigen Überlebenden des Kreisauer Kreises *sehr viele* ihren Weg zur Christlich Demokratischen Union gefunden haben und dass das Berliner wie auch das Kölner Gründungsdokument der CDU „sehr stark von Gedankengut aus dem Kreisauer Kreis" geprägt waren.[3] Wie groß kann zum Beispiel die Unabhängigkeit des Bundesverfassungsgerichts gewesen sein, wenn zu den Richtern auch Fabian von Schlabrendorff zählte, der von 1933 bis 1944 immer wieder mit hochkarätigen Widerstandsaktionen bis hin zum Attentat auf den Psychopathen aus Braunau am Inn hervorgetreten ist?

Reinhard Leube — Berlin, im März 2021

3 Diekmann & Reuth (1996), S. 146

1942

Antisemiten unter sich

In den *Protokollen der Weisen von Zion* warf man *anonym* den Juden – arm oder reich, jung oder alt, dick oder dünn, unabhängig vom Wohnort vor, sie würden die Weltherrschaft anstreben. Die erste Ausgabe dieses Buches entstand in den 1880er Jahren in England. Im Jahre 1899 folgte Houston Stewart Chamberlain mit dem nächsten antisemitischen Buch *The Foundations of the Nineteenth Century*, das auch – seltsam genug – übertrieben schnell ins Deutsche übersetzt wurde. Da war der Gedanke ausgekochter Leute in Großbritannien, *ihr* Streben nach Weltherrschaft, nach dem Motto *Haltet den Dieb*, den Juden in die Schuhe zu schieben, offenkundig schon nicht mehr taufrisch. 1904 stellte dann Halford John Mackinder seine *Heartland-Theory* auf. Er ist es, der rascher als andere Briten begreift, dass es die deutschen Juden, in erster Linie selbstredend die Frankfurter Bankiers sind, die Deutschland sein Wirtschaftswunder seit dem letzten Viertel des neunzehnten Jahrhunderts finanziert haben. Mackinder ist schon ein kluger Denker. Aber irgendetwas ist da seltsam. Haben wir das nicht schon einmal gelesen? Nein! Doch! Ging es da nicht um den Ursprung der *Balfour Declaration* 1917, mit der schon vor zwei Jahrzehnten die Juden aus Europa und im Besonderen aus Deutschland abgesaugt werden sollten? 1917 sind aber längst nicht alle dem Ruf nach Palästina gefolgt und 1938 hat London dort die Einreisen ganz gestoppt. Somit sind trotz der neuen Regierung des Deutschen Reiches weiterhin eine ganze Reihe von Juden in Deutschland zu Hause.

Mackinder hat bis zum Punkt auf dem i verstanden, dass die sehr guten Beziehungen zwischen dem neuen Deutschen Reich und dem Reich des Russischen Zaren in Kombination mit der internationalen wirtschaftlichen Tätigkeit der Juden in kurzer Frist das Ende für das British Empire sein konnten. Das galt für die Bankiersfamilien bis hin zu Max Warburg, den Kaiser Wilhelm zum Chef seines Geheimdienstes gemacht hat. Jahr für Jahr waren es auch Juden, die Nobelpreise in verschiedenen Sparten nach Deutschland geholt hatten. Als die Nazis die Juden 1933 aus ihren Stellungen vertrieben, versiegten auch die Nobelpreise. Und dann in den

1930er Jahren, als Deutschland für die Juden immer mehr zur Hölle auf Erden geworden war, haben die Verbrecher ihnen den Fluchtweg in den Nahen Osten versperrt. Gleichzeitig wurde auch die Fluchtbewegung in die Vereinigten Staaten von Amerika abgedrosselt. Für einen Teil ist ein besonderes Schicksal vorgesehen. Am Ende des Tages werden die Nazis wohl unauslöschlichen Hass zwischen Juden und Deutsche bringen.

Als dieser Krieg 1939 begann, stiegen in New York City die Aktienkurse. Das Deutsche Reich ist der größte ausländische Kunde zum Beispiel von IBM, denn es benötigt unter anderem Erfassungssysteme für die KZs, so dass die Wachmannschaften den Überblick über die Gefangenen haben. Früher brauchte man im Deutschen Reich Zettel und Stift, um Angaben festzuhalten und auszuwerten. Mit den hochmodernen amerikanischen Maschinen läuft das alles reibungslos wie an Henry Fords Fließbändern. Mal sehen, ob sich irgendwann einmal Historiker wagen werden, diverse unappetitliche Details eines Völkermordes von kopfkranken Ausmaßen wieder auszugraben, wie beispielsweise, dass die Häftlingsnummern für die Konzentrationslager von Maschinen *Made by IBM* generiert werden. Hollerith-Lochkarten speichern alle Daten, die für die Aufseher relevant sind. Wenn in den *Kärtchen* im Format 14 mal 8,2 Zentimeter beispielsweise das Loch 12 ausgestochen ist, bedeutet das Zigeuner, Loch 8 heißt Jude, Loch 3 besagt, die Person ist homosexuell. Den schließlich eintätowierten Häftlingsnummern ist zu entnehmen, welcher Nationalität eine Person ist, das Geburtsdatum, die Anzahl der Kinder, körperliche Merkmale oder berufliche Fähigkeiten. Darüber darf man nicht nachdenken. Dabei handelt es sich freilich um recht komplizierte Anlagen, um deren Wartung sich allen Ernstes Ingenieure der amerikanischen Firma selbst kümmern, vor Ort, wie zum Beispiel im KZ Ravensbrück. Im Schnitt ist einmal im Monat jemand vor Ort, prüft und bildet das Nazi-Personal für die Bedienung der Geräte aus. In den Büros von IBM werden Kopien der Bedienungshandbücher aufbewahrt für den Fall, dass die Bücher vor Ort durch missliche Umstände abhanden kommen sollten.[1]

Morgan and Company finanziert wie vor dem Kriege große französische Industrie- und Handelskonzerne wie z. B. Renault, Peugeot, Citroën und viele andere.[2] Das ist phantastisch, denn die Wehrmacht benötigt in den Weiten Russlands eine Unmenge Fahrzeuge wie LKWs und Motorräder ohne Ende, wenn sie nicht doch noch auf Pferde umsatteln will. Panzer werden ja gleich in den Produktionsanlagen von Ford Deutschland und General Motors' Opel-Werken für Hitlers Wehrmacht hergestellt. Um da natürlich nicht nur auf den Amis herumzureiten, soll an der Stelle daran erinnert werden, dass der Wehrmacht die große Rüstungsschmiede von Škoda in der ehemaligen Tschechoslowakei durch die Briten zugespielt worden ist, und das war *auch* schon vor dem Kriege. Ja, was denken Sie denn, wo Hitler auf einmal den Fuhrpark her hatte, und woher Material für den Bau von Bomben oder die Bereifung seiner Fahrzeuge plötzlich gekommen war wie Atrabin, Magnesium oder synthetischer Gummi? Er kann nicht zaubern. Sie dürfen das nicht vergessen: Deutschland ist ein rohstoffarmes Land. Die Rohstoffe kommen aus Werken des US-Zweigs der IG Farben, der sich in weiser Voraussicht 1939 bereits umbenannte in General Aniline & Film. Am Rande: Drei der Direktoren des Betriebes der IG Farben in den Staaten kommen von der Federal Reserve Bank of New York, der einflussreichsten der verschiedenen Bundesnotenbanken. Ohne dieses Haus wäre schon der Weltkrieg von 1914 nicht finanzierbar gewesen. Als Vertriebsagentin dient die Firma General Dyestuffs, was so viel heißt wie Färbstoffe aller Art.[3]

Färbstoffe klingt auf keinen Fall so verfänglich wie Zyklon B. Mit dieser hochgradig giftigen Substanz, im Prinzip ist es reine Blausäure, werden Juden, Zigeuner und andere Leute ermordet. Dieses Verbrechen hatte ja schon '39, lange vor den Deportationen angefangen, hinter den Mauern von Gefängnissen sowie gesicherten Zäunen von Konzentrationslagern. Im IG-Farben-Kartell wurde Zyklon B erfunden und hergestellt und gar nicht kleinlich kalkuliert. Die Produktion reicht aus, um 200 Millionen Menschen vom Leben zum Tod zu befördern. Das wäre teilweise für die Katz, wenn die Briten die Oder-Brücken demolieren würden. Gift gegen 200 Millionen Menschen reicht nicht nur für die ungefähr elf Millionen

Juden, die vorwiegend in Osteuropa leben. Das ist genug, damit Hitlers willige Vollstrecker auch Polen und Russen, die nun schon von der Front überrollt worden sind, radikal ausrotten könnten. Es ist unfassbar, dass die Direktoren von IG Farben detailliertes Wissen zur Verwendung der Chemikalien in den Lagern haben. Was unternimmt der Direktor der IG Farben, von Schnitzler, als er erfährt, dass die Chemikalien seiner Firma dazu verwendet werden, um Menschen zu töten? Er ist entsetzt. Das ist erst einmal recht wenig und es wird noch viel übler. Dann fragt er seinen Kollegen Mueller-Cunradi, ob ihm und Ambros und anderen Direktoren in Auschwitz bekannt sei, dass die Gase und Chemikalien zum Mord an Menschen verwendet werden und erhält darauf die Antwort, dass „sämtliche Direktoren der IG in Auschwitz“ wissen, was passiert. Das steht im Bericht des Kilgore-Komitees, der schon *1942* erstellt wird.[4] Offen bleibt die Frage, wie die Amis 1942 an diese Information kommen. *Unsere* IG Farben war noch vor dem Endsieg Hitlers am 30. Januar 1933 von Amis hochfinanziert worden. Inzwischen konnte sich das Kartell zum größten Chemie-Giganten in der Welt aufblähen, wobei gewiss nicht ohne jeden Hintergedanken die „Konkurrenz“ der IG Farben in den U.S.A. hilfreich zur Seite steht. Schon seit dem Beginn des Krieges nimmt die *company* General Dyestuffs Einfluss auf die eigene Regierung zugunsten *unserer* IG Farben. Deren Bedeutung für Hitlers Kriegswirtschaft wird deutlich, wenn man sich ihren prozentualen Anteil an der *deutschen* Produktion von Kriegsmaterial ansieht, der jetzt in den Werken der IG-Farben hergestellt wird. Diese Firmengruppe stellt unter vielen weiteren Produkten 33 Prozent des *deutschen* synthetischen Brennstoffs her, 46 Prozent des *deutschen* hochwertigen Oktan-Brennstoffes für Flugzeuge, 70 Prozent des „deutschen“ Schießpulvers, 84 Prozent der Sprengstoffe, 88 Prozent des *deutschen* Magnesiums, das für Bomben gebraucht wird, 90 Prozent der im Reich hergestellten Plastikartikel und 100 Prozent des Synthetikgummis.[5] Das sind jene Stoffe, auf denen Hitlers Träume fußen. Nimmt man ihm diese Grundlagen der Kriegsproduktion und der Massenmorde weg, *führt* Hitler auf dem Obersalzberg nur noch seinen Hund gassi.

Iosseb Bessarionis dse Dschughaschwili alias Stalin würde tot am Boden liegenbleiben, wenn ihm das Ausmaß des Jahrhundertskandals bekannt wäre. Im stalinistischen Sowjetland müssen eingefangene Leute immer noch in Handarbeit der Reihe nach umgebracht werden, aber im amerikanisierten Deutschen Reich läuft das industriell ab wie an Henry Fords Fließbändern.

Wie die Hollerith-Lochkarten-Technik mit der Exaktheit von Schweizer Uhrwerken läuft, kann die Ermordung aller Juden in der Welt möglichst schnell und ausnahmslos vonstatten gehen, wenn alles wohl organisiert wird. Freilich fangen die Tücken gleich beim letzten Punkt an. Das erste Hindernis sind bereits die Kommentare, die auf Bitten der katholischen Bischöfe 1935 den Rassegesetzen ans Bein gebunden worden waren. Es muss immer erst genau überprüft werden, wer danach eigentlich überhaupt *abgeholt* werden darf. Erst dann kann man sich der *Organisation* so eines irren Verbrechens widmen. Gelegentlich wird kolportiert, schon seit *Jahrzehnten* sei davon die Rede, dass es *sechs Millionen* erwischen wird, sozusagen als historische Mission. Wenn jedoch die Zahl der Opfer rassistischer Willkür 120.000 nicht übersteigt, ist es dann vielleicht bloß eine *Ordnungswidrigkeit*? Dieselbe Frage stellt sich mir auch, wenn die Leute nicht vergast werden, sondern aufgehängt oder erschossen. Wenn sie tot sind, sind sie tot. Um *Probleme der Organisation* zu besprechen, lädt SS-Obergruppenführer Reinhard Heydrich für den 20. Januar 1942 13 Staatssekretäre verschiedener Ministerien und 2 hohe Partei- und SS-Funktionäre zu einer „Besprechung mit anschließendem Frühstück" ein in die Berliner Villa Am Großen Wannsee 56-58. Im Protokoll dieser Besprechung wird notiert, dass die zwei alten Kämpfer Reinhard Heydrich und Heinrich Himmler dafür hauptverantwortlich zeichnen sollen. Vor der Bevölkerung wird diese Zusammenkunft zwar tunlichst geheim gehalten, aber mancher Witz unter der Hand zeugt davon, dass die Leute im Reich verstehen, welche Rolle der Reichsführer der Schutzstaffel SS Heinrich Himmler in diesem Staatsersatz spielt: „Was ist eine Ironie der Weltgeschichte?" – „Dass der Scharfrichter der Hölle Himmler heißt."[6]

Insgesamt sind bei der „Wannseekonferenz“ 15 Männer versammelt, die man auch im Alltag schon nicht unbedingt kennenlernen will, vom Chef der Geheimen Staatspolizei Heinrich Müller über SS-Sturmbannführer Rudolf Lange bis zu Roland Freisler vom „Reichsjustizministerium“, den vor allem das unerträglich laute Schreien zum Richter qualifiziert, oder umgekehrt: Ein Mensch mit so viel ideologischer Einseitigkeit in seinem Kopf ist für juristische Berufe denkbar ungeeignet.[7]

Als der Führer mit dem erst spät erworbenen Judenhass 1933 das Ruder in Deutschland übernahm, gab es im Reich 502.799 Juden.[8] Sie erlebten den Boykott jüdischer Geschäfte am 1. April 1933 und wenige von ihnen zogen anfangs die Konsequenz, das Land zu verlassen, ehe es womöglich noch schlimmer wird. Von 1933 bis 1938 haben ungefähr 557.000 Juden Polen verlassen und Zuflucht in Deutschland gesucht, da sie sich von der neuen Heimat weniger Judenhass versprachen.[9] Dass es daraufhin zum Jahr 1939 nicht über eine Million Juden in Deutschland waren, erklärte sich daraus, dass in dem Zeitraum umgekehrt 537.000 Leute schon weggeekelt worden waren. Ende ’39 war ihre Anzahl sogar auf etwa 130.000 gefallen. Insgesamt leben in Europa elf Millionen von ihnen. Nun gibt es vier Einsatzgruppen des Sicherheitsdienstes der SS, die aus jeweils eintausend Leuten bestehen, von denen eine beträchtliche Anzahl anderen Völkern angehört. Das liegt schlicht und ergreifend daran, dass es in all den Ländern rundum viele Leute mit antisemitischen Auffassungen gibt. Sucht man nach sachlichen Gründen dafür, stößt man auf sozialistische oder kommunistische Gesellschaftsvorstellungen, die bei den Juden auf mehr Resonanz stoßen als im Durchschnitt der Bevölkerung. Sucht man nach sachlichen Gründen dafür, warum sich die örtliche Bevölkerung an den Massakern an den Juden handgreiflich beteiligt, wird man wohl auf die gleichen Antworten kommen wie bei den Schlägern in Deutschland. Auf der anderen Seite steht fest, dass ca. 4000 Juden allein in Berlin mit Erfolg versteckt werden. Das ist eine große Leistung der Zivilgesellschaft in einem Staat der *Killer*. Dazu kommen diejenigen, die nicht mit Erfolg versteckt werden; sie kommen in ihren Verstecken im Bombenhagel um, verhungern, werden von jemandem verraten oder was auch immer geschieht. Wie viele von den 130.000 Juden in Deutschland werden insgesamt gerettet? Wie gelingt es, sie zu verbergen? Die Leute auf der Straße wissen natürlich nichts vom Treffen am schönen Wannsee oder seinem Ergebnis, aber sie fragen sich unter der Hand: „Was ist verwunderlich?“ Und geben die Antwort: „Dass Goebbels nicht auch noch seinen Klumpfuß den Juden in die Schuhe geschoben hat!“[10] Jener Spruch zeigt, dass es den Leuten auf die Nerven geht, dass Entscheidungen in Berlin nie an irgendwelchen Missständen schuld sind. Ob man die Stube nicht warm bekommt oder ob sonst etwas nicht läuft, wie es sollte, die Gazetten und die Goebbelsschnauze hacken immer auf *dem Juden* rum.

Es gibt übrigens einen gravierenden Unterschied zwischen italienischem Faschismus und Hitlers Vorstellung davon, was Nationalsozialismus ist. Zweimal fällt Dr. Paul Schmidt die Aufgabe zu, bei Gesprächen zwischen der Schwiegertochter Mussolinis, der Gräfin Edda Ciano, und Hitler zu dolmetschen. Beide Male hat die große, überschlanke und hochelegante Tochter des italienischen Diktators den Führer des Landes jenseits der Alpen auch auf politische Fragen angesprochen und sich nicht gescheut, mit Temperament und scharfem Verstand gegenteilige Ansichten vorzubringen. In mancher Situation wäre man doch zu gerne einmal im Raum ein Mäuschen gewesen: „Sie können doch niemand dafür bestrafen, dass seine Großmutter eine Jüdin ist“, sagt sie einmal mit einem funkelnden Blick aus den großen braunen Augen, die denen ihres Vaters so ähnlich sind. Mit Wärme setzt sie sich für mehr Menschlichkeit in der Behandlung der Juden ein.[11]

Den Krieg verkürzen oder verlängern?

Vermutet und gedacht, vorausgesehen und vorhergesagt haben es schon sehr viele Leute. Aber General Jodl meint: „Früher als irgendein Mensch in der Welt ahnte und wusste Hitler, dass der Krieg verloren war." Prost Mahlzeit. „Als die Katastrophe des Winters 1941/42 hereinbrach", ist der General sicher, war ihm klar, dass „von diesem Kulminationspunkt des begonnenen Jahres 1942 an kein Sieg mehr erzwungen werden konnte." Schön, dass er das so früh weiß.[12] Welchen Schluss leitet Hitler aber aus jenem Scheitern vor den Toren der alten russischen Hauptstadt Moskau ab? Gerade so, als ob er für den Misserfolg nicht vielleicht hauptverantwortlich ist, übernahm er Ende 1941 persönlich den Oberbefehl über das Heer. Für Außenstehende bleibt im Nebel, wie der Generalfeldmarschall Walther von Brauchitsch den Posten des Oberbefehlshabers des Heeres verloren hat. Der hatte sich deutlich gegen die gleichzeitigen Aktionen in Stalingrad und hin zum Kaukasus ausgesprochen. Aber sowas will Hitler nich hören. Im Rücktrittsschreiben stellte von Brauchitsch fest, dass der Ostfeldzug „als verloren bezeichnet werden" müsse.[13] Als könnte Hitler den Karren ohne militärische Vorbildung besser aus dem hohen Schnee zerren als der Kopf mit einschlägiger Vorbereitung, wird für die Öffentlichkeit verbreitet, er habe von Brauchitsch angeblich gefeuert.

Seine Kritiker werden das Gefühl nicht mehr los, dass die Zeit gegen sie läuft. Handelt man im Anschluss an einen militärischen Rückschlag, wie nach der Winterkatastrophe vor Moskau, können sie zwar psychologisch auf Zustimmung für den Augenblick rechnen, nehmen aber zugleich das Risiko einer neuen Dolchstoßlegende in Kauf, die große Sorge seit 1938. Fällt der Umsturz dagegen wieder in eine Phase der Erfolge, geraten die Verschwörer in Gefahr, zumindest im Innern gleichsam ins Leere hinein zu operieren, selbst wenn sie dabei die Chance eines einigermaßen noch erträglichen Friedens gewinnen. Als Major Henning von Tresckow sich dazu bei einem Freund Rat holen will, sagt dieser, das Risiko sei unvermeidbar und zwangsläufig sei „der nach außen günstigste Termin nach innen der ungünstigste".[14] All diese akademischen Grübeleien sind aber nichts als Spekulationen, denn mit wem können die Verschwörer unbefangen reden und wer ist so verrückt, das Herz auf der Zunge zu tragen? Man hat vor zehn Jahren sehr schnell gelernt, dass man am längsten in Frieden gelassen wird, wenn man gar keinem erzählt, was man so fühlt. Am anderen Ende ist es zugleich wahr, dass sich durch die Entwicklung des Krieges und Gerüchte über Greueltaten an fremden Menschen eine gegenläufige Tendenz verfestigt. Schauen wir uns auch dazu wieder ein praktisches Beispiel an: Die Gestapo kommt den Freundeskreisen rund um Harro Schulze-Boysen und Arvid Harnack auf die Schliche und verhaftet die Leute 1942. Was die Kollegen bei der Gestapo ganz besonders verwirrt, ist die Herkunft der Beteiligten. Sie gehören nämlich Schichten in der Bevölkerung an, deren sich die Staatsführung bisher sicher fühlte. Zu den Widerstandskreisen, die Flugblätter gegen die Zustände drucken sowie Juden wie auch Oppositionellen helfen, gehören mindestens vierhundert einzelne Menschlein. Fangen wir an mit Jugendlichen aus der HJ-Generation: Hannelore und Fritz Thiel, Otto Gollow, Heinz Strelow, Liane Berkowitz, Friedrich Rehmer, Eva-Maria Buch, Cato Bontjes van Beek und Andre Richter.[15] Welchen Sinn hätte es, das fortzusetzen? Es sind sehr viele und sehr mutige Leute, die sich unter Einsatz des Lebens trauen, gegen Windmühlen zu kämpfen. Hier sind es vierhundert – und an anderen Orten sind es weniger oder mehr. Ein französischer Arbeiter berichtet nach Hause, in jener Fabrik, in der er zwangsweise zu arbeiten hat, gehören „vier oder fünf Mann zu den organisierten Sozialisten". Er hat den Eindruck gewonnen, dass die anderen Arbeiter mit dieser Zelle in Sympathie verbunden seien.[16] Über die HJ gibt es aktuell auch einen Spruch. Der Lehrer erzählt in der Schule: „Hitler hat gesagt, die Hitler-Jugend sei der Garant der Zukunft! Erkläre mir das, Fritz!" Darauf sagt der Junge: „Die Hitler-Jugend ist der Kranke der Zukunft!" Der Lehrer ist mit der Antwort nicht zufrieden und sagt: „Ach Quatsch, wie heißt es richtig, Max?" Darauf sagt der andere Junge: „Die Hitler-Jugend ist der Emigrant der Zukunft!"[17]

Die Frage, ob Deutschland nach Hitler mit einem annehmbaren Frieden rechnen könne, rückt mit Beginn des neuen Jahres immer mehr in den Vordergrund. Die Sirenenklänge Präsident Woodrow Wilsons, die unser Reich vor nur zwei Jahrzehnten am Ende des ersten Weltkrieges auf die Matte legten, sind zu gut in Erinnerung. Einer von jenen, die ihre ganze Grübelei endlich in Verhandlungen ummünzen wollen, ist der Oberleutnant und Ordonnanzoffizier im Stab der Heeresgruppe Mitte Fabian von Schlabrendorff. Im Winter führt er Sondierungsgespräche mit Zivilisten im Widerstand, nachdem die Wehrmachttruppen vor Moskau liegengeblieben waren. Das war die erste Niederlage seit zwei Jahren und das war somit wieder die Gelegenheit, um in breiten Teilen der Bevölkerung den Wunsch nach einer Entmachtung Hitlers wecken zu können wie 1938.[18]

Wenn der Krieg nun durchaus beendet werden soll und keiner der Chefs ist zum Friedensschluss bereit, so muss jemand in die Trickkiste greifen und den Krieg durch Niederlagen der deutschen Truppen herbeiführen. Nachdem man selbst gesehen hat, was der „Sicherheitsdienst" der SS in den Gebieten angerichtet hat, die die Wehrmacht erobert hatte, geht es nicht an, dass der Krieg mit einem Erfolg des Psychopaten aus Braunau am Inn endet. Kein deutscher Patriot mit Herz kann das wünschen. Wie die Dinge nun einmal liegen, kann das unauffällig nur von der Abteilung Abwehr/Ausland der Wehrmacht bewerkstelligt werden.

Mit den Jahren häufen sich die Auffälligkeiten, bei denen sich Deutsche dümmer anstellen als es die Polizei erlaubt – zugunsten der Gegner des Führers in der Reichshauptstadt. Im Februar 1942 zum Beispiel soll die Abwehr der Deutschen nicht fähig sein mitzubekommen, dass die *Royal Air Force* für Ende des Monats einen Angriff auf deutsche Radaranlagen in Bruneval bei Le Havre in der Normandie plant. Der Luftschlag findet statt und die Wehrmacht wird überrumpelt. Wer möchte, kann natürlich daraus schlussfolgern, dass nun die Abwehr blamiert sei. So könnte man das betrachten. Man kann aber auch die Häufung solcher Fehlleistungen hinterfragen. Die SS jedenfalls hat nicht so riesige Probleme, die Pannen richtig zu deuten und nimmt die Abteilung Abwehr nach deren jüngster

Leistung unter Beobachtung. Dort hat inzwischen bereits das Verhalten mehrerer Agenten Verdacht erregt und es werden Frondeure, was so viel heißt wie Regimegegner, vermutet.[19]

Hinterfragenswerte Fehlleistungen sind auch in London zu verzeichnen. Schauen wir uns exemplarisch ein paar davon an, um einzuschätzen, ob auch sie den Krieg gegen Europa verkürzen sollen. An jene Warnungen, die der SIS vor den Einfällen der Wehrmacht in Belgien und den Niederlanden erhielt, erinnern Sie sich vielleicht noch, auch daran, dass dieser Informationsfluss im Sand versiegt war, was zur Ausbreitung des Hefekuchens Großdeutschland geführt hatte. Einem Häftling gelingt im Jahr 1942 die Flucht aus einem Zwangsarbeitslager bei der Heeresversuchsanstalt in Peenemünde auf Usedom. Es wäre ganz bestimmt interessant zu erfahren, wie viele Deutsche und wie viele Angehörige anderer Völker ihm geholfen haben müssen, um nach einer ganz unglaublichen Odyssee dann im portugiesischen Lissabon anzukommen. Der Leiter der lokalen Residentur des britischen SIS lässt sich die Gelegenheit nicht entgehen, den Mann eingehend zu befragen. Dieser Mann erklärt, er habe in einer deutschen Forschungseinrichtung an der Ostsee bei Peenemünde gearbeitet. Es sei ein geheimes Projekt, so viel habe er aber verstanden, dass es etwas mit Raketen zu tun hat. Aus Lissabon wird das Vernehmungsprotokoll nach London geschickt. Dort liest es Falloffizier Basil Fenwick, der vorher ein leitender Angestellter bei der Erdölfirma Shell war; doch dies nur, um den Rahmen abzustecken. Das Papier geht in London auch wieder unter. Angeblich hat Fenwick wegen des strengen Verteilers noch nichts vom Oslo-Bericht aus dem Jahr 1939 gehört, so dass ihm der Bericht des geflohenen Zwangsarbeiters nichts sagt, wie es heißt. Egal, auf jeden Fall weist Fenwick das Büro in Lissabon an, die Informationen als getürkt zu behandeln. Aber wenn man schon so viele schöne Immobilien in Deutschland in die Luft gesprengt hat, könnte man doch spaßeshalber auch einmal ohne besonderes Ziel den Norden von Usedom unter Feuer nehmen. Die Piloten werden dann schon selbst sehen, ob sie nur Strand und Bäume unter sich haben oder ein Testgelände für die Rakete V1, die in Zukunft durchaus London erreichen kann. Solche *Fehlleistungen* sind nach Informationen von *insidern* keineswegs die Ausnahme.[20] Es kann sicher sein, dass Peenemünde im Laufe dieses Krieges irgendwann doch noch bombardiert wird, aber das gibt beileibe nicht die Antwort auf die Frage, warum es nicht jetzt schon als Gefahrenherd beseitigt wird. Muss es wirklich erst noch mehr deutsches Gewitter über England geben?

Es wird allmählich zu einem *running gag* – wichtige Informationen aus dem Deutschen Reich werden *mit Erfolg* dem britischen SIS übergeben und lösen sich aus unerfindlichen Gründen schnell in blauem Dunst auf. Machen wir es wieder ganz praktisch: Ein SIS-Netz in Vichy-Frankreich, das den Namen „Allianz" trägt, hat im Januar regelmäßige Lageberichte über die Kampfbereitschaft der in Brest vor Anker liegenden deutschen Schlachtschiffe Scharnhorst und Gneisenau zu schicken. Zwei Wochen, bevor die zwei Schiffe in See stechen, um sich durch den Ärmelkanal zu ihrem deutschen Heimathafen durchzukämpfen, teilt ein Allianz-Agent dem SIS über Madrid mit, dass sie jederzeit auslaufen könnten. Es steht nicht zweifelsfrei fest, ob der SIS die Meldung verschleppt oder aber an die Navy weiterleitet, die sich angeblich mehr auf den abgehörten Funkverkehr der Deutschen verlässt, um Neuigkeiten zu erfahren. Schließlich verlassen sie den Hafen von Brest am 12. Februar im Konvoi zusammen mit dem schweren Kreuzer Prinz Eugen, dampfen unbehelligt durch die Straße von Dover und legen 24 Stunden später in Wilhelmshaven an. Es ist zu schön, um wahr zu sein. Die *Royal Air Force* hat damit die einzige reale Chance verpasst, diese bösen deutschen Schlachtschiffe auf See anzugreifen. O je, was für eine Trauer. Die beiden großen Schiffe sind viele Monate lang eine ständige Bedrohung für die alliierten Kreuzer, die um das Nordkap herum fahren und die Sowjetunion an der empfindlichsten Stelle im Norden bei Murmansk bedrohen, wo die dringend benötigten Hilfslieferungen für die unter einer Blockade leidenden Stadt Leningrad, also das frühere St. Petersburg, in den Hafen gebracht werden sollen.[21]

In diesem Winter fordert der regimekritische Literat Jünger: „Der Krieg muss von allen Völkern gewonnen werden." Europa, das zum Vaterland der verschiedenen Mutterländer werden müsse, benötigt seiner Ansicht nach eine ethisch-politische Friedensordnung.[22] Weiß Ernst Jünger gar nicht mehr oder war ihm entgangen, was aus dieser Friedensresolution der Sozialdemokratischen Partei, der Deutschen Volkspartei zusammen mit der Zentrumspartei vom 19. Juli '17 geworden war? Zu diesem Zeitpunkt passierten alle Kampfhandlungen des Weltkrieges außerhalb des Reiches und es ging ausschließlich darum, einen Friedensschluss auszuhandeln, der weitere derartige Gemetzel unmöglich machen sollte. Dort standen Sachen drin wie: „Der Reichstag erstrebt einen Frieden der Verständigung und der dauernden Versöhnung der Völker."[23]

Solche Ambitionen in Deutschland fallen bei den Briten nach wie vor auf steinharten Boden, denn es geht nicht darum, dass dieser Krieg verkürzt wird, und schon gar nicht darum, dass er womöglich „von allen Völkern gewonnen" wird. Gott bewahre! Stattdessen bekommen die Piloten der *British Air Force* am 14. Februar 1942 die *Area Bombing Directive*, die Anweisung zum Flächenbombardement gegen die Insassen von Hitlers Diktatur. Sir Charles Portal, der Luftwaffen-Stabschef präzisiert: „Es ist klar, dass die Zielpunkte Siedlungsgebiete sein sollen und beispielsweise nicht Werften oder Luftfahrtindustrien."[24] Wenn dies derartig ist, dann braucht man keine Verschwörungstheorie zu vermuten, wenn man das alles auf Mackinders Strategiepapier von 1904 zurückführt. Solche Ausrottungsphantasien bezüglich Kontinentaleuropas haben sie noch nicht einmal in der stalinistischen Sowjetunion. Deshalb klingt Jossif Wissarjonowitsch Stalins Befehl vom 23. Februar '42 auch grundlegend anders. Da heißt es: „Die Erfahrungen der Geschichte besagen, dass die Hitlers kommen und gehen, aber das deutsche Volk, der deutsche Staat bleibt." Der Befehl regnet in diesen Tagen auf Flugblättern über den deutschen Landsern hernieder.[25] In London hingegen bleibt es bei der Kritik jenes verehrten Abgeordneten Noel-Baker: „Der schwerwiegendste Fehler ist, dass wir den Massen der Menschen, mit denen wir [auf dem Kontinent über das Radio] sprechen, bisher keine Botschaft der Hoffnung und des Wiederaufbaus gegeben haben."[26] Im Gegenteil. Wir haben noch längst nicht die letzte Kleinstadt Europas in Schutt und Asche gelegt. Am Ende des Tages wird lediglich die Hälfte der Bomben über Deutschland abgeworfen worden sein. Der Rest davon fällt von Norwegen bis Frankreich auf die Konkurrenten des *British Empires* hinab. Glauben Sie mir, dass das später in den Schulbüchern für Geschichte fehlen wird?

Wenn in London eine andere Linie vorherrschen würde, eine, die sie der Welt gern als *feine britische Art* verkaufen, würde einer wie Rudolf von Scheliha da auch nicht auf Granit beißen. Er war von 1932 bis 1939 Mitarbeiter der deutschen Botschaft in Warschau. Er knüpfte dort Kontakte zu polnischen Adeligen und Intellektuellen, die er nach dem Beginn des Feldzuges im September 1939 weitergeführt und verwendet hat, um ihm bekannt gewordene Verbrechen der Nazis ins Ausland zu melden. Daran lässt sich rückwirkend ablesen, dass er nach der Machtübergabe an den Österreicher in die Partei eingetreten ist, weil er weiter an der Botschaft in Warschau arbeiten wollte. Schauen Sie sich in Ihrer Familie um. Wie viele Ihrer Lieben sind in diese oder jene Partei eingetreten, um ein Amt antreten zu dürfen? Ja, ich sage, was ich meine: Was ist mit Ihren Verwandten und Bekannten? Sind die aus Überzeugung in eine Partei rein, oder warum sonst? Ich kann Sie beruhigen – da gibt es in erster Instanz überhaupt keinen Unterschied. Und als es übel wurde in Polen, fing der gute Mann an, die entsprechenden Informationen an jene Leute weiterzugeben, von denen er glaubte, dass es die Richtigen seien. Scheliha war dann der Chef der Informationsabteilung im Auswärtigen Amt. Er sollte ausländischen Presse- und Rundfunkmeldungen über die Zustände nach dem Einmarsch deutscher Truppen in Polen eine ordentliche Abfuhr erteilen. Aber so kam er näher an die Berichte aus dem Ausland heran und konnte sie prüfen sowie staatliche Beamte dazu befragen. Es war gewiss nicht im Sinne des Erfinders, dass er häufig bei offiziellen Dienststellen gegen die in Polen begangenen Verbrechen protestierte. Daneben gelang es ihm, Polen und Juden die Flucht ins Ausland zu ermöglichen. Hoffen wir, dass auch er in besseren Zeiten für sein Engagement gewürdigt wird und nicht unter den Tisch gekehrt, um die Diplomaten unserer Tage nur nicht zu sehr in den Himmel zu heben. Auf jeden Fall legt auch Scheliha eine Sammlung von Dokumenten an, die Grausamkeiten der Gestapo in Polen dokumentiert, insbesondere über Morde an Juden in Polen. Darin befinden sich bald auch Fotografien aus Vernichtungslagern. Im Herbst 1941 lud er seinen polnischen Freund, den Grafen Konstantin Bninski in die Reichshauptstadt ein. Angeblich bestand dessen Aufgabe darin, Propagandaschriften gegen Widerständler in Polen für das AA anzufertigen. Die Zusammenarbeit mit dem Grafen Bninski trägt im Jahr 1942 letzten Endes Früchte. Im Januar wird eine Dokumentation fertig, die den Titel trägt: *The Nazi Kultur in Poland*. Das Ganze wird auf Mikrofilm festgehalten und wer die Sprache des Titels erkennt, der weiß, dass er London erreichen soll. Kaum ein Bericht unserer Tage über die Vernichtung von Juden ist noch schneller fertig und noch detaillierter als dieser. Werden wir ein Wunder erleben und wird diese Dokumentation die Herzen zum Schmelzen bringen? Das ist unwahrscheinlich. Wenn dieser Krieg noch drei Jahre dauert, werden sie sagen, er habe London 1945 erreicht, und wenn er noch zwölf Jahre dauert, werden sie sagen, er habe London erst 1954 erreicht.[27]

Für Deutschland und gegen das Naziregime

Man kann sich darüber beklagen, dass nicht jeder Bäcker im Deutschen Reich der Meinung ist, dass es sich bei den aktuellen Zuständen um ein übles Verbrechersystem handelt. Man kann diesem Vorwurf mit einem soziologischen Blick in andere Länder und Zeiten begegnen und hierbei feststellen, dass sich nie und nirgendwo alle Leute so intensiv mit Politik befassen, wie es wünschenswert wäre. Ernstzunehmen wäre dieser Vorwurf freilich, wenn sich kein Mensch in einer hohen Position des Landes mit Missständen in seinem Umfeld auseinandersetzen würde. Doch das trifft auf das Deutsche Reich in seiner aktuellen Verfasstheit nun gerade nicht zu. Wenn zum Beispiel ein Politiker oder Militär aus einem Land, das Hitlers Militärmaschine noch nicht überrollt hat, Wege zur Kooperation mit Deutschen in einer Kommandozentrale des Deutschen Reichs sucht, findet er zuerst Männer vom Auslandsgeheimdienst von Admiral Wilhelm Canaris. Viele von ihnen arbeiten auf vorgeschobenem Posten aus naheliegenden Gründen im Ausland und in erster Linie in England. Unter seiner Ägide darf Gruppenleiter Hans Oster Hitlergegnern seinen Schutz gewähren, so dass sie mehr oder weniger mit staatlicher Unterstützung gegen das herrschende Regime arbeiten dürfen.[28]

Der Parteigenosse Paul Thümmel wird einer der wichtigsten Männer in diesem Rahmen sein. Zu den gewichtigeren Informationen, die er schon geliefert hat, gehörten unter anderem das genaue Datum der Besetzung des restlichen tschechischen Gebietes am 15. März 1939, Informationen über Hitlers Angriffsabsichten auf die Niederlande, Belgien und Frankreich, unabhängig von anderen, die bei anderen Gelegenheiten warnten, Thümmels Berichte über den sowjetisch-finnischen Krieg und über die Vorbereitung zur Besetzung Jugoslawiens, Berichte der Wehrmacht und Abwehr über die sowjetische Luftwaffe, Informationen zur Gefechtsgliederung, die Mobilisierungspläne und die Ausrüstung der Deutschen und später auch Einzelheiten über die Aktionen Hitlers gegen die Tschechoslowakei, Polen, Frankreich, Rumänien, Griechenland und Jugoslawien. Aber erst im Jahre 1942 kommt ihm die Gestapo auf die Schliche und im

März 1942 wird er festgenommen. Doch halten Sie sich fest: Dem wortgewandten Hans Oster gelingt es allen Ernstes, den guten Mann aus den Klauen der Gestapo zu befreien. Wahnsinn. Nun müssen sich die Briten etwas einfallen lassen, um den Mann endgültig loszuwerden. Also setzen sie sich für den Meisterspion Paul Thümmel ein – angeblich um ihn aus der Tschechoslowakei herauszubekommen. Hier läuft aber keine Wohltätigkeitsveranstaltung, sondern ein Weltkrieg, und diejenigen, die sich so rührend für das arme Schwein einsetzen, haben Deutschland immerhin den Krieg erklärt. Wie könnte man folglich den humanitären Einsatz freundlich auslegen? Bei der Gestapo räumt das die letzten Zweifel aus; Thümmel wird erneut festgenommen, wegen Hochverrats verurteilt und hingerichtet.[29]

Auf Nimmerwiedersehen

Geschlagene vier Monate ist der Jude Ferdinand Strauß bei der Bauernfamilie List in Ernsbach zu Hause. Schließlich muss der Krieg ja irgendwann so oder so vorbei sein und dann werden wir weiterschauen. In der Zwischenzeit ist dem Bauern ein polnischer Fremdarbeiter zugewiesen worden. So weit so gut oder auch nicht. Am 16. März wird der deutsche Bauer aus heiterem Himmel verhaftet und der jüdische Hausbewohner abgeholt. Wer hat Familie List verraten? Auf die Frage eines Polizisten, warum er den Juden wohl aufgenommen und versteckt habe, antwortet der Bauer List: „Weil wir uns seit Kindheit gut kennen und er jetzt ganz alleine steht." Der Bauer List wird in „Schutzhaft" genommen und dann nach Dachau gebracht, wo er nach einigen Monaten an den Folgen von eitrigen Wunden am rechten Unterschenkel krepiert. Es bleibt lange ein Thema in Lists Heimatort, ob der Pole den Bauern gemeldet hat, weil er einen Juden versteckt hat, oder ob es nachträglich ein anderer war.[30] Sie waren vielleicht schon mal im Ausland. Sind Antisemitismus oder auch der Nationalismus anderswo seltener anzutreffen als bei uns oder öfter? Und woher kam doch gleich die reichliche Wahlkampfunterstützung für Hitler und seine Schlägertruppen?

Ach wie gut, dass niemand weiß

In der Welt ist wirklich nicht alles eitel Sonnenschein; das wäre ja auch viel zu schön. Das Elend hat im gegebenen Fall seinen Grund unter Umständen in der ganzen Heimlichtuerei amerikanischer Firmen, die Hitler bei seinen persönlichen Kriegsanstrengungen mit starken Händen unter seine braunen Ärmchen packen. Im März des Jahres 1942 zerbombt die *Royal Air Force* die Fordsche Fabrik in Poissy, Frankreich. In einem anschließenden Brief Edsel Fords an den Generalmanager der Firma Ford Sorenson über diesen Bombenangriff der britischen Luftwaffe bemerkt er erleichtert: „Amerikanische Zeitungen haben Bilder von der brennenden Fabrik veröffentlicht, doch glücklicherweise wurde die Ford Motor Company nicht erwähnt.“ Denn, was nicht in die Medien kommt, gibt es praktisch nicht. Darüber lohnt es sich vielleicht, einen Augenblick länger nachzudenken. Denkpause. Versuchen *Sie* herauszufinden, ob seltsame Gerüchte auf unterdrückte Tatsachen zurückgehen, oder warten Sie wie andere Nachbarn darauf, dass offizielle Medien die Bestätigung liefern? Wenn Sie darauf warten, sind Sie in jedem Staate Opfer der Propaganda und perfekter Mitläufer. Ganz übel wird's, wenn Sie von einem Magazin, das frei verkäuflich ist, „Enthüllungen“ für bare Münze nehmen. Fakt ist eines: Von der Firma in Poissy profitieren Edsel Ford in *America* sowie Adolf Hitler auf dem Obersalzberg. Das Schöne für Fabriken in Europa, die im Besitz der Wall Street sind, ist im Prinzip, dass sie von Amerikas Luftwaffe nicht bombardiert werden dürfen. Aber die britische Befehlszentrale wusste entweder nichts davon, dass in Poissy eine Ford-Fabrik steht, oder sie behandelt amerikanisches Eigentum wie französisches als Konkurrenz. Letztendlich zahlt jedenfalls die Vichy-Regierung der Ford Motor Company 38 Millionen Franc an Schadenersatz für die Fabrik in Poissy. Darüber berichtet die US-Presse (natürlich) nicht, weil das auch jenen Amerikanern nicht wirklich gefallen würde, die mit den Nazis auf Kriegsfuß stehen. Für meinen persönlichen Geschmack würde es bereits ausreichen, wenn die *Royal Air Force* für den Schaden aufkäme.[31]

Die Illusion der Befreiung

Im März 1942 wird General Hans Speidel Chef des Generalstabes des V. Armeekorps an der Ostfront. Auf dem Flug liest er Lew Tolstois Roman *Krieg und Frieden* und sieht frappierende Ähnlichkeiten zwischen 1812 und dem laufenden Jahr. Die einfache Bevölkerung im Westen Sowjetrusslands empfängt die deutschen Soldaten mit großen Hoffnungen und ist ihnen gegenüber durchaus „im Allgemeinen freundlich, umgänglich, für jede persönliche Hilfe dankbar." Die Soldaten werden vielfach in den Dörfern mit Blumen begrüßt. Der Pope bringt gemäß der Tradition Salz. In Beloruß und in der Ukraine erlebt Speidel, wie man sich als Befreier fühlt. Völlig ungehindert können die Soldaten zwischen hohen Sonnenblumenfeldern spazieren gehen. Sie marschieren querfeldein durch die endlosen Weiten und Wüsteneien über Borissow – Orscha – Moglilew – Gomel. Auf diesem langen Marsch durch Weißrussland und die Ukraine haben sie ihre Quartiere häufig in Schulen, wo Speidel immer wieder die außergewöhnliche Ausstattung der Unterrichtssäle mit physikalischem, chemischem und geologischem Anschauungs- und Experimentiermaterial auffällt. Der moderne technologische Geist scheint ihm in der roten Sowjetunion noch schärfer ausgeprägt als in unserem Land – und obendrein mit einer stärkeren humanistischen Tradition, wie er schon recht spitz anmerkt. Somit ist auch in der Sowjetunion nicht alles schlecht. Es ist natürlich auch hier nicht alles Gold, was glänzt. Das bolschewistische Regime geht seit der Revolution mit wildem Fanatismus unter anderem gegen die orthodoxe Kirche vor. So erstaunt es kaum, dass der Patriarch im ukrainischen Tschernigow den deutschen Soldaten in der Kathedrale den Segen gibt. Wie würde sich dieser Würdenträger verhalten, wenn er wüsste, dass auch in Deutschland die Gottlosigkeit auf dem Vormarsch ist? Schon geht es weiter nach Kiew. Da ist es das Lawra-Kloster, das die Soldaten mit seinem Zauber gefangennimmt. Die Uspenskij-Kathedrale hingegen mit ihren sieben vergoldeten Kuppeln ist größtenteils zerstört, ein Schicksal, das sie im Jahre 1240 schon einmal durch die Tataren erlitten hat. Im 18. Jahrhundert wurde sie schließlich in der heiteren und lebensbejahenden Welt des Barock und Rokoko neu aufgebaut und mit

Werken der südrussischen Malerschule geschmückt. Die Religion war in den Jahren zuvor zeitweise von den Bolschewisten verboten worden und im Kloster war ein sogenanntes Gottlosenmuseum eingerichtet worden. Wo nach den Erzählungen der Ukrainer Tag für Tag eine dicht gedrängte Menge kniend in tiefem Schweigen und Gebet verharrt hatte, standen nun in Gips die überlebensgroßen Büsten von Marx, Lenin und Kalinin. Keine Kerzen, keine Düfte, kalter Gips. Die Bemühungen der deutschen Truppen, mit der einheimischen Bevölkerung in ein gutes Verhältnis zu kommen, werden jedoch zunichte gemacht, als Einheiten der SS und des SD nachrücken und auch in der Sowjetunion ihr übles Unwesen treiben. Das bereitet dem Gefühl der Soldaten, als Befreier vom Kommunismus gefeiert zu werden, ein jähes Ende. Wie auch Winston Churchills Taktik die Deutschen unter Hitlers schützende Flügel treibt, so bleibt auch den Völkern der Sowjetunion letzten Endes nichts weiter übrig, als ihr Leben vom verhassten Despoten in Moskau retten zu lassen. Vielleicht beginnt irgendwann einmal ein Historiker damit, Geschichte von ideologischen Erklärungsversuchen zu entkernen und nach den realen Motiven für die Gefühle und Handlungen von Menschen zu suchen.[32]

Ende Gelände

Am 30. März 1942 wird das Oberkommando der Wehrmacht informiert, dass von den einmal vorhanden gewesenen Panzern unserer Wehrmacht am Beginn der Operation Barbarossa noch 140 Panzer kampffähig sind. Lassen Sie sich die Zahl auf der Zunge zergehen. Und für den gewagten Angriff Hitlers waren es vom ersten Tag an zu wenige. Bis Ende Januar waren 6900 Flugzeuge verlorengegangen. Das sind freilich Verluste, die die Industrie nicht ausgleichen kann.[33] Auch auf den Straßen wird über das Ende des Zauberlehrlings gefrotzelt: Hitler ist gestorben. Sein Testament wird geöffnet. Es lautet: „Auf meinem Grabstein soll stehen: Dies ist mein letzter territorialer Anspruch!“[34] Das ist es dann wohl gewesen mit unserem *Größten Feldherrn aller Zeiten*, wie die Leute schon lange lästern. Jetzt ist Schluss mit lustig und eine zweite Front könnte eröffnet werden. Im April ’42 ist der Amerikaner George Catlett Marshall Jr., der *Chief of Staff of the Army* in London, um endlich den Plan der Invasion über den Ärmelkanal hinüber zu besprechen; Premier Churchill ist nicht amüsiert und äußert sich erneut „unwillig“.[35] Wartet er darauf, dass die V1 oder eines der Nachfolgemodelle London in Ruinen verzaubert?

Wachablösung im Osten

Es ist doch zu schade, dass sehr wenig über Eberhard Kinzel bekannt ist. Klar ist nur, dass er seit März 1939 die Abteilung Fremde Heere Ost zur Aufklärung über die Armeen Osteuropas geleitet hat. Am 1. Februar ’41 wurde er noch zum Oberst befördert. Nach der schlechten *performance* der deutschen Truppen vor Moskau im vergangenen Winter wandert der Oberst Eberhard Kinzel kurz in die Führerreserve und soll wenig später militärische Aufgaben im engeren Sinne an der Front lösen. Wer wollte Reinhard Gehlen* als Leiter dieser Abteilung Fremde Heere Ost haben? Er war 1936 in die Operationsabteilung des Generalstabes des Heeres in Berlin berufen worden, da er dem ehemaligen Generalstabschef Halder aufgefallen war. Halder hat vor allem wegen der Kriegsgefahr schon ’38 mit dem Losschlagen gegen Kanzler Hitler geliebäugelt. Damit ist abgesteckt, wie er Reinhard Gehlen einschätzte. Zu Recht, wie sich zeigt. Der fühlt sich dem Chef des Auslandsgeheimdienstes Wilhelm Canaris verbunden, der dem hier real existierenden Nationalsozialismus ablehnend gegenübersteht. Gehlen sieht, dass Canaris' innere Einstellung dem erst auf Gott geleisteten Diensteid widerspricht. Im Juni 1940 wurde Gehlen I. Adjutant des Generalstabschefs Franz Halder. Von Oktober des Jahres '40 bis zum April '42 war der Generalstabsoffizier Gehlen der Leiter der Gruppe Ost der Operationsabteilung des Generalstabes des Heeres, die vom Oberst im Generalstab Adolf Heusinger* geleitet wird. Am 1. April wird R. Gehlen selbst Chef der Abteilung Fremde Heere Ost. Wie behilft sich Gehlen* mit den östlichen Fremdsprachen, die er nicht beherrscht? Er holt sich als ersten Mitarbeiter Ia den Oberstleutnant i. G. Freiherrn von Roenne und als Gruppenleiter I den Major i. G. Herre, beides hochqualifizierte Generalstabsoffiziere, die auch Russisch sprechen, in seine Abteilung, und es bleibt nicht bei den beiden Spezialisten. Seine Gruppe III setzt sich aus Russlandspezialisten zusammen, zumeist Deutsche, die in Russland geboren sind, die Land und Leute kennen und die russische Sprache wie ihre eigene Muttersprache beherrschen.[36]

1942

Individuelle Bedürfnisse in Seiner Volksgemeinschaft

Die Frankfurter Zeitung erörtert am 18. April die Vorliebe der Leser für „alte" Bücher und „Werke von größerer Tiefe". Das bezeichnet sie etwas vorsichtig als eine „gewisse Reaktion" der Leute. Auf was? Aber kann sie direkt schreiben, dass sich die Leute auch noch etwas anderes vorstellen können, als dieses ewige einseitige Propagandagefasel? Die Schaufenster der Buchläden sind, wie ja nicht anders zu erwarten, mit dem offiziellen Schrifttum der Partei bestückt. Das wirkliche Geschäft aber geht andere Wege und bietet dem Käufer Ware, notfalls „unter dem Ladentisch", die nicht konform ist. Große Nachfrage gibt es nach theologischen Abhandlungen und nach sogenannten Klassikern, wie auch nach Übersetzungen ausländischer Literatur. Beliebt sind zum Beispiel auch Volksausgaben antiker Schriftsteller, Chinesen, Griechen, Römer und anderer.[37]

Eigene Vorstellungen hat auch Oberst Hans Speidel in der Frage, wie es mit dem Reiche weitergehen soll. Mitte April wird Speidel letztlich vom Oberst im Generalstab Hans Oster sicherheitshalber auf Tarnwegen zu Generaloberst Ludwig Beck in die sehr ruhig gelegene Goethestraße von Berlin-Lichterfelde geführt. Beck äußert sich sehr besorgt über die Lage im Osten und in Nordafrika, die Ausweitung des Krieges und besonders wegen der Übergriffe des SD und der SS in der Heimat wie auch in den besetzten Gebieten, wozu Speidel ihm weitere Berichte aus seinem Erfahrungsbereich geben kann. Beck beklagt die Untätigkeit der höchsten militärischen Führung gegenüber diesem Treiben, das ihr später sicher einmal angelastet wird. Ludwig Beck schreibt weiter Denkschriften für die hohen Militärs. So beschwört er seine Kameraden, jeder von ihnen habe für sich selbst einzustehen und jeder habe sein eigenes, nicht übertragbares Gewissen. An einer Stelle schreibt er wörtlich: „Jeder ist mit seinem Gewissen für sein Land verantwortlich, so will es nicht etwa die Staatsräson, sondern Gottes Gebot und Ordnung. Wir müssen immer und überall zum Politischen, zum Menschlichen vorstoßen. Es besteht die Gefahr, dass dies in unserer Heimat verkümmert." An diesem Nachmittag spricht Beck von der Notwendigkeit einer Gemeinschaft Gleichgesinnter, um ein Ende der Gewaltherrschaft herbeizuführen. Vielleicht können es sich Außenstehende schwer vorstellen, wie gefährlich es in so einem menschenverachtenden Überwachungssystem ist, eine eigene Gemeinschaft zu bilden und zusammenzuhalten. Sagt einer von ihnen zum Richtigen was Falsches, ist es das gewesen, zumindest für diesen armen Menschen. Mit Fanatikern ist nicht zu spaßen. Zum Abschied gleichsam fügt er hinzu, er wisse, dass er sich auf Speidel verlassen könne. Sodann wünscht er Speidel das Allerbeste. Fest drückt Beck ihm beide Hände. In den klugen Augen leuchtet der alte Charme, große menschliche Wärme. Speidel bleibt mit Beck über Kuriere in brieflicher Verbindung.[38]

Gipfeltreffen unter kleinen Lichtern

Am 29. und 30. April finden Besprechungen Hitlers mit einer Reihe von Verbündeten in Schloss Kleßheim bei Salzburg statt, darunter auch dem *Poglavnik*, das heißt dem Führer der Kroaten. In den Wandelgängen des Schlosses löst dieser Empfang bloß ein sehr bitteres Grinsen aus: „Noch nie ist ein Bürgermeister von dem Staatsoberhaupt einer Großmacht mit solchen Ehren empfangen worden." Die Macht des so durch den Kakao gezogenen *Poglavnik* reicht bekanntlich nicht weit über den Bereich der Stadt Agram hinaus. Sonst sind längst Partisanen die Herren im Lande. Aber egal, wie viele ihm folgen – Hauptsache Führer. Mit den Italienern trifft sich unser Führer auch und bietet ihnen ebenfalls eine „Schaulage" vom Kriege. Der Dolmetscher denkt sich sein Teil, als er für Ribbentrop diesmal zu den frischen Römern sagen soll: „Das Genie des Führers hat den russischen Winter überwunden!" Nun werde man nach Südrussland vorstoßen und die Sowjets durch Wegnahme ihrer Petroleumgebiete zur Kapitulation zwingen. Dann würden auch die Engländer einsehen, dass sie besser daran täten, „um Frieden zu bitten". Dolmetscher Schmidt hat auch kommentarlos weiterzugeben: „Amerika ist ein großer Bluff" sowie „Frankreich ist unzuverlässig". Man möchte in dem Moment nicht in der Haut des Dolmetschers stecken, allerdings noch weniger in der Haut der Frontsoldaten. Die Gliedmaßen waren ihnen abgefroren, als Adolf Hitler den russischen Winter noch nicht mit Provisorien aus vielen deutschen Kleiderschränken überwunden hatte, und ob Amerika ein Bluff ist, wird man erst noch abwarten müssen. Italiens Außenminister Graf Galeazzo Ciano bringt seine Verärgerung übrigens bezeichnenderweise dann auch erst anschließend zu Papier. Im Tagebuch notiert er sich: „Hitler redet, redet, redet. Mussolini, der gewohnt ist, selbst zu sprechen, und hier fast immer schweigen muss, leidet. Am zweiten Tage, nach dem Essen, als wirklich schon alles gesagt worden war, was gesagt werden konnte, hat Hitler ununterbrochen eine Stunde und vierzig Minuten gesprochen ... über Krieg und Frieden, Religion und Philosophie, Kunst und Geschichte. Mussolini blickte mechanisch auf die Uhr, ich hing meinen Gedanken nach." Schöne Szene: „General Jodl war nach einem epischen Kampf gegen den Schlaf auf einem Divan eingenickt. Keitel schwankte zwar, aber es gelang ihm doch immer wieder, den Kopf gerade zu halten. Er saß zu nahe bei Hitler, um sich gehen lassen zu können, wie er es wohl gern gewollt hätte. Die armen Deutschen, sie mussten das jeden Tag über sich ergehen lassen, und es gab sicher kein Wort, keine Geste und keine Pause, die sie nicht auswendig kannten." Die Vermutung kann Dr. Schmidt nur bestätigen. Mit schwarzem Humor gewinnt er selbst der Monotonie noch etwas Nettes ab: Seine Arbeit werde durch die „saisonmäßig" abzuspielenden Grammophonplatten mit den aktuellen Phrasen des Führers bedeutend erleichtert.[39]

Kleine Siege gegen die braune Brut

Trotz einer zustimmenden Erklärung Keitels zum Kommissarbefehl vom Mai letzten Jahres kommt es seit dem September 1941 immer wieder zu Meldungen aus der Truppe, die die Berechtigung, und selbst die Zweckmäßigkeit des Kommissarbefehls bezweifeln. Die Liquidierung der Politkommissare sei dem Gegner nicht verborgen geblieben, sie führe zu anhaltendem Widerstand und verhindere eine vorzeitige Kapitulation eingekesselter Gegner. Das OKH hatte das OKW mit einem Schreiben vom 23. September '41 darum gebeten, die Notwendigkeit der Durchführung des Kommissar-Erlasses in der bisherigen Form in Hinblick auf die Entwicklung der Lage zu überprüfen. Hitler lehnte trotz aller Einwände am 26. September '41 noch einmal ab, den Befehl zu ändern. Kommandeure von Kriegsgefangenenlagern im Reichsgebiet versuchen mehrfach – und eigenmächtig, die Arbeit der *Einsatzgruppen* zu behindern. Bekannt ist zum Beispiel der Widerstand des Majors Meinel vom Wehrkreis VII. Er beschwert sich beim OKW förmlich und argumentiert mit einer zu oberflächlichen Prüfungspraxis. Der Erfolg seiner Taktik ist beachtlich: Der Major hält letztlich 173 von 474 „ausgesonderten" Kriegsgefangenen zurück. 173-mal bedeutet das weiterleben. Die anderen Männer gehen auf das Konto von Totschlägern. Meinel äußert dazu die Ansicht, das ganze Verfahren sei vom soldatischen Standpunkt aus nicht zu billigen. Weiter schreibt er, wenn einmal ein feindlicher Soldat gefangen sei, dann sei er eben gefangen und dürfe nicht so ohne Weiteres erschossen werden. Um seinem Anliegen mehr Nachdruck zu verleihen, erklärt er, man benötige auch dringend jede Arbeitskraft. Überdies müsse man befürchten, dass die Rote Armee Vergeltung an deutschen Kriegsgefangenen üben werde. Auf dringenden Wunsch des SD wird Meinel wegen seiner „sonderbaren Einstellung" 1942 von seinem Posten abberufen. Damit wird wieder ein Platz für einen Verbrecher frei und eins ist so sicher wie das Amen in der Kirche: Gewissensbefreite Verbrechertypen wachsen mit jedem weiteren Jahrgang nach. Umgekehrt gilt dies auch für die Leute vom Schlage wie Meinel. Nur dass die bei den gegenwärtigen Machtverhältnissen eher im Konzentrationslager als auf irgendeinem Kommandoposten landen. Inzwischen haben sich die Feldmarschälle Maximilian von Weichs, Fedor von Bock, Günther von Kluge und Generaloberst Heinz Guderian so verständigt, dass die Ausführung des Kommissarbefehls geschlossen abgelehnt wird. Letzten Endes zeigen die monatelangen beständigen Proteste doch Wirkung. Unter dem 6. Mai '42 steht im Kriegstagebuch des Oberkommandos der Wehrmacht: „Um die Neigung zum Überlaufen und zur Kapitulation eingeschlossener sowjetischer Truppen zu steigern, befiehlt der Führer, dass den Kommandeuren, Kommissaren und Politruks zunächst versuchsweise in solchen Fällen die Erhaltung ihres Lebens zugesichert werden kann." *Politruk* ist eine realsozialistische Abkürzung der Sowjets und heißt faktisch Politkommissar. Damit ist dieser unselige Befehl Geschichte und wird später auch nicht wieder in Kraft gesetzt. Dies sichert aber nicht das Überleben der Politkommissare, die in Aufnahmelagern östlich der Reichsgrenze weiterhin *selektiert* werden, ein wissenschaftlicher Euphemismus für eine menschliche Viecherei. Hier ringen verschiedene Kreise in der Bevölkerung verzweifelt miteinander um die Durchsetzung ihrer Vorstellungen davon, was zulässig ist und was selbst im Kriege gar nicht geht.[40]

Beim Rassismus scheiden sich die Geister

Laut einer Verordnung vom Herbst 1939 steht auf privaten Umgang von Deutschen mit Kriegsgefangenen die Zuchthausstrafe. Aber glauben sie, dass die Deutschen endlich spuren? Verordnung hin oder her: Auf dem Land dürfen vielfach polnische und sowjetische Arbeitskräfte am Tische mit der Familie essen und es kommt zu freundschaftlichen und auch zu intimen Beziehungen. So weit die Erkenntnisse des Sicherheitsdienstes der SS. Das geht, wenn es auffliegt, gar nicht gut aus. Die Frauen werden öffentlich angeprangert und die Ausländer kommen in Konzentrationslager oder werden gleich hingerichtet. Hoffentlich bringen sie später die Vielfalt der Verhaltensweisen der Deutschen ins Geschichtsbuch und beschränken sich nicht auf Attitüden von Nazis in der Nachbarschaft.[41]

Vor einem halben Jahr sind SS-Männer unter Leitung von Gestapo-Beamten an der Tür der Bildhauerin Maria Johanna Fulda in Frankfurt am Main erschienen und hatten diese Frau angeherrscht: „Machen Sie sich fertig zum Transport! Sofort!“ Nach all den Jahren der Hetze gegen die Juden fuhr der Fünfzigjährigen der Schreck derartig in die Glieder, dass die Gestapo wegen der plötzlichen Lähmung nach langem Hin und Her davon absah, die Frau mitzunehmen. Sie sollte binnen zweier Tage „die arische Wohnung räumen“. Da stellt sich normalen Menschen die Frage, was unter Umständen eine arische Wohnung sein könnte. Nachdem sie für eine Nacht Unterschlupf bei einer Freundin gefunden hatte, hat sie jemand mit der deutschen Steuerberaterin Dr. jur. Irene Block bekannt gemacht. Frau Block stammt aus einem liberalen Elternhaus in Leipzig und wollte nach dem Staatsexamen in diesem Staat keine Rechtsanwältin werden. Staatsanwältin oder gar Richterin kann sie als Frau sowieso nicht werden. Doch sie versteht es, ihr Wissen auf andere Art zu nutzen. Als im Oktober 1941 die Juden, die noch immer in Frankfurt lebten, zum Abtransport aufgefordert wurden, begann sie, vielen Leuten juristische Beratung in ihrer Praxis im Westend der Stadt anzubieten, unabhängig davon, dass ihr die Beratung von Juden von der Gauleitung der NSDAP direkt verboten worden war. Mehrmals ist sie inzwischen auch von 108-

prozentigen Mitbürgern denunziert worden und letztlich wurde ihr das Recht ganz abgesprochen, eine Praxis führen zu dürfen. Seitdem macht sie in ihrer Drei-Zimmer-Wohnung weiter. Am 7. Mai 1942 erhält Maria Fulda den zweiten „Evakuierungsbefehl". In ihrer Not wendet sie sich an Frau Dr. Block. Die ruft einen Arzt, der der Bildhauerin Gehunfähigkeit bescheinigt und die Rettungswache alarmiert. Maria Fulda wird daraufhin in das Jüdische Krankenhaus gebracht, welches noch nicht schließen musste. Logisch, sonst würde es ja auffallen, dass es in der Stadt beinahe keine Juden mehr gibt. Dreizehn Tage später kommt freilich bereits der dritte „Evakuierungsbefehl" – und auch diesmal stellt ein „arischer" Arzt ein Attest über ihre Erkrankung aus. Frau Dr. Block macht sich nun auf den Weg zur Geheimen Staatspolizei und verlangt ihrerseits offiziell eine Untersuchung durch einen Arzt der Gestapo. Dieser kann auch bloß die Gehunfähigkeit der Künstlerin feststellen; man wagt es nicht, die kranke Frau jetzt vor den Augen der deutschen Öffentlichkeit „zur Umsiedelung in den Osten" zu schicken.[42]

Terroranschlag in Prag

Zwei Männer, die auf einen ersten flüchtigen Blick von der Exilregierung der Tschechischen Republik in London gesandt worden sind, verüben in Prag am 27. Mai einen Mordanschlag auf den stellvertretenden Reichsprotektor von Böhmen und Mähren Reinhard Heydrich. Man darf nicht davon ausgehen, dass Heydrich heute sympathischer wirkt als vor zehn oder zwanzig Jahren, aber er ist als Demonstration seiner Befriedungspolitik ohne bewaffneten Schutz in Prag unterwegs. Die zwei Attentäter beschießen seinen offenen Wagen und werfen eine Handgranate hinein. Heydrich wird durch Granatsplitter schwer verletzt und schwebt nun in Lebensgefahr. Das Attentat von Prag wird man vermutlich als das Werk des tschechischen Widerstandes gegen die Nazi-Besatzer werten. Wie so oft darf man sich aber auch da nicht von Mutmaßungen blenden lassen. Die tolle Idee für diesen Anschlag entsprang dem Hirn des SOE-Agenten Colonel Frank Spooner, dem Leiter der SOE-Schule in England. Er hatte dafür gesorgt, dass zwei Tschechen über die Tschechische Exilregierung Maschinenpistolen und Handgranaten in die Finger bekommen, um das krumme Ding auszuführen. Ende Mai 1942 wurden sie an Fallschirmen über dem tschechischen Dorf Lidice abgeworfen. Der Erfolg ist fast noch größer als erwartet. Es war klar, dass sich die Nazis an der Zivilbevölkerung rächen würden, aber wer hätte denn vermutet, dass die einschlägig bekannten Deutschen, unter ihnen der SS-Mann Kurt Daluege, bis zum Tode Heydrichs jeden Abend zehn Geiseln erschießen würden? Ganz im Stile der Gewaltorgien der frühen 1930er Jahre gegen tausende deutsche Staatsbürger werden die Attentäter in einer Kirche eingeschlossen – und umgebracht. Am 4. Juni erliegt Reinhard Heydrich seinen Verletzungen. Am 10. Juni vernichtet die SS als Vergeltung für die Ermordung auf Befehl Dalueges das Dorf Lidice, wo die SOE-Agenten mit Fallschirmen gelandet sind, exekutieren alle männlichen Einwohner über 15 Jahren und verfrachten Frauen und die meisten Kinder in Konzentrationslager. Ein paar ausgewählte Kinder werden zur „Germanisierung" in Erziehungsheime gebracht. Und tun Sie mir doch bitte den Gefallen, nicht zu sagen, Frank Spooner hätte dabei unter Umständen doch auch etwas Gutes im

Schilde geführt haben können. Was soll jener eine Mord denn bewirken, wenn die Deutsche Wehrmacht Europa rundum in der Hand hat? Nein, die Wirkung war kein Stück anders zu erwarten: Jenes barbarische Vorgehen der Schlägertypen der SS schwächt den tschechischen Widerstand so sehr, dass die Nazis gegen Ende des Jahres 350.000 Kriegsgefangene mit lediglich insgesamt 750 deutschen Aufsehern für Zwangsarbeit einsetzen können. Henry Kerby hatte die SOE schon ganz zutreffend eingeschätzt, als er sie „eine Sammlung von Schlägern, Aktivisten, Saboteuren und Mördern – ein Abschaum" nannte.[43]

Die ultimative Bombe

Über den aktuellen Stand, was die Atomforschung im Deutschen Reich anlangt, sollte Ende Februar 1942 auf einer Tagung der Arbeitsgemeinschaft „Kernphysik" berichtet werden. Die Tagung fand statt, aber ohne die verehrten Ehrengäste dieser wichtigen Veranstaltung: Hitler, Göring und Bormann. Einige Forscher hatten sich von deren Anwesenheit einen Auftrieb für das Atomprojekt erhofft. Doch andere verstanden es, diese Herren fernzuhalten. Sie bekamen, versehentlich, statt des Programmes für die allgemeinverständlichen Referate jenes mit Titeln wie „Einfang- und Wirkungsquerschnitt" oder „Neutronenbremslängen". Erwartungsgemäß gingen diese Blindgänger im Bereich der Physik davon aus, dass die Tagung für sie nichts als Zeitverschwendung wäre. Nichtsdestotrotz hoffen sie weiterhin auf die Bombe der Bomben und obwohl Göring im April '42 die Forschung für Projekte untersagte, die erst nach dem Krieg nutzbar sein würden, bleibt die Bombe auf dem Wunschzettel. Im April war der neue Rüstungsminister Albert Speer mit Generaloberst Fromm zusammengetroffen. In dem Gespräch deutete dieser an, dass der Krieg nur noch dann zu gewinnen sei, wenn man den Einsatz einer ganz neuen Waffe vorantreibe. Fromm sagte, er habe die nötigen Kontakte und wäre bereit, da zu vermitteln. Auch der Präsident der Kaiser-Wilhelm-Gesellschaft Albert Vögler unternimmt seinen Vorstoß in Richtung der Atombombenforschung, was dazu führt, dass Albert Speer für den 4. Juni die führenden Wissenschaftler des „Uran-Vereins“ in das Harnack-Haus der Kaiser-Wilhelm-Gesellschaft nach Berlin-Dahlem einlädt, wo sich Speer einen Situationsüberblick verschaffen will. Sie sollen ihm helfen zu entscheiden, wie es mit der Uranforschung weitergehen soll. Auf die Frage, wie groß eine Uranbombe wäre, deren Wirkung genügen würde, um eine große Stadt zu zerstören, sagt Werner Heisenberg, sie wäre wohl so groß wie eine Ananas, wobei er bloß die eigentliche Sprengladung meint. An der geheimen abendlichen Besprechung nehmen auch führende Militärs wie Generalfeldmarschall Erhard Milch, der General Wilhelm Ritter von Leeb, Generaloberst Friedrich Fromm, und der Chef des Marinewaffenamtes Admiral Carl Witzel teil. Sie wollen Genaueres über die mögliche neue Waffe wissen.[44]

Albert Speer sagt den Wissenschaftlern zu, als Reichsminister könne er die nötigen Mittel zum Entwickeln der Waffe in jeder Höhe beschaffen. Heisenberg, Hahn und Weizsäcker versuchen abzuwiegeln und erklären, die Forschung werde wohl noch ein paar Jahre dauern; die Herstellung einer derartigen Bombe sei im Moment wirtschaftlich nicht realisierbar und sie sei ebenso wenig in den geforderten sechs bis neun Monaten zu kriegen. Frühestens im Sommer 1944 sei damit zu rechnen. Dafür wäre der Bau eines Kernreaktors von großer wirtschaftlicher wie auch militärischer Bedeutung, besonders für die Zeit nach dem Krieg. Hier bleibt zu vermuten, dass weiterhin der Gedanke ausschlaggebend ist, dass Hitler bloß keine Atombomben auf London werfen können solle. Letztlich genehmigt Speer den Bau eines entsprechenden Bunkers auf dem Gelände des Kaiser-Wilhelm-Instituts für Physik in der Reichshauptstadt. Da soll der erste große deutsche Uranmeiler aufgebaut werden.[45]

Wer kann wirksam gegensteuern?

Josef Kardinal Frings war am 1. Mai 1942 überraschend in das Amt des Erzbischofs von Köln gekürt worden. Die Bischofsweihe soll am 21. Juni der apostolische Nuntius in Deutschland Erzbischof Cesare Orsenigo im Kölner Dom vornehmen. Das nationalsozialistische Regime verbietet jedoch der Presse in Deutschland, über die Weihe eines neuen Erzbischofs zu berichten. Kölns Katholiken sind selbstverständlich findig und geben private Kleinanzeigen auf, um zu dieser Weihe einzuladen. Die internationale Presse ist bei den Weihefeierlichkeiten im Kölner Dom vertreten, so dass außerhalb von Deutschland mancherorts über die Weihe berichtet wird. Die Judenverfolgung bezeichnet Josef Kardinal Frings in aller Öffentlichkeit als „himmelschreiendes Unrecht". Die Beschattung durch die Gestapo ist ihm gewiss, auch mit Hilfe einiger V-Leute – doch gegen die Popularität von Kardinal Frings und die herausragende Stellung im öffentlichen Leben kann sie nichts machen.[46]

Es ist 1942 nun mal gar nicht einfach, das Reich aus irgendeinem Grund zu verlassen. Immerhin sind wir im Krieg und wer illegal herauskommt, findet woanders, schon aus Misstrauen, noch lange keine offene Tür vor. Dietrich Bonhoeffer zum Beispiel hat seine Papiere und den Pseudoauftrag von der Abteilung Abwehr des Admiral Canaris. Bonhoeffer war vor Jahren einmal Pfarrer an der deutschen Kirche in London, was ihm eine gewisse Bekanntheit und Glaubwürdigkeit eingebracht hat. Im Mai 1942 führt er in der schwedischen Hauptstadt Stockholm Gespräche mit dem Bischof von Chichester George Bell. Der Bischof weiß, was der Deutsche nicht wissen kann: Bell ist im neutralen Schweden auch mit dem Pfarrer Hans Schönfeld zu Beratungen verabredet. Hans Schönfeld ist Direktor des Forschungsinstitutes des Ökumenischen Rates der Kirchen in Genf und ist der Abwehr-Abteilung I als V-Mann zugeteilt, die für wirtschaftliche Erkundungsarbeit im feindlichen und neutralen Ausland zuständig ist. Er wird auf Antrag des Amtes Ausland/Abwehr auf „unabkömmlich" gestellt, als ihm die Einberufung zur Wehrmacht droht. Auf diesem Weg bewahren Hans Oster und Hans von Dohnanyi von der Abwehr mit Einverständnis von Wilhelm Canaris ebenfalls den zum *Kreisauer Kreis* gehörenden Stellvertretenden Vorsitzenden des Kirchlichen Außenamtes Eugen Gerstenmaier* vor der Einziehung zum Kriegsdienst. Jenem mag das Auswärtige Amt nämlich nach einer Intervention des in seinem Fall hellhörig gewordenen Reichssicherheitshauptamtes die Auslandsreisen nicht mehr ermöglichen. Adam von Trott zu Solz gelingen seine Reisen ins Ausland über den Weltkirchenrat in Genf. Jeder von ihnen versucht, Kontakte von Gegnern des Regimes und seines Krieges mit England und den USA herzustellen, von denen man *support* für einen *regime change* in Deutschland erwartet. Schönfeld hat diesen Kontakt mit dem Bischof von Chichester schon 1941 aufgebaut und jetzt hält er ihn über die Entwicklung auf dem Laufenden. Dr. Schönfeld setzt ihn davon in Kenntnis, dass Gewerkschaftsmitglieder im letzten halben Jahr ein Netzwerk von Verbindungsleuten entwickelt haben, das ihnen bei einem Umsturz die Kontrolle über Schlüsselstellungen in Städten wie Berlin, Köln oder zum Beispiel Hamburg und über das ganze Reich hin erlaube. Einer davon ist der rührige Wilhelm Leuschner. Wie viele andere sind dagegen mit vergleichbaren Versuchen schon in ihrer eigenen Stadt gescheitert und deswegen in den Kahn eingefahren? Von Leuschners Vertrauensleuten hat jeder im gegebenen Augenblick zehn bis zwanzig andere Nazigegner aufzurufen. Das geht von den größeren Städten bis hin zu kleinen Dörfern. Allein von Baden bis ins Hessische hinein stehen alles in allem zehn- bis fünfzehntausend Regimegegner nach Dr. Hans Schönfelds Einschätzung für eine Machtübernahme bereit. Das heißt übrigens auch, dass sie sich politisch unauffällig verhalten müssen, um im entscheidenden Moment nicht schon eingesperrt zu sein.[47]

Nach der Rückkehr auf die Insel legt Bischof Bell dem Londoner Außenminister Anthony Eden den ausführlichen Bericht vor. Eden erklärt ihm, einige der Namen seien bekannt, doch Eden befindet, die Widerstandsbewegung habe noch nicht so recht gezeigt, dass sie tatsächlich existiert. Ein bisschen hat er da Recht. Es steht nicht im Völkischen Beobachter – worüber die Beteiligten an der Verschwörung gegen die jetzige Ordnung im Reich aber den Umständen entsprechend durchaus ganz froh sind.[48]

Wilhelm Leuschner

Was für ein Giftpilz dieser Anthony Eden doch ist. Er selbst war 1935 zu den Gesprächen in der Reichshauptstadt und hat mit Adolf Hitler Möglichkeiten für einen gemeinsamen britisch-deutschen Feldzug gegen die Sowjetunion besprochen. Erinnern Sie sich daran? Mit Bezug auf die Berichte des Bischofs über die Gespräche mit Hans Schönfeld und Dietrich Bonhoeffer in Schweden und die Bitte um ein britisches Zeichen der Ermutigung für die Regimegegner in Deutschland stellen die hinzugezogenen Beamten des *Foreign Office* in einer Vorlage für Churchills Kriegskabinett vom 1. Juli 1942 grundsätzlich fest: „Es gibt guten Grund anzunehmen, dass viele, vielleicht sogar die meisten dieser Fühlungnahmen vom deutschen Geheimdienst ausgehen, der sich auf die Strategie und Taktik der Friedensfühler spezialisiert zu haben scheint. Der Zweck ist offensichtlich – es soll versucht werden, Zwietracht unter den Alliierten zu säen und das Tempo ihrer Kriegsanstrengungen zu verlangsamen."[49] Besser kann man es wohl wirklich kaum sagen. Die Deutschen abzüglich ihrer durchgeknallten Anteile wollen den Frieden wieder herstellen und leitende Beamte des Außenministeriums an der Themse wollen jetzt die Kriegsanstrengungen erhöhen – *straight from the horse's mouth*. Nein, die vom deutschen Geheimdienst zugeworfenen Bälle werden eben nicht aufgegriffen, um Hitler im *friendly fire* vom Schlachtfeld zu holen.

Außenminister Eden teilt Bischof Bell Anfang August 1942 brieflich mit, niemand könne der Opposition Glauben schenken, bis sie aktive Schritte zur Beseitigung des Regimes unternommen hat. Je länger das deutsche Volk das NS-Regime dulde, desto größer werde seine Verantwortung für dessen Verbrechen. Wo erwähnt der Mann, dass zehntausende Akteure auf den Startschuss warten? Welche hässliche Gesinnung – und wie viel Verlogenheit spricht aus seinen Worten. Seit dem Sommer '38 ist es die Clique in London, die verhindert, dass die Kriegsgegner in Deutschland Schritte in diese Richtung einleiten können. Sie waren es, die Hitler seit 1933 immer weiter aufgewertet hatten und von der Bank of England gab es 1933 die Kredite, die den deutschen Demokraten in den Jahren zuvor verweigert worden waren. Ohne dieses Startkapital hätten die Nazis die Arbeitslosigkeit nicht in den Griff gekriegt. Mister Eden gelangt zu dem

Schluss, eine Antwort an die Deutschen entspreche durchaus nicht dem nationalen Interesse Englands. Damit sind diese Kontakte, die Deutsche mit einer Möglichkeit zum Verlassen des Reiches aufgebaut haben, zum stillen Tod verurteilt.[50] Wenn es später obendrein gelingt, sie auch aus den Lehrbüchern fernzuhalten, haben die Briten endgültig gesiegt.

Kommen wir vom abdankenden *Empire* zum erwachenden *Imperium in America.* 1941 hatten frühere Chefs der deutschen Gesellschaft versucht, über den Berliner Korrespondenten der Nachrichtenagentur Associated Press Louis P. Lochner einen Kontakt zum US-Präsidenten Franklin D. Roosevelt herzustellen. Nach der deutschen Kriegserklärung an die USA vom Dezember 1941 wurde der Journalist aber zunächst in Deutschland interniert, sodass er erst im Juni 1942 versuchen kann, einen Kontakt zu dem Präsidenten zu bekommen, erhält aber schließlich nur die Antwort, dass man die Nachrichten nicht zu erhalten wünsche. Die Anerkennung der Existenz einer Opposition im Reich ist nicht erwünscht. Wundert Sie das, wenn sowohl der Wahlkampf von Roosevelt als auch der von Hitler von denselben Leuten in Amerika finanziert wurde und wenn die Firma Georgia Arm Springs Foundation des Präsidenten Roosevelt zum Kartell der Sponsoren des deutschen Konzerns IG Farben gehört, ohne die eine Gestalt wie Hitler keinen Krieg führen könnte?[51]

Hoffentlich verzocken sich Engländer und Amerikaner bei der Nummer nicht. Die Vereinigten Staaten haben selbstverständlich große Potentiale für den Fall, dass es eng wird, aber Hitlers Wahrnehmung von Amerika als einem großen Bluff ist nicht einfach so aus der Luft gegriffen. George Marshall zum Beispiel sieht, dass für Deutschland und Japan die Weltherrschaft aktuell zum Greifen nahe ist. Er schätzt ein, dass den Landsleuten in Amerika noch nicht so wirklich klargeworden ist, wie dünn der Faden ist, an dem das Schicksal der Vereinten Nationen hängt. Er ist der Meinung, dass man der Ehrlichkeit halber zugeben muss, dass die Rolle, die die Vereinigten Staaten bei der Abwendung der Katastrophe spielen, ihnen im Moment keine Ehre macht.[52]

5. Gebot: Du sollst nicht töten

Unter dem Eindruck, dass alles nichts nützt, fallen in Deutschland langsam die Hemmungen – Ein Katholik beichtet und fragt den Pfarrer, ob es eine Sünde sei, einem Menschen den Tod zu wünschen. Der Pfarrer sagt: „Natürlich ist es eine Sünde, eine große Sünde!“ Dann fragt er sein Beichtkind, wem es denn den Tod wünsche. Als es ihm der Mann gesagt hat, zögert er ein Weilchen und erklärt: „In diesem besonderen Fall ist es keine Sünde, denn es würde damit der Tod von vielen Unschuldigen vermieden werden.“[53] In den immer giftiger werdenden Witzen, die inzwischen offensichtlich auch das absolute Tabu des Königsmordes nicht mehr ausschließen oder sogar gutheißen, zeigt sich durchaus sinnfällig, wie weit sich manche Deutsche von ihrem Glauben an die Autorität des Staates und seiner Repräsentanten entfernt haben. Helmuth James Graf von Moltke hält in einem weiteren Brief an seinen Freund Lionel Curtis in England seinen persönlichen Eindruck fest, bei „einem nicht zu zahlreichen, aber aktiven Teil des deutschen Volkes“ beginne sich doch die Überzeugung durchzusetzen, „dass Sünde ist, was geschieht, und dass sie persönlich verantwortlich sind für jede furchtbare Tat, die begangen worden ist, natürlich nicht im irdischen Sinne, aber als Christen.“ Was seine Quantifizierung angeht, sei der Hinweis gestattet, dass zahlreiche Gegner des Regimes, die ihr Maul eben gerade aufgemacht haben, längst hinter Schloss und Riegel oder gleich hinter dem Stacheldrahtzaun verschwunden sind. Die darf man jetzt nicht einfach aus der Wertung fallen lassen und zum Schluss kommen, dass das deutsche Volk nix verstünde. Was den Empfänger des Briefes angeht, da haben wir '38 schon gelacht, und nichts hindert uns daran, uns das Freundchen erneut anzuschauen. So hat sein Freund Lionel George Curtis im Zweiten Burenkrieg bereits für die imperialen Interessen Englands bei den City Imperial Volunteers als Freiwilliger gekämpft. Ausgerechnet Curtis war der Sekretär des berühmt-berüchtigten Lord Milner, des Vorkämpfers des Weltherrschaftskonzeptes von Halford John Mackinder, und wurde nach dem Tod des Lords dessen Nachfolger als Leiter von „Milners Kindergarten“. Da hat sich Helmuth James Graf von Moltke ja mit Zielsicherheit den Richtigen auserkoren. Von genau diesem Lionel Curtis stammt die Idee von einer *Federal World Government*, seinem Lebenswerk. Zur Verfolgung dieses Ziels gründete dieser Ganove 1910 die quartalsweise erscheinende Zeitschrift The Round Table: The Commonwealth Journal of International Affairs. Herzlichen Glückwunsch Graf Moltke, seinem *Freund* verdankt er ganz persönlich das *cäsaristische Regime* des Dritten Reiches. Wenn die englische Oberschicht endgültig die Weltherrschaft anstrebt, müssen Mächte wie Deutschland und Russland verschwinden. Am besten ist es, wenn sie daran selbst schuld sind. Es überzeugt keinen, wenn zu diesem Kindergarten zum Beispiel *der Freund der Deutschen* Philip Kerr gehört *und* der Deutschenhasser Geoffrey Dawson, dessen Blatt The Times vor dem Weltkrieg von 1914 bis 1918 erklärtermaßen kein Wort zum Wohle Deutschlands abgedruckt hat.[54] Das ist *fair play* auf Englisch.

Claus Graf Schenk von Stauffenberg ist unter den Leuten, bei denen das Verbot des Königsmordes in dieser aktuellen Lage ausgedient hat. Nicht wissend, dass höhere deutsche Militärs schon 1938 sehr wohl protestiert haben nach dem Pogrom gegen die Juden, sagte er damals im Kreis von Kameraden, er könne das Schweigen des Offizierskorps nicht verstehen, aber etwas anderes wäre von Männern, die sich schon ein- oder zweimal ihre Wirbelsäule gebrochen hätten, wohl nicht zu erwarten. Fünf Jahre unter Hitler ruinierten folglich auch sein Wertesystem nicht. Als er 1939 von Umsturzplänen gehört hatte, meinte er noch in einem Gespräch mit seiner Frau, das sei ja wohl „gleichbedeutend mit Verrat" und wollte sich darum nicht am Putschversuch im Herbst '39 beteiligen.[55] Im Sommer 1942 hat Graf von Stauffenberg seine Ansichten geändert. Empört ist er darüber, wie die SS mit Zivilisten genau wie mit Kriegsgefangenen in der Sowjetunion umgeht, und befindet nun selbst, dass jemand Adolf Hitler umbringen müsse. Wenn sich kein anderer dafür finden würde, denke er darüber nach, es selbst zu tun. Von da an nennt er Hitler in Gesprächen mit den Kameraden einen Verbrecher und Idioten, dieser Krieg sei ungeheuerlich und auf Lügen gegründet. Es ist gewiss bezeichnend für die Stimmung unter den Offizieren, wenn auch er wie andere nie denunziert und verwarnt wird. Da auch andere ihre Haltung in dieser Hinsicht mit der Zeit ändern, ist es eine Frage der Zeit, wann er neue Mitstreiter zum Sturm auf die Reichskanzlei gewinnen kann. Ist sein persönlicher Adjutant Werner von Haeften der erste von ihnen? 1942 lernt von Stauffenberg auch Albrecht Ritter Merz von Quirnheim kennen. Dazu kommen auch General Friedrich Olbricht und Ludwig Beck, wobei Beck schon ein paar Jahre lang verzweifelt um den Aufbau der Verbindungen für einen erfolgreichen Staatsstreich ringt. Um von Stauffenberg nicht unnötig zu gefährden, wird er nach Afrika versetzt, damit er nicht fällt, bevor es die Gelegenheit zum Attentat wieder gibt. Unabhängig von diesen Männern gibt es auch in anderen Teilen der Wehrmacht weiter Bemühungen um ein Attentat auf Hitler oder gleich die ganze Staatsführung.[56]

Neue Versuche zur Durchsetzung des Rassismus

Sehr intensiv wurde mit allen Möglichkeiten der Propaganda eingeprägt, dass die Juden im Westen wie auch im Osten die Fäden gezogen hätten, um das Reich kaputt zu machen, weshalb sie eine ordentliche Strafe verdienten. Ähnlich sieht es bei den Vorurteilen zu den slawischen Völkern aus. Viele der deutschen Kleinstaaten hatten über die Jahrhunderte ihre traditionell guten Beziehungen zum Beispiel zu Russland, vor allem im Gebiet östlich der Elbe, während die Länder westlich dieses Flusses eher in Richtung Westen ihre Sympathien hegten. In den Frieden und in den Aufschwung hinein hat der Chef in Berlin eine Landnahme nach der anderen inszeniert und die Propaganda wurde allmählich immer dreister. So erklärt der alte Kämpfer und aktuelle SS-Chef Heinrich Himmler im Juli 1942 bei einem Auftritt: „Unsere Aufgabe ist es, den Osten nicht im alten Sinne zu germanisieren, das heißt den dort wohnenden Menschen deutsche Sprache und deutsche Gesetze beizubringen, sondern dafür zu sorgen, dass im Osten nur Menschen wirklich deutschen, germanischen Blutes wohnen.“[57] Das ist aus Hitlers programmatischem Werk auf den Seiten 429 und 430 beinahe wörtlich abgekupfert. Dabei klingt das noch immer so, als wolle man die bisherigen Bewohner der Gebiete hinter der Front an andere Orte umsiedeln oder einfach vertreiben.

1942

Im August 1942 wird das Verfahren für die Ostgebiete, so wie es Martin Bormann niedergelegt hat, von einem Mitarbeiter aus dem Reichsüberwachungsamt oder „Amt des Beauftragten des Führers für die Überwachung der gesamten geistigen und weltanschaulichen Erziehung der NSDAP“ in der Form aufgeschrieben: „Die Slawen sollen für uns arbeiten. Soweit wir sie nicht brauchen, mögen sie sterben. Impfzwang und deutsche Gesundheitsvorsorge sind daher überflüssig. Die slawische Fruchtbarkeit ist unerwünscht.“ Bei Alfred Rosenberg, dem Chef dieses Amtes mit dem umständlichen Namen, muss man wohl erst herausfinden, wo er die rote Linie für sich zieht. Gerade so, als hätte nicht *er*, sondern ein Marsmann seit 1919 die theoretischen Pamphlete verfasst wie *Die Spur des Juden im Wandel der Zeiten*, und als hätte nicht *er* die Leute gegen die Slawen aufgehetzt, schreibt ausgerechnet *er* General Wilhelm Keitel '42 das Folgende: „Das Schicksal der sowjetischen Kriegsgefangenen in Deutschland ist im Gegenteil eine Tragödie größten Ausmaßes.“ Weiter stellt er fest, ein großer Teil von ihnen sei verhungert oder durch die Unbilden der Witterung umgekommen. Tausende seien dem Fleckfieber erlegen und die Lagerkommandanten hätten es der Zivilbevölkerung sogar untersagt, den Kriegsgefangenen Lebensmittel zur Verfügung zu stellen und sie lieber dem Hungertod ausgeliefert. Hat er die Informationen aus den Berichten an sein Amt? „In vielen Fällen, in denen Kriegsgefangene auf dem Marsch vor Hunger und Erschöpfung nicht mehr mitkommen konnten, wurden sie vor den Augen der entsetzten Zivilbevölkerung erschossen und die Leichen liegen gelassen. In zahlreichen Lagern wurde für eine Unterkunft der Kriegsgefangenen überhaupt nicht gesorgt. Bei Regen und Schnee lagen sie unter freiem Himmel. Ja, es wurde ihnen nicht einmal das Gerät zur Verfügung gestellt, um sich Erdlöcher oder Höhlen zu graben.“ Es ist geradezu grotesk, dass dieser Protest zur Einreichung beim Führer im Ernst von Alfred Rosenberg höchstpersönlich stammt. Aber welche Wirkungen hatte er denn wohl erwartet, wenn er nicht den Ausgleich zwischen den Völkern gepredigt hat, sondern Hass? Natürlich hat er viele Leute zugänglich gemacht für eine solche Behandlung fremder Menschen. Die rote Linie zieht er in seinem Kopf offenbar zwischen Theorie und Praxis, zwischen pseudointellektuellem Gelabere und der Handgreiflichkeit von brutalen Schlägertypen. Fällt ihm ernstlich erst jetzt auf, dass Massenmorde und Greueltaten insbesondere im Osten Europas, aber auch in Deutschland selbst nicht bloß mit der Absicht begangen werden, dass man Opposition und Widerstand gegen die Nazis zu brechen versucht? In Polen und in der Sowjetunion sind diese Verbrechen doch wirklich Teil eines Planes, der darauf abzielt, die ganze einheimische Bevölkerung in den besetzten Gebieten durch Vertreibung und Vernichtung zu beseitigen, um deren Lebensräume zu eigenen Siedlungszwecken verwenden zu können. Hatte Alfred Rosenberg seinerzeit nicht das wegweisende Werk Hitlers Wort für Wort studiert und hieß es darin vielleicht nicht: „Somit blieben nur noch zwei Wege, der steigenden Volkszahl Arbeit und Brot zu sichern. Man konnte entweder neuen Boden erwerben, um die überschüssigen Millionen jährlich abzuschieben, und so die Nation auch weiter auf der Grundlage einer Selbsternährung erhalten, oder man ging dazu über, durch Industrie und Handel für fremden Bedarf zu schaffen, um vom Erlös das Leben zu bestreiten." Die eine mögliche Variante nannte er Kolonial- und Handelspolitik, die andere Bodenpolitik. Beide Wege seien von verschiedenen Richtungen ins Auge gefasst, geprüft, empfohlen und bekämpft worden, bis endlich der Weg einer Kolonial- und Handelspolitik endgültig gegangen wurde. Der gesündere Weg von beiden wäre seines Erachtens aber die Bodenpolitik gewesen. Die Erwerbung von neuem Grund und Boden zur Ansiedelung der überlaufenden Volkszahl besitzt demnach unendlich viele Vorzüge, insbesondere wenn man nicht bloß die Gegenwart, sondern ebenso die Zukunft ins Auge fasse. Ein deutscher Bericht vom 7. August 1942 über das Elsaß besagt, dass man dort nur mit Abstrichen anders vorzugehen gedenkt: „Das rassische Problem wird in den Vordergrund gestellt, und zwar in der Weise, dass rassisch wertvolle Personen in das Altreich und rassisch minderwertige nach Frankreich ausgesiedelt werden sollen."[58] Und wenn sie damit fertig sind, wird der Elsaß die grüne Insel der Ruhe ohne Einwohner, oder wie darf man das verstehen?

So lange die hiesige Staatsführung nun schon den Rassismus propagiert, so lange gibt es die Kritik der Nazis an den Mitbürgern. Schon '35 stand

z. B. in der Zeitschrift *Wille und Macht*: „Wir können die Drahtzieher erkennen, wenn wir uns das Brauchtum dieser Gruppen näher betrachten. Da werden russische Lieder gesungen, Klampfe spielen ist spießerhaft, man singt nur noch zur russischen Balalaika. Man schläft nicht mehr auf Fahrt im Zelt, sondern hat sich längst die Kohte angeschafft." In diesem Artikel stand, dass sich die Fahrten der Gruppen ausnahmslos nach Osteuropa erstreckten. Weiter hieß es da, russische Tänze und die russische Geschichte haben die Gruppenabende belebt. Es begann stets mit einem Heimatabend, auf dem Tee, sitzend auf den weichen Kissen, getrunken wurde. Russische Lieder erschallten und am Ende stand immer die Einladung nach Russland.[59] Zwei Dinge sind schwer vorstellbar: Dass diese jungen Leute später in die SS eintreten und ohne Sinn und Verstand alle Russen umbringen wollen und ebenfalls, dass die inzwischen erwachsen gewordenen Männer allesamt den Kriegsdienst verweigern und sich dafür erschießen lassen. Wenn wir uns Männer mit ganz unterschiedlicher Herkunft jetzt in den verschiedenen militärischen Verbänden vorstellen, bekommen wir vielleicht allmählich ein lebendiges Bild davon, was sich in den vielen Köpfen abspielt und worüber sie sprechen oder schweigen.

Genau so, wie nicht jeder Parteigenosse ein strammer Rassist ist, muss man zur Ausbildung eines realen Weltbildes auch erkennen, dass Juden respektive Jüdinnen natürlich auch zu schrägem Verhalten in der Lage sind. In jedem Falle ist es hilfreich, wenn man die Welt nicht ewig bloß in schwarz und weiß einteilt, in Böse und Gute, in Täter und Opfer. Man tut wohl immer gut daran, wenn man sich an die alte Faustregel aus der Bibel hält, die fordert, nur wer frei von Sünde sei, möge den ersten Stein werfen. Will heißen: Lasst Eure Steine mal besser stecken und fasst mal lieber an Eure eigenen Nasen. So kann man seinen Mitmenschen manch eine dümmliche Diskussion ersparen. Einem runden und farbigen Bilde zuliebe soll also auch Stella Goldschack stellvertretend für jene erwähnt werden, die sich selbst über Wasser halten, indem sie andere verpfeifen. Das Ganze fängt schon damit an, dass sie ihren eigenen jüdischen Mann ans Messer liefert. Da ist sie bereits eine Weile mit einem anderen liiert, der bei der Gestapo arbeitet. Ja, sie ist eine hübsche Frau, so eine kühle

Blondine, immer auf Draht, um herauszukriegen, wo denn Juden untergetaucht sind. Mit ihrem Neuen, dem Kübler, kommt sie auch öfters zu Haussuchungen mit. Genau so wahr ist, dass auch deutsche Frauen ihre Männer einfach so bei der Gestapo anschwärzen, um eine Art Scheidung zu erreichen, die sonst nicht drin wäre.[60] Wir leben in gruseligen Zeiten und vielleicht passen die Leute später einmal besser auf, dass sie solche Zustände nicht wieder einreißen lassen. Dann ist diese Art von Fehlverhalten nicht mehr lebensnotwendig.

Przemyśl ist eine Grenzstadt im Osten von Polen. Viele Ukrainer sind da zu Hause, 16.000 Juden und die meisten der in etwa 58.000 Einwohner sind katholische Polen. Im Sommer sind ein paar hundert junge Männer als sogenannte Arbeitsjuden bei der Wehrmacht beschäftigt. Sie werden meist bei der Eisenbahn eingesetzt und bringen die Züge von der mitteleuropäischen Spurbreite auf die breiteren russischen Gleise. Nun sollen die Juden weggebracht werden. Vertrauenerweckend klingt das ja nicht. Während ein Zivilist darüber empört sein kann, wenn er nicht laut über seine Befindlichkeiten spricht, ist der General Freiherr von Gienanth der Militärbefehlshaber im Generalgouvernement. Er versteht, was für eine Macht und welche Möglichkeiten er durch diesen Posten innehat. Er löst den Ortskommandanten von Przemyśl ab und bestellt dafür Major Max Liedtke zu dessen Nachfolger. Der General erklärt in aller militärischen Kürze, dass die SS über die bei der Wehrmacht eingesetzten Juden keine Verfügungsgewalt hat. Sie unterstehen dem Ortskommandanten. Das ist von nun an er persönlich. General und Major haben sich verstanden. Sie wollen das Vernichtungsprogramm der SS nicht mitmachen. Es ist kein Wunder, dass sich Major Liedtke wunderbar mit dem General versteht, ist er doch von Beruf Journalist und konnte sich nur mit Ach und Krach bis '37 als Chefredakteur und Verleger der Greifswalder Zeitung halten. Dann haben ihn die Nazis an die frische Luft befördert. Er bespricht sich mit seinem Adjutanten, dem Oberleutnant Dr. Albert Battel, der seinerseits Mitglied der NSDAP ist und unabhängig davon die angebliche Aussiedlung der Juden ablehnt. Dass viele Parteigenossen die physische Gewalt gegen Juden immer schon abgelehnt haben, wurde ja bereits in den

Jahren von 1933 bis '38 klar. Eines Tages trifft Battel den Vorsitzenden des örtlichen Judenrates, der die Befehle der SS entgegenzunehmen und für ihre Durchführung zu sorgen hat. Was soll ich sagen? Diese Männer kennen sich. Der Vorsitzende des Judenrates heißt Dr. Duldig und er ist ein Studienfreund aus Wien. Liedtke sieht, dass sich die beiden Männer verstehen. Eine Zeit lang herrscht die Ruhe vor dem Sturm, doch am 25. Juli '42 eskaliert der Konflikt zwischen Wehrmacht und SS in Przemyśl, weil sich Oberleutnant Dr. Battel weigert, die Juden herauszugeben, die bei der Wehrmacht beschäftigt sind. Wem das Argument nicht menschlich genug ist für die Rettung von Menschenleben, der mag ein besseres finden und es bei den zuständigen Stellen anbringen. Warten wir ab, wie weit Sie unter Umständen kommen. An diesem 25. Juli, dem Sabbat der Juden, befiehlt die SS auf Anordnung des zu diesem Zwecke angereisten Hauptsturmführers Felenz, dem Judenrat des Dr. Duldig, die Ausweise der „Wehrmachtsjuden" einzusammeln und abzugeben. Major Liedtke erfährt das und legt unverzüglich offiziellen Protest beim örtlichen Chef der SS-Sicherheitspolizei gegen den geplanten Abtransport der ihm unterstellten jüdischen Arbeitskräfte ein. Damit nicht genug. Er meldet die drohende Deportation per Funkspruch an General von Gienanth mit der Bitte um Entscheidung. Major Liedtke befiehlt, dass unterdessen nichts unternommen werden darf. Major und Oberleutnant verweigern der SS jeden Zugang zum Ghetto der Stadt, deren Militärkommandant Liedtke ist. Dafür sperrt die Ortskommandantur die Brücke über den Fluss San für den Zivilverkehr. Bei einer Beratung unter zwölf Dienststellenleitern sagt Major Liedtke, er werde in seiner Eigenschaft als Ortskommandant alles dafür tun, dass die ihm unterstellten jüdischen Arbeitskräfte nicht abtransportiert werden. Wörtlich erklärt der Major Max Liedtke: „Meine Herren, wir riskieren den Kopf, denn das, was wir jetzt tun, geht gegen einen ausdrücklichen Führerbefehl, aber mehr als erschießen können sie uns nicht."[61]

Hier stellt sich eine Frage. Würden auch Sie sich lieber selbst umbringen lassen als andere Leute? Am 26. Juli kommen Polizeifahrzeuge, die auf Befehl der SS die Brücke passieren sollen, um die Juden aus dem Ghetto zu holen. Doch dort steht Oberleutnant Albert Battel und begrüßt sie mit der Ansage: „Die Brücke ist gesperrt. Widrigenfalls wird von der Schusswaffe Gebrauch gemacht." Einer der SS-Männer droht natürlich mit der Anforderung einer Spezialeinheit – doch dazu kommt es nicht. Wenige Stunden später wird die Sicherheitspolizei von Parteimitglied Dr. Battel informiert, dass die Zuständigkeit der Wehrmacht anerkannt wird. Die Geschichte hat ein Nachspiel, weil dieser Fall nach Berlin gemeldet wird und so dem Reichsführer SS Heinrich Himmler zu Ohren kommt. Dieser tobt und sagt, die Aussiedlung der Juden gehe die Wehrmacht nichts an und Battel würde nach dem Krieg verhaftet und zur Verantwortung gezogen. Hu, ha! Für den Moment wird Dr. Battel von seinem Posten abberufen und am 1. Oktober 1942 in die Führerreserve versetzt. Da landet auch der Militärbefehlshaber im Generalgouvernement Curt Ludwig von Gienanth. Major Liedtke wird an die Front in den Kaukasus versetzt und es wird ein neuer Mann gefunden, der den Juden in der Stadt Przemyśl nicht mehr hilft.[62] Hoffentlich kommt später einmal nicht bloß der neue Ortskommandant in die Geschichtsbücher, sondern auch die deutschen Soldaten, die sich in Przemyśl der SS entgegengestellt haben.

Mag sein, dass es beim Militär die Männer sind, die so oder so auftreten, zu Hause sind es oft die Frauen, von denen manch eine versucht, Leuten zu helfen, die in Drangsal sind. Wie Helene Jacobs in Berlin. Von Günter Rogoff kommt große Dankbarkeit, denn sie hat ihm selbst angeboten, in ihrer Wohnung illegal zu leben. Er sieht, dass sie Christentum nicht bloß predigt, sondern vorlebt. Und was eine richtige Berlinerin ist, ist sie nun auch nicht auf den Mund gefallen. Einmal muss sie zur Gestapo, um sich zu verantworten, weil sie Lebensmittelpakete ins Lager Lublin geschickt hatte. Da meint ein Beamter: „Nun hören Sie mal zu. Sind Sie eigentlich ganz von allen guten Geistern verlassen? Als deutsche Frau schicken Sie den Juden Pakete! Was haben Sie sich eigentlich dabei gedacht?" Darauf entgegnet Helene Jacobs forsch: „Nun möchte ich Sie etwas fragen. Sie sind ein deutscher Mann, ich bin eine deutsche Frau. Jetzt überlegen Sie doch einmal mit, was habe ich da getan? Da sind in Polen Menschen, die Hunger haben, und ich habe den hungernden Menschen etwas zu essen geschickt. Finden Sie das etwas Verwerfliches?“ So recht weiß der Mann an der Stelle nicht, was er darauf erwidern kann: „Ja, vom menschlichen Standpunkt aus kann ich das schon verstehen, aber nicht vom nationalsozialistischen.“ Und an diesem Ende packt sie ihn: „Ja, nun machen Sie also einen Unterschied zwischen dem menschlichen und dem nationalsozialistischen Standpunkt?“[63] Wir leben in einer Diktatur und da ist es nicht überaus erstaunlich, dass solche waghalsigen Kamikaze-Nummern in den Medien nicht bekannt gemacht werden.

Es sind ja immer wieder Einzelschicksale, sodass es nicht erstaunlich ist, wenn man sich nicht über alle lang und breit auslassen kann. Da ist die Maßschneiderin Rosel Bibo, die ’42 von Freunden in Eberswalde in Alt-Hüttendorf untergebracht wird, und die Kontoristin Kläre Bloch aus der Reichshauptstadt Berlin, die nicht nur ihren jüdischen Freund versteckt, sondern auch zwei in der Illegalität lebenden jüdischen Frauen hilft. So einen erfolgreichen Versuch zur Rettung von Juden unternimmt ebenso Hans von Dohnanyi, der von Hans Oster vor dem Beginn des Krieges in das Amt Ausland/Abwehr geholt worden war. Die Glücklichen sind Fritz Arnold und Julius Fliess. Die zwei als Juden verfolgten Berliner Rechtsanwälte werden mit ihren Familienangehörigen getarnt als Agenten des Amtes Ausland/Abwehr in die Schweiz geschickt, wo Dohnanyi zuvor in geheimer Mission unterwegs war und die Aufnahme der Flüchtlinge vorbereitet hatte. Alles in allem gelingt es so, unterstützt vom Geheimdienst in Berlin, dreizehn Menschen ungehindert ausreisen zu lassen. Um eine solch exklusive Möglichkeit können Hans von Dohnanyi jene Deutschen nur beneiden, die mit ihren arg bescheidenen Mitteln als Privatpersonen Juden in ihrer Wohnung, auf dem Dachboden oder in ihrer Gartenlaube beherbergen. Doch Dohnanyi wird wohl nicht mehr lange den Ritter auf dem weißen Ross spielen können, denn die Nazis sind auch nicht völlig auf den Kopf gefallen. Mitte des Jahres gelingt es ihnen, einen Devisenschmuggel in Prag offenzulegen, in den ein gewisser Schmidhuber verwickelt ist, der als V-Mann der Abwehr arbeitet. Seine Aussagen führen die Gestapo zu Dohnanyi, der selbst auch Devisentransaktionen durchgeführte hatte, damit die Flüchtlinge in der Schweiz nicht verhungern –

wie Joseph Schmidt, der begnadete österreichische Opernsänger aus der Bukowina. Schmidt war vor '33 einer der bekanntesten Tenöre im Reich. Noch im Jahre 1933 sang er die Titelmelodie für den Film „Ein Lied geht um die Welt", das Sie bestimmt kennen. Danach ist er aus Deutschland emigriert. Er gab in den folgenden Jahren Gastspiele in Westeuropa und hat sogar in der New Yorker Carnegie Hall gesungen. Das Bild wird bunt und lebensnah, wenn man weiß, dass er noch bis 1937 einzelne Konzerte beim Jüdischen Kulturbund in Deutschland (!) gab. 1938 war endgültig Schluss bei uns und seine Flucht führte über das *heim ins Reich* gezerrte Österreich und Belgien nach Frankreich. Dort hat Joseph Schmidt noch am 14. Mai 1942 in der Oper von Avignon gesungen. In der weiter unbesetzten Zone Frankreichs galt er auf einmal als ein Deutscher und wurde von der Vichy-Regierung zwangsinterniert. Im Oktober 1942 gelang ihm nach mehreren missglückten Versuchen die Flucht in die Schweiz. Allein und zu Fuß überquerte er die Grenze. Geschwächt brach er in Zürich auf offener Straße zusammen, wurde erkannt und als illegaler Flüchtling in das Internierungslager Girenbad „zur Abklärung des Falles" verfrachtet. Gemäß einem Gesetz, das gerade erst 1942 eingeführt wurde, gelten geflohene Juden in der Schweiz nicht als politische Flüchtlinge. Bestimmt erinnern Sie sich noch an den Hickhack von 1938. Da hatte die Schweiz auch schon versucht, keine Juden mehr ins Land zu lassen. Dortzulande ist der Antisemitismus im Unterschied zum Herrschaftsbereich Hitlers eine Geschichte der völlig privaten Initiative, wie Johann von Dohnanyi auch im Reich aus eigener Initiative handelt. Nur dass von Dohnanyi bei seinem Tun nicht staatlich unterstützt wird. Joseph Schmidt hat danach eine Arbeitserlaubnis beantragt, die ihm erst einmal verweigert wurde. Schon nach kurzer Zeit war er an einer Halsentzündung erkrankt und ist in das Kantonsspital Zürich eingewiesen worden. Zwar behandelte man dort die Halsbeschwerden, seinem Hinweis auf starke Schmerzen in der Herzgegend wollte man aber durchaus nicht nachgehen und verweigerte eine weitere Untersuchung. Als *geheilt* wurde Joseph Schmidt entlassen und musste in das Auffanglager Girenbad zurückkehren, in dem es nicht genug zu essen gab. Dort starb der berühmte Tenor an Herzversagen.[64]

Die Europäer warten auf die zweite Front

Seit jenem sehr sorgfältig vorbereiteten *Wunder von Dünkirchen* nimmt London die Franzosen in kurzen Abständen immer wieder auf den Arm, allein schon, weil Stalin dem Vordringen der Wehrmacht zur Wolga und nach Süden in Richtung Kaukasus nicht gleichgültig zusehen kann und die zauberhaften Westmächte England und die Vereinigten Staaten alle naselang anwinselt, sie mögen doch endlich eine zweite Front eröffnen. Beinahe jeden Tag drucken sowjetische Zeitungen längere Passagen aus britischen Blättern ab sowie Petitionen, die an *Downing Street* gerichtet werden, und Resolutionen, die bei *meetings* verabschiedet werden. Dort wird die öffentliche Meinung in Großbritannien wiedergeben. Die zweite Front im Westen wird immer wieder gefordert. London interessiert sich jedoch für die sowjetischen Blätter noch weniger als für seine britischen. Für Franzosen, Russen und die Presse wird gelegentlich eine Simulation einer Invasion auf dem Kontinent über den Ärmelkanal vorgeführt, mal mit mehr und mal mit weniger, höchstens mit einigen hundert Soldaten. Dass das nichts werden kann, alleine schon, weil das gar nix werden soll, muss man vielleicht nicht dazusagen. Im Frühjahr 1942 geht das Spiel in die nächste Runde. Es beginnt mit dem durchaus sehr freundlich formulierten Befehl: „Bitte führen Sie einen Angriff gegen einen französischen Hafen durch und zwar mit so vielen Truppen, dass der Feind veranlasst wird, darauf so zu reagieren, als wenn es sich um eine Invasion handelt." Es soll ein stark vergrößerter Kommandoangriff werden, wie er zuvor ja schon mehrfach von britischen Elitesoldaten geübt worden war. Es wird erklärt, die Truppen sollten Dieppe einnehmen und, wenn möglich, bis zu einem sieben Kilometer landeinwärts gelegenen Flugplatz und dann zum Stabsquartier der 302. Infanteriedivision vorstoßen. Danach sollen sich die Truppen am selben Abend zurückziehen und wieder einschiffen. Verzeihen Sie mir den Kalauer, aber die Deutschen werden sich darüber einschiffen vor Lachen. Das wird die zweite Front bestimmt nicht. Diese Order geht natürlich nicht an irgendeinen Dahergelaufenen, nein, diese Order ergeht an Louis Francis Albert Victor Nicholas Mountbatten, den Befehlshaber des Stabes für amphibische Operationen. Der edle Herr ist im Sommer 1900 in Windsor Castle geboren worden. Damit auch nicht später ein ahnungsloser Militär dusselige Sachen preisgibt, kommt also der Befehlshaber direkt aus dem englischen Königshaus. Es handelt sich dabei um den Ersten *Earl Mountbatten of Burma*, einen der Träger des Ordens vom blauen Hosenband, den exklusivsten Orden im Königreiche überhaupt, des *Most Honourable Order of the Bath*, des *Order of Merit*, des britischen Ritterordens *The Most Exalted Order of the Star of India*, des Ritterordens *The Most Eminent Order of the Indian Empire*, sowie des *Royal Victorian Order,* den Orden für hervorragenden Dienst, den sicher nicht jeder bekommt, und auf überhaupt keinen Fall zu vergessen ist, dass er *Her Majesty's Most Honourable Privy Council*, also dem Geheimen Kronrat des Monarchen angehört. Dieser Lord Mountbatten ist *Admiral of the Fleet* und der Generalstabschef persönlich.[65]

Über Politik muss man auch einmal lachen können, sonst würde man ja daran ersticken. Stellen Sie sich bloß einmal aus Spaß an der Freude vor, diese Orden wären ihm verliehen worden, weil er sich für die menschengerechte Haltung englischer Bergarbeiter eingesetzt hätte, oder auch nur für Frauenrechte (hihi), oder für die Bildung der *lower classes*, was auf Deutsch so viel heißt wie ordentliche Schulen für die rußverschmierten, barfüßigen Bälger der besoffenen englischen Kumpels. Diese Idee eines Sozialstaates, wie ihn seinerzeit Otto von Bismarck in der Breite in Gang gebracht hat, ist ja nicht auf die Insel übergeschwappt. Man könnte auch mit britischem Humor die Frage hinzufügen, ob man einen dieser Orden für die Wiederherstellung der Menschenrechte in Burma bekommt. Um das zu erreichen, müssten ja einfach nur die britischen Antreiber in den besetzten Gebieten wieder abgezogen werden, sodass die Menschen dort ihr traditionelles Leben von früher wieder aufbauen sowie ihre Kulturen pflegen könnten, die sie vor der Kolonialzeit einmal hatten. Dafür gibt es aber keinen Orden, sondern eins hinter die großen adeligen Löffel.

Es wird ein besonders schwer befestigtes Ziel für die „Operation Jubilee" ausgewählt. Völlig richtig: Einmal am Tag dumm stellen, genügt für den Rest des Tages, wie meine Nachbarin in Bautzen immer sagte, wenn ihre

Kinder Handgriffe so täppisch anstellten, dass die Mama die anstehende Hausarbeit lieber selbst erledigt hat. Wenn man beweisen will, dass man eine zweite Front bei aller Liebe nicht eröffnen könne, dann nimmt man sich die härteste Nuss von allen zum Knacken vor. Der Generalstabschef Mountbatten und sein Stab entschieden sich für den Badeort Dieppe an der Kanalküste. Der Ärmelkanal ist da etwa 130 Kilometer breit, gerade die Strecke, die ein Schiffskonvoi bei maximaler Fahrt während der acht Stunden Dunkelheit Mitte August zurücklegen kann. Diese Stadt Dieppe hat einen relativ leistungsfähigen Fischerei- und Fährhafen und zugleich einen langen Strand und direkt beiderseits des Ortes schön hohe Felsen, von denen aus deutsche Truppen jenen Hauptstrand unter Feuer halten können. Immerhin stehen hier schwere deutsche Küstenbatterien. Bloß Spezialisten können diese Steilküsten erklettern und auch diese nur mit leichter Bewaffnung. Selbst vom Strand darf man sich keine falsche Vorstellung machen. Der Ort hat, um die Promenade gegen die Wellen des Ärmelkanals zu schützen, eine bis zu drei Meter hohe Strandmauer, die auf ihren anderthalb Kilometern Länge nur etwa zwanzig enge Treppendurchlässe aufweist und wenige Fahrzeugrampen. Dem Fußvolk jedoch wird eine andere *story* erzählt. Truppenkommandeure kündigen ihrem Menschenmaterial die problemlose Landung an und stellen in Aussicht, wenn alles gut ginge, würde hier die zweite Front errichtet.[66] Von einer Übung ist da witzigerweise überhaupt nicht die Rede.

In der Nacht vom 18. auf den 19. August 1942 überquert eine Invasionsflotte den Ärmelkanal. Die Sommernacht ist warm und das Meer ruhig. Es herrscht völlige Windstille. Der Mond beleuchtet die Umrisse der 237 in Kiellinie fahrenden Zerstörer, der Truppentransporter, der Torpedo- und Landungsboote. An Bord jener britischen Schiffe warten rund 6200 Mann auf ihren Einsatz: etwa 5000 Infanteristen aus Kanada und 1100 Mann britische Kommandotruppen, dazu 15 französische Soldaten, die sich in Großbritannien freiwillig gemeldet haben, und 50 amerikanische *Rangers*. So nennt sich die in den USA gerade aufgestellte Elite-Einheit, die nach dem Vorbild der britischen Spezialkräfte gebildet worden war. Dieppe soll ihr erster Kampfeinsatz im Leben werden. Für einige wird es auch der letzte. Wie viele genau dabei waren und wie viele tot liegen geblieben sind, entscheiden letzten Endes ja doch die Historiker, und dann sprechen manche eben von 6165 oder rund 6200 Soldaten, bei anderen wird vielleicht nur von 6000 Soldaten die Rede sein und wieder andere kommen unter Umständen auch auf 7500 Soldaten. Tausend mehr oder weniger machen das Kraut aber gewiss nicht fett. Wenn die Wehrmacht nicht mit einigen hundertausend *soldiers* attackiert wird, ist dort gewiss kein Blumentopf zu gewinnen.[67]

Zehn Seemeilen vor der Küste stoppen die Schiffe um drei Uhr morgens die Maschinen. Die Soldaten wechseln in die Landungsfahrzeuge. Feindliche Marinekräfte oder Flugzeuge befinden sich „offensichtlich" nicht in der Nähe. Könnte ein Experte einst behaupten. Alles spreche dafür, dass die „Operation Jubilee" gelingen müsste. Frankreich ist jedoch von den Deutschen besetzt und die sind für die Gründlichkeit besser bekannt als für sensationelle Schlamperei. Aus welchem Grund könnten denn diese feindlichen Kräfte nicht zumindest in der Nähe sein? Zumal sie schon da sind, wie ganz Europa aus Presse und Rundfunk weiß. Zuerst sollen die britischen Kommandotruppen an Land gehen, deren Angriffsziel die Geschützstellungen westlich und östlich Dieppes sind. Die Soldaten sollen sie erobern und außer Gefecht setzen. Haben Sie Geschützstellungen an der Kanalküste im richtigen Leben schon einmal gesehen? Da ist so ein Kämpfer mit leichter Bewaffnung wie auch immer die Klippen hinaufgekommen und dann steht er vor einem der in die Erde gebauten Bunker und schießt auf eine gepanzerte Tür. Für diese kampferprobten Männer, (es soll ihr erster Kampfeinsatz im Leben werden), ist die Landung zum Zeitpunkt der Morgendämmerung vorgesehen, um 4:50 Uhr. Dass jetzt eine Überraschung kommt und genau um 3:47 Uhr ihre abgedunkelten Landungsboote den Kurs eines kleinen Küstenkonvois der Kriegsmarine kreuzen, der ebenfalls ohne Positionslichter fährt, ist zu viel des Guten. Wie viele solche deutsche Boote werden denn vor der Küste Frankreichs verkehren? Ehe die britischen Seeleute ein Ausweichmanöver einleiten können, explodieren Leuchtgeschosse und tauchen das dunkle Meer in gleißendes Licht.[68]

Es wird alles noch verrückter, so dass diese *story* restlos unglaubwürdig wird. Die britischen Kommandeure an Bord des Zerstörers HMS „Calpe" haben den deutschen Konvoi seit Stunden auf ihren Radarschirmen verfolgt, aber *weil sie die Funkstille nicht brechen wollten*, informierten sie die Landungsboote nicht. Welche Funkstille für welchen Angriff wollten sie vielleicht einhalten, wenn es so sicher wie das Amen in der Kirche ist, dass die Deutschen sie über kurz oder lang sehen müssen? Erfolgreicher löst angeblich das Kommando Nr. 4 den gegebenen Auftrag. Unter dem Befehl von Oberstleutnant Simon Fraser (gegen denkbare Missverständnisse: der 15. Lord Lovat), gehen 252 Soldaten in zwei Grüppchen in der Nähe von Varengevile an Land, zerstören die deutsche Geschützstellung und ziehen sich mit *nur* zwölf Mann Verlust auftragsgemäß um 7:30 Uhr wieder zurück. Und das soll dann als der große Erfolg verkauft werden. Da sind zwölf weitere Menschenkinder für nichts und wieder nichts verendet, damit sie in London sagen können, sie hätten doch wieder einmal ein Landungsunternehmen gestartet.[69] Wenn später Historiker auf den Dreh kommen, die Zirkusnummer, die hier aufgeführt wird, als Generalprobe für eine Invasion zu verkaufen, fragt hoffentlich das interessierte Publikum nach, ob sie üben wollten, wie es *nicht* funktioniert. Wenn da noch einer zweifeln sollte, ob England nicht doch von netten Menschen regiert wird, sei an der Stelle hinzugefügt, dass die Propagandamaschine die militärische Karriere von Lord Louis Mountbatten zum Heldenepos und zum Kassenschlager für die Kinos verquirlt. Natürlich nicht mit den kritischen Fragen, die sich geradezu aufdrängen müssten. Das ist jedoch überhaupt nicht erstaunlich, wenn Noël Pierce Coward das Kriegsdrama „In Which We Serve" im Auftrag des Inlandsgeheimdienstes MI5 auf die Leinwand bringt, wenn er dafür einen Ehren-Oscar bekommt und dann in die *Royal Society of Literature* aufgenommen wird.[70]

Ausgebildete Militärs gegen einen brüllenden Laien

Im Sommer '42 beginnt der Kampf um Stalingrad. Immer weniger Leute glauben den Erfolgsmeldungen von Radio Goebbelsschnauze und mehr und mehr Leute hören trotz des Verbotes ausländische Radiosender, um zu erfahren, was sich wirklich tut. Die Zahl derjenigen Leute, die immer noch zum Hitler-Gruß bereit sind, sinkt weiter, NS-Feiern werden kaum noch besucht. Davon zeugen die eingehenden Berichte des Sicherheitsdienstes und der Bürgermeister. Auf Ablehnung stößt überall besonders der konkret erlebte rassistische Ausgrenzungsterror. Auch dafür lohnt es sich, die Meldungen des SD zu lesen. Dort gibt es hinreichend viele Beispiele, die das ganz deutlich belegen. Zu den prominenteren Kritikern in Deutschland zählt beispielsweise der deutsche Militärattaché in Moskau vor dem Krieg General Ernst-August Köstring. Dieser übt schonungslose Kritik an der Behandlung des russischen Volkes durch Hitler, Himmler und ihre Gefolgsleute.[71] Doch die kämpfen nicht selbst. Dafür nutzen sie das Menschenmaterial, das sie vor knapp einem Jahrzehnt im Lotto gewonnen haben. Keiner hat die Männer gefragt, ob sie nicht doch wieder Krieg spielen wollen. Soldaten der Wehrmacht sind inzwischen Wochen oder Monate auf fremdem Boden unterwegs. Auf den Feldern Russlands lernen sie in erster Linie, was Kontinentalklima bedeutet. Dort ist es im Sommer viel wärmer als in Deutschland. Wenn jemand freiwillig in den Krieg gezogen ist, kann man ihm zu den Widrigkeiten gratulieren – von den Sümpfen und Mooren mit der dazugehörigen Insektenplage bis hin zum Durchmarsch, weil der Bauch die Kriegsernährung nicht verträgt.

Es wird aber nicht ewig heiß sein und wenn im November der Herbst in Deutschland einzieht, versinkt Russland schon in tiefem Schnee. Wenn die Männer dann noch immer im Zelt schlafen, frieren ihnen bald Gliedmaßen ab und dann geht das Amputieren los – mit oder ohne schmerzlindernde Mittelchen wie in einem Lazarett. Den Führer in der warmen Reichskanzlei wird das nicht tangieren und er wird nicht auf das Gesuch der Militärs reagieren, er möge doch bitte den Rückzug aus dem Gebiet um die Stadt Stalingrad erlauben. General Georg v. Sodenstern* wird im

Anschluss an den Bericht des Oberbefehlshabers der 6. Armee Generaloberst Friedrich Paulus* bereits am 23. November '42 melden, dass die 6. Armee unter allen Umständen ausbrechen müsse, und er weiß, wovon er spricht: „Die Opfer eines Ausbruchs werden aber immer hinter denen zurückbleiben, die bei dem unvermeidlichen Aushungern im Kessel gebracht werden müssen." Obwohl so die verantwortlichen Führer klar die Aussichtslosigkeit, diesen Kessel von Stalingrad zu halten, und die Notwendigkeit eines Ausbruchs darlegen werden, wird jener selbsternannte Militärexperte Hitler jede Alternative ablehnen, das „Einigeln" befehlen und diese Stadt zur Festung erklären. Wie viele Soldaten werden diesem Starrsinn eines egomanen Dilettanten noch zum Opfer fallen?[72]

Den hohen Generälen ist nicht entgangen, dass jeder vom Dienst verabschiedet wird, der unserem Führer zu widersprechen wagt. So war es bei Feldmarschall Fedor von Bock und anderen auch. Der Chef des Generalstabs Franz Halder und der Oberbefehlshaber der Heeresgruppe A Feldmarschall Wilhelm List wurden vom großen Meister verabschiedet, weil sie erneut angeraten hatten, die exzentrischen gleichzeitigen Stalingrad- und Kaukasus-Aktionen schnell zu vergessen. Ein Blick in *Der Fürst* von Machiavelli genügt, um zu verstehen, warum das nix genützt hat: „Gute Ratschläge, sie mögen herrühren, von wem sie wollen, müssen durch die Klugheit des Fürsten hervorgerufen werden. Durch gute Ratschläge wird kein Fürst klug gemacht." So ist es: Dumm geboren, dumm gestorben – und wie viele fähige Fachleute hat er weggebissen? Ob Halder oder List, beide Experten haben ihr Amt mit hohem fachlichen Können und letzter Einsatzbereitschaft geführt – sie sind den Generalstabsoffieren Erzieher und Vorbild gewesen, wie Hans Speidel* einschätzt. Ihr Ausscheiden beschleunigt seiner Ansicht nach den Niedergang des inneren Gefüges des Heeres, vor allem des Offizierskorps. Der General der Infanterie Zeitzler wird als neuer Chef des Generalstabs beauftragt, „nationalsozialistische Haltung" in Führung und Truppe zu pflanzen. Das Können, die sachlich nüchterne Beurteilung der Lage wird von der Staats- und Parteiführung weniger geachtet als die verlangte „Ausstrahlung nationalsozialistischen Glaubens" und „kriegerischen Optimismus". Wo aber ein solcher Glaube befohlen wird, hat die Logik ausgespielt, da ist sich Hans Speidel sicher. Die Moral der objektiven Berichterstattung ist zutiefst erschüttert, eine Tatsache, die sich in zunehmendem Maße vom kleinsten bis hinauf zum größten Bezirk in der Gesamtführung auswirkt.[73] So weit Hans Speidel, dessen Sicht auf die Lage auch von Oberst Adolf Heusinger* geteilt wird, und Heinz Felfe sieht es kein kleines bisschen anders. Die Abteilung Abwehr kennt die Kriegslage genau, stößt hingegen bei der politischen und militärischen Führung, die unbeirrt ihren Endsiegvisionen anhängt, auf taube Ohren. Angesichts dieser Tatsache verwundert es kaum, dass sich in diesen Kreisen ein starker, zumindest ein geistiger Widerstand gegen Hitler und seine Paladine entwickelt.[74] Aber sehen wir uns parallel zum Geschehen an den Fronten einmal im besetzten Gebiet hinter der Front um. Dort lernen Polen, Ukrainer, Weißrussen, Russen und vor allem die Juden gerade *germanski Kultur* der fünften Dimension kennen.

Wider den Judenhass des Führers

Die wahren Vorgänge in den Vernichtungslagern im Osten kommen nur als entfernte Gerüchte und werden wegen der ganzen Ungeheuerlichkeit vielfach ganz einfach nicht geglaubt, sondern als feindliche Propaganda angesehen. Wenn es anders wäre, hätte beispielsweise die „Aufklärung", die die Parteikanzlei Anfang Oktober 1942 herausgibt, überhaupt keinen Sinn. Darin werden die hier und dort aufgekommenen Gerüchte, die die Runde machen über eventuell vorkommende „Greueltaten" sogar gegenüber den politischen Leitern amtlicherseits dementiert, damit die nicht ihre Nerven verlieren ob der fragenden Gesichter um sie herum. Hitler selbst verkündet in öffentlichen und privaten Ansprachen selbstredend nicht, dass er alle Juden auf die eine oder andere Weise vom Leben zum Tode befördern will. Selbst im Krieg, als seine Vernichtungsmaschinerie auf vollen Touren läuft, beschränkt er sich auf dunkle Andeutungen und Drohungen. Er weiß nur zu genau, dass ein derartiges Vernichtungsprogramm bei der Masse des Volkes ebenso wie auch bei der Mehrzahl der Parteigenossen auf Ablehnung stoßen würde. Solche Differenzierungen werden wohl später keinen mehr interessieren. Dass Informationsbedarf besteht, um den sich die Staats- und Parteiführung nicht vorbeimogeln kann, wird auch in der Denkschrift des Reichsführers SS und des Chefs der Deutschen Polizei Heinrich Himmler vom 9. Oktober 1942 deutlich. Darin wird hoch und heilig versichert, dass die „Lösung der Judenfrage" auf gesetzlichem und menschlichem Wege angestrebt werde, wobei von einem Aufwand von 25 bis 30 Milliarden Mark fabuliert wird.[75]

Doch es gibt Deutsche, die sich durch den Krieg selbst im Osten Europas wiederfinden und dort in ihrem Umfeld mit konkreten Vorgängen konfrontiert werden, die deutlich machen, dass es sich bei jenen Gerüchten durchaus um reale Vorgänge handelt. Schauen wir nach Baranowicze – oder auf weißrussisch Baranawitschy. Durch den Mangel an Eisenbahnzügen, werden „Platzmarken" nötig. Auf dem Bahnhof von Baranowicze werden sie vom Hauptfeldwebel Hugo Armann ausgegeben. Empfänger sind Soldaten der Wehrmacht, Angehörige der Waffen-SS oder wer eben sonst noch in einen Zug einsteigen möchte. Auch Angehörige des Sicherheitsdienstes (SD) betteln Armann um Marken an. Das bringt diesen begehrten Mann in die Position, um diese Männer wiederum zu bestechen. Ein 16-jähriges Mädchen, dem er so zu helfen vermag, ist Sarah Shatzki. Sie wohnt in Baranowicze und hat erst den Einmarsch der Russen erlebt und dann den der Deutschen. Nach der Roten Armee und der Deutschen Wehrmacht kommen nun die SS-Truppen von Heinrich Himmler. Sarah wird ins Ghetto des Städtchens gesperrt. Im Laufe der Zeit hat Armann eine Idee. Er schanzt Männern vom SD gute Sitzplätze für den Zug nach Hause zu und lässt sich im Gegenzuge von ihnen die Beschäftigung von jüdischen Hilfskräften erlauben. Unter ihnen ist auch Sarah. Sie arbeitet von Stund an als Haus- und Küchenhilfe für eine Gruppe von deutschen Soldaten, die der Dienststelle für Urlaubskontrolle angehört. Sie nimmt den Hauptmann dieser Gruppe Hugo Armann als sehr noblen, außergewöhnlich guten Mann wahr, der sich um die jüdischen Leute, die für ihn arbeiten, kümmert und ihnen hilft. Im September 1942 läuft eine zweite „Juden-Aktion" an, bei der die Menschen vor die Stadt getrieben und erschossen werden. Armann gelingt es, „seine Juden" vor der Selektionspolizei zu retten.[76] Das soll ja an dieser Stelle kein Roman werden, aber können Sie sich vorstellen, wie viel Stehvermögen man unter den gegenwärtigen Verhältnissen braucht, um die damit verbundenen Gespräche durchzuhalten? Wie viele *Einzelfälle* sind es letztlich, in denen Deutsche unter unglaublich widerwärtigen Bedingungen Juden retten, oder bleibt es bei mehr als 4000 in der Stadt Berlin? In den katholischen Gegenden Süd- und Westdeutschlands werden Historiker zu tun haben.

Erinnern Sie sich noch an die Bildhauerin Maria Fulda aus Frankfurt am Main? Für den 22. September erhält die Frau, der zuletzt sogar noch von einem Gestapo-Arzt ihre Gehunfähigkeit bestätigt worden war, die Aufforderung, sich zum letzten Transport nach Theresienstadt einzufinden. Nun werden nämlich auch Alte und Kranke nicht mehr verschont. Eine Stunde vor der Abfahrt erscheint Frau Dr. Block bei ihr und sagt hastig: „Lassen Sie alles stehen und liegen, ich bringe Sie in Sicherheit." Schnell trennt sie ihr den Judenstern vom Mantel ab und geht mit der Frau zum

Hauptbahnhof. Irgendwann erreichen die beiden Frauen – glücklicherweise ohne eine Kontrolle unterwegs – einen Ort im Kreis Kassel. Da hat Frau Dr. Block ein kleines Bauernhaus gemietet. Den Leuten im Dorf erzählt die Retterin, es handele sich um ihre Tante, und zu Hause sagt sie, Frau Fulda habe Selbstmord begangen. Eine Woche später holt Dr. jur. Irene Block Frau Fulda in ihre Frankfurter Wohnung. Von nun an leben beide Frauen von den Lebensmittelkarten für eine Frankfurterin.[77] Und mit diesen Karten ist es nicht weit her, wie man sagt: Ein Mann will sich das Leben nehmen. Er hängt sich auf. Aber der Strick reißt, weil er aus Papier ist. Er stürzt sich in den Fluss, bleibt aber oben schwimmen, weil der Anzug aus Holz ist. Da beschließt er zu provozieren. Als die SA vorbeimarschiert, stellt er sich an den Straßenrand und schreit laut: „Heil Moskau!" Nichts geschieht, bloß der Sturmführer flüstert ihm ins Ohr: „Nicht so laut, der zweite in der dritten Reihe ist Nazi!" – „Aber was soll ich bloß tun, ich will doch sterben?" Sagt der Sturmführer: „Nichts leichter als das. Ich gebe dir den guten Rat, lebe nur von den Zuteilungen auf deinen Karten!"[78] Wer Arbeit hat und mehr verdient, kann sich natürlich auch mehr kaufen. Um jedoch auf Frau Block in Frankfurt am Main zurückzukommen: Sie nimmt jede Gefahr für sich selbst in Kauf und weiß noch nicht einmal genau, was sie jener fremden Frau tatsächlich erspart. Wenn irgendetwas später gewiss in die Geschichtsbücher gehört, sind es auf jeden Fall Erinnerungen an zehntausende solche „Einzelfälle", unter Würdigung der familiären und vieler anderer Umstände, die es anderen Bereitwilligen nicht entfernt erlauben, die Welt zu retten. Hoffentlich ist es später der oder die Richtige, die darüber ein Urteil fällen wollen.

Ungeachtet der Gefahr für Leib und Leben, steht eine naturgemäß nicht genau zu ermittelnde Zahl von Deutschen, einzelne, Gruppen oder auch Organisationen wie Kirchengemeinden oder eben die Abteilung Abwehr der Wehrmacht den Bedrohten im Alltag bei: mit Nahrungsmitteln und Geld, mit Ausweispapieren, medizinischer Hilfe und Verstecken, mal für mehrere und mal für ein- und denselben Menschen durch verschiedene Helfer. Wenigen kann die Flucht in die Schweiz ermöglicht werden, wie über Gertrud Luckner in Freiburg im Breisgau oder auch die Helfer von

Frau Luckner. Ebenfalls großartig bemüht sich der Unternehmer Oskar Schindler, die Häftlinge im Lager Kraków-Plaszów mit Lebensmitteln zu versorgen und vor den Vernichtungsstätten zu schützen. Es gelingt ihm, ungefähr 1200 Menschen vor dem Tod zu bewahren. Für solche Formen der Unterstützung nehmen „nicht wenige Helfer" selbst Verhaftung und Tod auf sich.[79]

Es heißt immer, man müsste alles einmal erlebt haben, doch damit sind wohl die schönen und aufregenden Sachen im Leben gemeint. Was fühlt hingegen ein Mensch, der Geschehnisse erlebt, die die Grenzen des Vorstellbaren elementar sprengen? Ein Augenzeuge einer derartigen ungeheuerlichen Szene, die er keinem Menschen zu Hause glaubhaft machen wird, ist beispielsweise der deutsche Bauunternehmer Hermann Gräbe. Auf Baustellen beschäftigt auch er viele Juden in Dubno in der Ukraine. Als die Sonne aufgeht am Morgen des 5. Oktober, rollt ein LKW-Konvoi in das Städtchen. Auf den LKWs sitzen Einheiten der örtlichen ukrainischen Miliz, extreme Nationalisten, radikale Antisemiten sowie einfache Kleinkriminelle, die Heinrich Himmlers SS unterstützen. Heute morgen haben sie einen Einsatz im Dubnoer Ghetto. Da haben „die Deutschen" schon im Sommer 1941 und danach noch einmal '42 Juden erschossen. Jetzt holen die Ukrainer mit Rückendeckung durch die SS die übrig gebliebenen Juden aus dem Ghetto und fahren sie auf den LKWs vor diese Stadt zum Schibjenaja-Hügel. Sie müssen eine riesige Grube ausheben, in denen sie ihr Grab finden sollen. Sie werden angewiesen, sich nebeneinander in die Grube zu legen, immer auf die Sterbenden darunter, und werden so erschossen. Der befehlsführende Offizier einer Wehrmachtseinheit konnte zwar verhindern, dass seine Soldaten zum Erschießen der Menschen herangezogen wurden, aber nicht, dass seine Einheit Präsenz zu zeigen hat. Soll damit das Rechtsbewusstsein der jungen Männer gebrochen werden? Denken wir darüber nach. Das würde ja voraussetzen, dass der Chef der Tätergruppe ein Unrechtsbewusstsein hätte. Davon ist eher nicht auszugehen. Es sieht nach einem Blitzkurs zur Umerziehung fremder Leute mit erhofftem Gewöhnungseffekt aus, um mehr Mittöter aufzutreiben. Der Unternehmer Hermann Gräbe wird zufällig Zeuge des scheußlichen Vorgangs. Er bleibt vor Entsetzen wie angewurzelt stehen. Es wundert ihn, dass die SS ihn nicht wegschickt. Eine Szene bleibt ihm besonders in seinem Gedächtnis haften: Ein schlankes Mädchen geht an ihm vorüber, zeigt mit der Hand an sich herunter und sagt: „23 Jahre." Als dann die Wehrmachtssoldaten ihrerseits zurück in der Kaserne sind, ist die Auseinandersetzung mit dem Gesehenen unvermeidlich. Der befehlshabende Offizier vertritt den Standpunkt, die Ehre der Wehrmacht sei damit befleckt. Andere vertreten die Auffassung, dass die Aktivitäten der SS nicht ihre Angelegenheit sei, und versuchen dieses Erlebnis ganz zu verdrängen. Die Landser, die sich denken, da müsste man ... , die tun jetzt nichts zur Sache. Für die Zukunft sind Männer interessant, die eine Chance bekommen könnten, den obersten Chef der Befehlskette einmal persönlich zu Gesicht zu bekommen. Einer, der das Ganze nicht verdaut, ist der 23 Jahre alte Axel von dem Bussche-Streithorst*, ein Offizier der Deutschen Wehrmacht und Träger des Eisernen Kreuzes. Nach seinem Erachten gibt es für einen Soldaten mit einem Funken Ehrgefühl an der Stelle nur drei mögliche Reaktionen auf ein solches Verbrechen: „Fallen, Fahnenflucht oder Rebellion." Gespräche in dieser Art kann er beispielsweise mit dem Oberleutnant Richard von Weizsäcker* führen. Ihn fragt er, weshalb er noch an diesen Eid gebunden sein sollte, der auf Achtung und Gegenseitigkeit beruhe, wenn der Führer diesen Eid unzählige Male durch die von ihm angeordneten Verbrechen bereits gebrochen hat. Wo steht das Schafott für diese Männer schon bereit? Nach diesem für Axel von dem Bussche-Streithorst traumatischen Erlebnis der widerrechtlich ausgeführten Massenexekution von Zivilisten steht sein Entschluss fest; wenn man schon sterben muss, dann im Widerstand gegen das Regime, das von einer widerlichen Verbrecherclique geführt wird. Der Träger des Eisernen Kreuzes Leutnant Fritz-Dietlof von der Schulenburg vermittelt ihm den Kontakt zu Claus Schenk Graf von Stauffenberg, der Leute wie Bussche-Streithorst für den nächsten Anlauf zum Staatsstreich sucht.[80]

Der Theologe Dietrich Bonhoeffer hält in diesen Wochen fest: „Wir sind stumme Zeugen böser Taten gewesen, wir sind mit vielen Wassern gewaschen, wir haben die Künste der Verstellung, der mehrdeutigen Rede gelernt, wir sind durch die Erfahrung misstrauisch geworden und mussten ihnen die Wahrheit und das freie Wort oft schuldig bleiben, wir sind durch unerträgliche Konflikte mürbe oder vielleicht sogar zynisch geworden – sind wir noch brauchbar?"[81]

Da gibt es nur Fallen, Fahnenflucht oder Rebellion

So viel schlechtes Gewissen hat die *gang* um Winston Churchill freilich nicht. Doch die angloamerikanische Verschwörung zum Erhalt der Weltherrschaft bleibt nicht unbemerkt – sonst wäre sie ja auch eine unerhebliche Spielerei älterer Herren am Kamin.[82] Sehen Sie ruhig mal wieder in die Endnoten rein. Zum Basiskurs eines Agenten gehört es, ein Dementi aufmerksam zu lesen. Wie das von Grey. Der niederländische Journalist Huub M. G. Lauwers jedenfalls arbeitet im Rang eines Leutnants für die SOE, in dem guten Glauben, dass er dazu beitrüge, sein Heimatland von den wild gewordenen Deutschen wieder zu befreien. Im November 1941 war er gemeinsam mit Thijs Taconis von England aus herüber geflogen worden und war dann über den Niederlanden mit dem Fallschirm abgesprungen. Wenig später schickte er einen ersten verschlüsselten Bericht mit seinem Funkgerät ins Vereinigte Königreich. Einigermaßen schnell hatten Mitarbeiter der Abwehr die Funksprüche im Visier und im März 1942 waren die Niederländer in deutscher Hand. Wie Sie sehen, besteht die Abwehr bloß zu einem Teil aus Leuten, die gegen den Krieg arbeiten. Sonst wäre die Abteilung schon längst aufgeflogen und in aller Gänze in Konzentrationslagern verschwunden und Schluss. Nach einigem Zögern wurde die Idee geboren, über die gefangenen Männer eine Verbindung zur Geheimdienstzentrale in London aufzubauen und sie für die eigenen Ziele umzufunktionieren. Diese hochclevere Aktion wurde eine Gemeinschaftsarbeit der Abwehr der Wehrmacht, der Sicherheitspolizei und der Funküberwachungsstelle der Ordnungspolizei. Kreative Bezeichnungen fanden die einzelnen Behörden für ihre Aktion zur Blendung der Briten: *Operation Nordpol, Englandspiel* und so weiter. Im Rahmen der Aktion der Überschlauen sollte Huub Lauwers fortan Inhalte an seine Zentrale in England funken, die die britischen Truppen in die Irre führen sollten. Als er das, erwartungsgemäß, ablehnte, wurde ihm ein verlockendes Angebot unterbreitet: Wenn er mit den Deutschen zusammenarbeitete, so würde weder er noch ein anderer Kämpfer vor ein Kriegsgericht gestellt. Der im Polizeisektor für die Abwehr von Spionage, Sabotage und Diversion in den Niederlanden zuständige Referent Joseph Schreieder konnte ihn auch davon überzeugen, dass die von der SOE organisierten Sabotageaktionen weniger den Deutschen schadeten als vielmehr den eigenen Landsleuten. Wörtlich sagte Schreieder: „Es wird viel holländisches Gut in die Luft gehen und holländisches Blut vergossen werden. Die Sabotage im gegenwärtigen Zeitpunkt ist zumindest verfrüht und hat keinerlei militärischen Zweck."[83]

Das wissen die Briten natürlich auch; aus anglo-amerikanischer Sicht ist der Auftrag aber schon verständlich. Je mehr überall in Europa zerstört wird, desto mehr muss nach dem Krieg wieder aufgebaut und ganz klar erst einmal finanziert werden. Und wenn die übereifrigen Niederländer jetzt unbedingt etwas im Krieg tun wollen, müssen die Briten nicht aus großer Höhe bestimmte Objekte zu treffen versuchen. Was Sinn ergäbe, wäre die schon längst angekündigte Errichtung einer zweiten Front auf dem Kontinent. Aber das würde den Krieg ja verkürzen. Lauwers willigte letzten Endes ein, auch weil der arme Wicht glaubte, er könne auf diese Art die SOE über seine Festnahme informieren. Der erste Versuch misslang. In den Monaten zuvor sah sein persönlicher Code so aus, dass er in den Morse-Telegrammen jeden 16. Buchstaben falsch schreiben musste. Als er am 8. März 1942 erstmals einen getürkten Bericht nach England zu schicken hatte, ließ er die Deutschen glauben, sein *security-check* bestünde darin, *stip* anstelle von *stop* zu senden. In der Zentrale konnten sie unmöglich übersehen, dass diesmal der Text mit der Ausnahme von einem falsch geschriebenen Wort fehlerfrei war. Da Lauwers die echten Ziele der Londoner Führung nicht kannte, blieb es ihm schleierhaft, wie es möglich war, dass scheinbar niemand etwas bemerkt hatte. Auf jeden Fall ging die angeforderte Lieferung an Waffen und so weiter wunschgemäß an Fallschirmen nieder. Der Leiter der deutschen Gegenspionage in

Holland Major Hermann Giskes hatte nach eigenem Bekunden gleich in den ersten Tagen angeordnet, dass die Kollegen den feindlichen Funker gut zu behandeln hätten, wohl, damit er keinen zusätzlichen Grund hat, die Deutschen auszutricksen. Diesen Umstand nutzte Lauwers natürlich aus und wickelte die Deutschen ein, bis sie den Eindruck hatten, es wäre nicht nötig, immer genau aufzupassen und zu lauschen, um zu erfahren, was da gefunkt wurde. Ein paar Tage später meldete Leutnant Heinrichs „höchst besorgt", dass seine Männer und er den Funker Lauwers im Verdacht hätten, vor kurzem einige Buchstaben zusätzlich durchgegeben zu haben. Als jemand kurz unaufmerksam war, nutzte Lauwers die Chance und gab Buchstaben in eigener Sache durch. Er begann ein Telegramm mit den drei Buchstaben „CAU" und beendete es mit „GHT". Zieht man diese sechs unmotivierten Buchstaben zusammen, ergibt sich das Wort *caught*, gefangen. Wie hätte man denn noch klarer ausdrücken können, dass man in die Hände des Gegners gefallen war? Major Giskes hat sich sofort den betreffenden Überwacher vorgenommen. Der Mann sagte, er habe nicht genau gewusst, welche Buchstaben der Funker durchgegeben habe. Doch obwohl er nicht sagen konnte, was durchgegeben worden ist, schätzte er ein, dass sie ohne Bedeutung waren. Um dann zu beurteilen, ob die Aktion daraufhin abgebrochen werden sollte, wurde die Reaktion aus London abgewartet. Schreieder gelangte auf geradem Wege zu dem fragwürdigen Ergebnis: „Unsere Befürchtungen waren unbegründet. Die Radiobotschaft kam. Der Gegner hatte sich keine Sorgen gemacht."[84]

Der Referent denkt verdammt eindimensional. Wie könnte denn jemand wirklich einschätzen, ob sich ein anderer Mensch an einem fremden Ort und mit feindlicher Gesinnung Sorgen gemacht hat oder nicht? Nur weil London dem Deutschen Reich den Krieg erklärt hat, muss es nicht auch wirklich Krieg führen und ihn rasch gewinnen wollen. Das hätte freilich schon die Schlussfolgerung aus dem Scheinkrieg von 1939 und 1940 sein sollen. Man muss Dinge nicht bloß komisch finden wie zum Beispiel den *drôle de guerre*, den seltsamen Krieg, man muss auch versuchen, sie zu interpretieren, denn Staunen ist nicht der Weisheit letzter Schluss. Weil die Reaktion nichts Schlimmes verhieß und schließlich auch die nächste

Sendung herniederging, wurde im alten Stiefel fortgesetzt. Der Referent Schreieder ist sich zu sicher, dass niemand etwas mitbekommen hat und schreibt den Briten in ihr Stammbuch: „Nichts berauscht den Menschen unmerklicher als die eigene Überheblichkeit. Sie ist ein Trunk, der leider keinen Katzenjammer hinterlässt. Die Militärs aller Jahrhunderte haben eindringlich gelehrt, dass es das gefährlichste Unterfangen sei, den Gegner zu unterschätzen."[85] Perfekt wäre es selbstverständlich, wenn er die alte Weisheit zuerst einmal selbst beherzigen würde.

Schreieder betont zwar, dass er sich immer wieder mit seinem Kollegen Giskes besprochen habe, ob nicht doch die Möglichkeit bestehe, dass die Gegenseite ihrerseits mit ihnen spiele, wissend, dass Lauwers nicht den gestellten Auftrag erfüllen kann. Doch nach dem Abwägen aller Für und Wider seien sie immer wieder zu dem Schluss gekommen, dass die Tatsachen gegen die Wahrscheinlichkeit eines Gegenspieles der Engländer sprächen.[86] Giskes ist sich seiner Sache auch sicher: „Zweifellos haben dabei auf der Gegenseite Vertrauensseligkeit und mangelnde Erfahrung eine große Rolle gespielt."[87] Hunderte von Jahren gibt es schon diesen englischen Geheimdienst und wenige Jahrzehnte den deutschen, nun ja. Schreieder lässt sich von Kritik nicht irritieren: „Darauf kann ich nur erwidern, dass von englischer Seite nicht ein einziger Funkspruch kam, in dem irgendwelche Zweifel oder auch nur das geringste Misstrauen zum Ausdruck gebracht wurden. Demnach müssen die Angaben der Agenten richtig und ausreichend gewesen sein."[88] Nein, gerade das musste diese Bande erst richtig misstrauisch machen. Bei dieser Truppe gehen sie nur davon aus, dass England *Deutschland* fertigmachen will; man kann sich aber nicht vorstellen, dass England *Europa* in der Entwicklung zurückwerfen will. Das wird man aber vielleicht wirklich erst dann überblicken, wenn irgendwann Experten die Quellen auf allen Seiten sichten und sie miteinander vergleichen können. Obwohl, erste Zweifel regen sich auch schon 1942 darüber, was da in Wirklichkeit gespielt wird. Tausend Jahre und noch ein paar zerquetschte später wird die heikle Angelegenheit ein juristisches Nachspiel in den Niederlanden wie auch in England haben – kein Wunder, in Holland wird vermutet, dass Schreieder Chefagent der

Briten gewesen sei. Eine Regierungssonderkommission wird sich dann mit dem Fall befassen und fragen, ob nach England ausgelagerte niederländische Dienststellen durch ihr fragwürdiges Verhalten zum Erfolg der Deutschen beigetragen haben. Umgekehrt wird auf deutscher Seite vermutet, ein Offizier des englischen Dienstes hätte für Joseph Schreieder gearbeitet. Beide Spekulationen sind fragwürdig; sie zeigen aber, dass da etwas faul ist. London muss dann zähneknirschend einräumen, der Vorgang sei „unhappily true", und wahr ist wahr, ob man es sprachlich verziert oder nicht. Doch schuld ist die SOE und die wird dann schon nicht mehr existieren. Lauwers will seinerseits einordnen, warum die Zentrale daraufhin den Kontakt nicht abbricht und vermutet 1942, dass man die Deutschen glauben machen wolle, man habe nichts bemerkt, würde jedoch verstehen, dass man die Informationen nicht verwerten kann. Das ist aber weit gefehlt. Von Stund an werden Agenten zu Absprungplätzen gelotst, wo die Gestapo auf sie wartet. Dann zwingt man auch sie, unter deutscher Kontrolle zu senden. Auf dem Höhepunkt der Operation kontrollieren „die Deutschen" 14 Sender. Das hat auch Folgen für die Operationen in Frankreich und Belgien, wo das Unglück noch größer ist. Zwei Agenten, die meinen, sie arbeiteten für diesen Dienst SOE, gelingt es aus einem Gestapo-Gefängnis zu fliehen. Sie gelangen letztlich über Madrid nach London und weisen dort darauf hin, dass die Deutschen die ganze Operation in Holland lenken. Ausgerechnet sie werden wegen vermeintlicher Kollaboration mit dem Feind in das Gefängnis in Brixton gesteckt. Die offizielle Lesart lautet, sie seien von den Nazis „umgedreht" worden. Erst als über die Monate immer wieder einmal ein Agent die Flucht ins „rettende" England schafft, wird die Möglichkeit in Erwägung gezogen, dass die ersten beiden Männer vielleicht doch ernst zu nehmen gewesen wären. Insgesamt kommen durch die Operation mindestens 100 Frauen und Männer ums Leben – und Hitler kann noch länger Krieg spielen.[89]

Die Ersten, die schon 1942 Zweifel an den Auftraggebern in London aussprechen, sind die Agenten selbst. So diskutieren diejenigen, die bislang noch nicht festgesetzt worden sind, ob es sich bei der Befehlsstelle überhaupt um eine wirklich holländische oder ob es sich nicht viel mehr um eine britische Institution handelt. Das ist auch gar nicht an den Haaren herbeigezogen. Die Zentrale in London hat den Agenten unzureichende Ausweispapiere mitgegeben, die diesen Agenten viel Ärger bereiten. Sie sind nicht nur schlecht gedruckt auf mangelhaftem Papier. Es fehlt vor allem das Wasserzeichen des Löwen, das die echten Ausweise als solche kenntlich macht. So kommt es, dass sich die Agenten nur selten auf die Straße wagen oder an Orte, an denen sie Kontrollen durch eine deutsche Streife fürchten müssen. Das behindert sie in der Bewegungsfreiheit erheblich. Deshalb müssen sie sich extra andere, echte Ausweisformulare verschaffen. Das ist der Grund, weshalb sie gezwungen sind, öfter als es zuträglich ist, zusammenzukommen und sich zu besprechen. Da machen sie dann ihrer Verärgerung über die Dienststelle in England Luft, die sie mit derart fragwürdigen Ausweisen versehen hat.[90]

Die erfolgstrunkenen deutschen Spiogenten können ihr Glück kaum begreifen, als die Briten ihren nächsten Fehler zu begehen scheinen. Lange haben die abgeworfenen Agentengruppen möglichst eigenständig agiert, was noch verständlich war. So konnten nicht alle hochgezogen werden, wenn eine einzelne Gruppe geortet worden war. Doch als die Deutschen erst einmal Huub M. G. Lauwers und seinen Compagnon Thijs Taconis gefangengenommen hatten, koppelte die SOE-Zentrale die anderen bislang voneinander unabhängigen Agentengruppen miteinander. Als zum Schluss auch der in deutscher Hand befindliche Sender „Ebenezer" zugeschaltet wurde, war die Falle für die niederländischen Patrioten zugeschnappt.[91] Die Soldaten der SOE werfen weiter *weisungsgemäß* große Mengen von Nahrungsmitteln, Waffen, Munition, Sprengstoff, Kleidung und Geld den Soldaten der Wehrmacht buchstäblich vor ihre Füße. Im Einzelnen handelt es sich um 15.200 kg Sprengstoff jeder Art, 5.000 Pistolen, 3.000 Maschinenpistolen, 300 Maschinengewehre, 2.000 Handgranaten und eine Menge Material für die Funkerei. Diese milden Gaben fallen bei Vollmond an Fallschirmen aus heiterem Himmel herunter. Besonders wertvoll ist der Abwurf weiterer Funker. In der Stille der Nacht warten bereits die Deutschen am Boden, empfangen die Männer in aller Freundlichkeit und lassen sich von den ahnungslosen Funkern über ihre

Codes und vieles andere mehr aktuell auf dem Laufenden halten. An der Sprache scheitert es nicht; da gibt es Kollaborateure. Hat man, was man für das Spiel braucht, nimmt man sie fest und dann wiederholt sich wie bei einem Sprung in der Schallplatte x-mal, wie der Text schon bei Huub Lauwers weitergegangen war. Neben der andauernden wirtschaftlichen Unterstützung von außen für Hitlers Krieg tragen diese Agenten hier unfreiwillig dazu bei, Deutschland zu einem überraschend langen Krieg zu befähigen, der schon vielen Millionen Menschen das Leben gekostet hat. Man wird allerdings beim besten Willen nicht den Eindruck los, dass die deutschen Experten sich derart in Details verloren haben, dass für große Zusammenhänge in der Welt keine Zeit mehr bleibt. Verliebt in technische Feinheiten meint Schreieder: „Es waren komplizierte Zusammenhänge, die wir im Laufe des langen Spieles entwirrt hatten und wer von Anfang an nicht dabei war, konnte sich unmöglich durchfinden in dem Labyrinth des Krieges im Dunkel.“[92] Ein gerüttelt Maß an unpassender männlicher Eitelkeit rundet die Edelmischung ab.

Wie ausufernd doch die Überlegungen dieser Schlauberger sind und wie stumpf zugleich. Sie rechnen zwar damit, dass die Kontaktadressen, bei denen abgesprungene Agenten anlaufen sollen, unter die Kontrolle des Gegners genommen werden, wodurch das Verschollensein der schon auf der Heide Festgenommenen irgendwann auffallen müsste. Auf alle Fälle ist es extrem unwahrscheinlich, dass niemand bemerkt, dass die Männer nicht im Zielgebiet aufzufinden sind.[93] Weil die Engländer in den Funksprüchen jedoch keine Zweifel äußern, wird felsenfest daran geglaubt, es sei alles im Lot. Am laufenden Meter produzieren die beiden Deutschen, die das „Englandspiel“ aufziehen, *statements* über die Gedanken in den Köpfen ihrer Gegenspieler auf der Insel. Giskes beispielsweise „weiß“ ja auch, dass die Phantasieberichte über angeblich ausgeführte Sabotageakte in London Glauben finden. Um die vermeintliche Gutgläubigkeit in England zu unterstützen, wird hin und wieder auch einmal Terror inszeniert. So kommt eines Tages der Auftrag, ein Schiff in die Luft zu jagen. Dafür wird ein großes Schiff, das ausgedient hat, publikumswirksam gesprengt und versenkt, was zum Jubel unter den zufällig am Ufer befindlichen Holländern führt. Davon verspricht man sich, dass die Nachricht vom „Erfolg“ der Aktion ihre Gegenspieler in England erreicht.[94]

Eines Tages aber geht jene SOE mit einem Auftrag einen Schritt zu weit. Es wird angeordnet, mehrere Attentate durchzuführen, bei denen zwölf führende Mitglieder der niederländischen Nationalsozialisten ermordet werden sollen. Nun wird ein Vorwand gefunden, warum die Morde nicht ausgeführt werden können. So verhindert man, ohne dass es den Herren bewusst sein muss, dass die SS in den Niederlanden so ein Blutbad anrichtet wie im Frühjahr in der Tschechei. Es war absolut berechtigt, als Schreieder zu Lauwers sagte, dass die befohlenen Sabotageakte in erster Linie seinen Landsleuten sowie der Infrastruktur seines eigenen Landes schaden würden. Seinerzeit, Ende Mai 1942 wurden zwei Tschechen an Fallschirmen über dem tschechischen Dorf Lidice abgeworfen, damit sie in Prag den stellvertretenden Reichsprotektor von Böhmen und Mähren Reinhard Heydrich durch ein Attentat beseitigten. Die Idee mit dem Anschlag auf den Chefstellvertreter ist das Werk des SOE-Agenten Colonel Frank Spooner gewesen, des Leiters der SOE-Schule. Die daraufhin folgende Barbarei durch die SS schwächte den Widerstand der Tschechen so sehr, dass die Nazis Ende 1942 350.000 Kriegsgefangene mit nur 750 deutschen Aufsehern für Zwangsarbeit einsetzen können.[95]

Eine solche Gewaltorgie wie in der Tschechei bleibt Holland durch diese Trickserei von Giskes’ Agenten erspart. Weil es Nationalsozialisten sind, deren Leben geschont wird, können SOE-Kollegen in England bei dieser Gelegenheit doch gewiss auf den Trichter kommen, dass an ihren Funkgeräten durchaus nicht bloß ihre holländischen Zöglinge sitzen, sondern auch ihre deutschen Gegenspieler. Man darf aber nicht glauben, dass es einen einzigen Hinweis darauf gibt, dass diese Möglichkeit in einem der Funksprüche vorsichtig geprüft würde. Um mit der Zeit das große Risiko des Sendens geheimer Botschaften zu senken und auf die Dauer von den abgeworfenen Funkern endlich wegzukommen, sind diese Schlauberger wieder besonders clever und wenden einen richtig raffinierten Trick an. Sie geben an, es würde ein „Reserve-Operator“ benötigt. Der Ersatz des

Funkers durch einen anderen wird von London „ohne Beanstandungen genehmigt“. Hermann Giskes weiß diesmal wieder irrsinnig genau, dass die SOE in England keinen Verdacht geschöpft hatte. Doch Reserve hin oder her: Warum stellt die Zentrale in London keine Fragen? Wer ist der Reserve-Operator? Woher beherrscht er die Funkerei? Arrogant werden viele weitere „Nachlässigkeiten und Fehler unserer Gegner“[96] analysiert und niemanden beschleicht das Gefühl, dass man den Briten einfach zu viele und auch zu grobe Schnitzer unterstellt. „Durch diese Vorfälle gewitzigt“, lassen die Helden „in der Folgezeit überhaupt keinen Agenten-Funker mehr an die Taste“. Stattdessen greift Hermann Giskes auf seine sechs guten deutschen Beamten zurück, die ihm momentan eben so zur Verfügung stehen, und dies, obwohl er verstanden hat, dass jeder dieser Funker sozusagen seine eigene Handschrift hat, die jenseits des Ärmelkanals vielleicht auf einer Grammophonplatte aufgezeichnet ist und mit neuen Funksprüchen verglichen werden kann. Giskes ist es theoretisch völlig klar, dass ein kundiges Ohr verschiedene Funker nach dem Gehör unterscheiden kann, „genau so, wie ein musikalisch geschultes Ohr das Pianospiel verschiedener Meister erkennt“. Wenn der *Maestro* nun sagt, dass ihm für sein Spiel maximal sechs Beamte zur Verfügung stehen für die Durchführung des gesamten Funkverkehrs mit den Briten, wie viele Funklinien kann er dann gleichzeitig „spielen“, um es mit seinen Worten zu sagen? Richtig. Und wie viele lässt der Knabe zu? Es sind mindestens zeitweise, wie gesagt, bis zu sage und schreibe 14 *!* Verbindungen gleichzeitig. Dann liegt die Wahrscheinlichkeit doch nahe am Siedepunkt, dass es irgendwann einfach einmal auffallen muss, dass zwei oder noch mehr Funker zu ähnlich klingen. Er befindet absolut selbstherrlich, wenn die Funkzentrale der SOE alle zur Verfügung stehenden Sicherungen nutzen würde, wäre der Einsatz deutscher Funker nicht zu verantworten. Super, dass er das sieht, aber er macht es eben trotzdem, und kann nur hoffen, dass seine Vermutungen berechtigt sind.[97] Also sitzen seit Oktober 1942 nun an allen Funkgeräten Beamte der Funküberwachungsstelle von der deutschen Ordnungspolizei. Betrachtet man jenes abenteuerliche Unternehmen unter diesem Blickwinkel, muss der Verdacht aufkommen, dass die SOE nicht nur Menschen und Munition zum Wohle der Wehrmacht abwirft, sondern auf diesem Weg auch kriegswichtige und glaubwürdige Informationen an die Empfänger übermittelt. Hören wir also ein letztes Mal Hermann Giskes mit seiner Bewertung: „Zahllose schwerwiegende und für die feindlichen Geheimdienste völlig unerklärliche Zugriffe gegen Kuriere mit wichtigem Spionagematerial, gegen ein- und ausreisende Agenten und gegen Spionage- und Funkzentralen in Holland und in Belgien im Jahre 1943 sind auf das Konto des Vertrauens der MID-SOE zu der Funkverbindung »Golf« zu setzen, die vom ersten Tag ihres Einsatzes an in unserer Hand war.“[98] Woher nimmt dieser Mensch die unbeirrbare Sicherheit, dass die Gefangennahme der Kuriere für die feindlichen Geheimdienste ein Rätsel sei? Das britische Militär lässt sich also schon ein halbes Jahr lang von besonders klugen Deutschen an der Nase herumführen. Und das Englandspiel geht munter weiter.

Mit verdeckten Karten spielt ja übrigens nicht bloß Churchills Geheimdienst. Eine Branche ist für Hitler viel bedeutsamer. Kommen wir doch einmal auf die Finanzen zu sprechen, denn ohne Geld verkauft ihm kein Mensch dieses ganze nötige Kriegsmaterial, den Stahl aus Schweden, Öl aus Rumänien oder Wolfram aus Portugal. Schon im Februar 1930 sind die Zentralbankpräsidenten aus Großbritannien, Frankreich, Italien, aus Japan, Belgien sowie Deutschland mit den Vertretern eines US-Bankenkonsortiums bestehend aus J. P. Morgan, aus der First National Bank of New York sowie der First National Bank of Chicago zusammengetroffen und haben die Bank für Internationalen Zahlungsausgleich auf die Beine gestellt. Ab den dreißiger Jahren diente sie der Abwicklung der Reparationszahlungen in den Jahren nach dem großen Krieg. Der Amerikaner Thomas McKittrick machte die BIZ seit 1939 als ihr Präsident „zu einem Arm der Reichsbank“. Die BIZ wickelt für die Reichsbank die Devisengeschäfte ab und nimmt jenes Gold an, das die Nazis im Laufe des Krieges in den Ländern Europas erbeutet haben. Man muss wissen, dass die BIZ die einzige Bank in der Welt ist, die das geraubte Gold, wie zum Beispiel das belgische, in Kauf nehmen mag. Die Bank also hat die Eingliederung fremder Länder wie Österreich, Frankreich, Belgien, Griechenland oder der Niederlande in den Besitzstand Hitlers anerkannt. Auf diesem Wege legitimiert die Bank für Internationalen Zahlungsausgleich in Basel auch die Beschlagnahmung von jüdischen Vermögen durch die von Berlin aus kontrollierten europäischen Nationalbanken. Dass diese Bank alles zum Wohle des Dritten Reiches tut, wurde bereits im Februar 1939 deutlich, als sie schon einmal damit begann, die 94.772 Kilogramm Gold aus den Reserven der tschechoslowakischen Nationalbank an die Nazis zu überweisen. Das wurde möglich, weil die Staatsführung in Prag die Reserven zu einem Großteil sicherheitshalber auf Konten im Ausland gelagert hat, und dummerweise eben auch auf einem Konto der BIZ – bei der Bank of England. Das Fatale daran war, dass dies schon nach der Einverleibung der Sudeten in das Reich *und noch vor* dem Einmarsch der Wehrmacht in die Tschechei geschah. Nach der Eroberung Prags wurden schließlich 23,1 Tonnen tschechoslowakischen Goldes von einem Konto in London auf das andere überwiesen. Das andere Konto war das deutsche bei der Bank für Internationalen Zahlungsausgleich. Unterdessen zwangen die deutschen Besatzer die Direktoren der Nationalbank in Prag, 27 Tonnen Gold, die sie selbst eingelagert hatten, dem tschechoslowakischen Konto der BIZ in London gutzuschreiben. Malik und die restlichen Direktoren, die damals noch an das Gute im Briten glaubten, gingen in aller Naivität davon aus, dass ihre Instruktionen nicht befolgt würden.[99]

Nach dem Einmarsch der Wehrmacht war klar, dass sie unter Zwang gehandelt hatten. Montagu Norman, der Gouverneur der Bank of England, machte kein langes Federlesen und im nächsten Augenblick war Hitlers klamme Staatskasse wieder aufgefüllt. Am Ende wurde das Gold dann in die Tresore der Reichsbank in Berlin transportiert. Der Londoner Daily Herald schrieb damals von „Normans Schuld“ und die Financial Times veröffentlichte eine Reihe von Artikeln Paul Einzigs zu dieser Affäre, in denen er die Mittäterschaft sowohl des Finanzministeriums als auch der Bank of England offenlegte. Der praktische Nutzen der Pressefreiheit in Großbritannien konvergierte für die Tschechen und Slowaken ganz hart gegen null. Aber warum sollte es ihnen besser gehen als es bereits 1938 für Wien gelaufen war? Die kriminellen Aktivitäten der Bank für Internationalen Zahlungsausgleich fanden ihren nächsten Höhepunkt in der

Bank of England

Weigerung ihres Präsidenten Thomas McKittrick, der Exilregierung der Polen die Kontrolle über die Aktien Polens zu übertragen, nachdem die Wehrmacht nun auch ihr Land geschluckt hat. Dass die Argumentation Montagu Normans mit der Unabhängigkeit der BIZ von staatlichen Entscheidungen nicht stichhaltig war, zeigte sich spätestens nach dem Pakt, den Moskau im August '39 mit Berlin geschlossen hat. Als Moskau dann 1940 nach dem Einmarsch der Roten Armee in Lettland, Estland und in Litauen das Gold der baltischen Republiken haben wollte, wurde diesem Ansinnen eine Abfuhr erteilt. Auf einmal ließ man das Argument gelten, dass die Zentralbankpräsidenten jener Staaten *unter Druck* den Auftrag zur Überweisung ihrer Goldreserven an die Staatsbank der Sowjetunion gegeben haben. Plötzlich und unerwartet griff Artikel 10 des BIZ-Grundgesetzes, der Zwangsmaßnahmen gegen Einleger untersagt. McKittrick, der Präsident der BIZ, schickte eine Kopie des Schreibens, welches von der Geschäftsleitung der Bank akzeptiert wurde, an den amerikanischen Diplomaten Merle Cochran und bat ihn darum, das eigens erstellte Gutachten vertraulich zu behandeln. Deutlich legte er ihm ans Herz: „Meine einzige große Sorge ist, dass es in die Hände der Presse fällt. Nach den negativen Schlagzeilen wegen des tschechischen Goldes ist es von größter Wichtigkeit, dass die BIZ diesmal im Hintergrund bleibt."[100]

Die Schweizer haben bereits seit Jahren Angst, dass die Wehrmacht, die den größten Teil von Europa in Beschlag genommen hat, auch ihr Land noch schlucken könnte. Doch *insider* hoffen, dass Hitler helle genug ist, um zu wissen, dass Schweizer Franken, die Banken und speziell die BIZ für sein Drittes Reich viel nützlicher sind als die Eroberung von weiteren schneebedeckten Bergen. Der „Franken" ist die wichtigste Währung, die noch überall in Europa akzeptiert wird. Emil Puhl, der Vizepräsident der Reichsbank und Mitglied im Verwaltungsrat der BIZ, schreibt 1942, dass diese Superbank mit exklusiven Sonderrechten, die außerhalb jeglichen staatlichen Einflusses steht, *(und so demokratischer Kontrolle jeder Art vollkommen entzogen ist)*, der einzige Außenposten der Reichsbank sei „mit teilweise eigenem Personal". Vorbildlich zahlt die Reichsbank auch während des Krieges weiterhin Zinsen auf die Investitionen der BIZ im

Deutschen Reich. Der Wert der Anlagen in Deutschland beläuft sich auf 294 Millionen Schweizer Gold-Franken. Wenn man später in Milliarden rechnet, wird das mickrig klingen. Die Zinsen tragen zu den Dividenden an die BIZ-Aktionäre bei, zu denen die Bank of England zählt. Auf diese Art unterstützen *die Deutschen* also auch die britische Kriegswirtschaft, sozusagen eine Form ausgleichender Gerechtigkeit. Zu den Nutznießern der Investitionen zählen unter anderem auch die Firmen der IG Farben, die seit den 1920er Jahren von amerikanischen Unternehmen aufgebaut worden sind. Die Gewinne der IG Farben steigen kontinuierlich und inzwischen kommt das Geld ja auch aus dem ersten unternehmenseigenen Konzentrationslager in Auschwitz. Wenn Sie das tatsächlich interessiert, suchen Sie einmal nach Monowitz. Dann ist es überhaupt kein Wunder, dass dem Wunsch nicht nachgekommen wird, dass die *Royal Air Force* einmal die Zufahrt zu Auschwitz bombardieren solle. Investitionen aus dem Westen stehen bekanntlich unter Naturschutz. Obwohl in London gut bekannt ist, was in Auschwitz geschieht, wird nichts dagegen unternommen. Aber belesen Sie sich doch einmal über den Antisemitismus in England. Das passt alles zusammen. Da muss man auf keinen Fall einen Extra-Skandal daraus konstruieren, dass diese Bank für Internationalen Zahlungsausgleich auch Gold im Wert von drei Millionen US-Dollar angenommen hat, das man aus Uhren, Brillen, Schmuck oder gar aus dem Zahngold von ermordeten Juden in Hitlers Lagern eingeschmolzen hat und danach als Zahlungsmittel verwendete. Mal sehen, was später in die Zeitung kommt, das Zahngold oder die BIZ. Insgesamt hat das Reich im Krieg seinen Goldbestand um 603,5 Millionen Dollar aufgestockt, wobei über 80 Prozent davon mit Folter und Diebstahl aus besetzten Ländern herausgeholt wurden. Das alles ist nicht mehr und nicht weniger als eine weitere Tragödie im Rahmen des Jahrhundertskandals, den stinkreiche und gewissensfreie Männer in England und Amerika seit dem Weltkrieg von 1914 inszenierten und dann „Deutschland" in die Schuhe geschoben haben. Die Verbrechen *dieses* Krieges werden *an den Deutschen* kleben wie Pech. Dagegen war die Markierung *Made in Germany* aus dem Jahr 1887 verdammt harmlos. Das neue *Kauft nicht beim Deutschen* braucht man nicht mehr, wenn die Nazis genug herumgewütet haben werden. Es ist gar nicht verkehrt, dass man den Wert des Goldes schon jetzt in US-Dollar angibt, denn wenn der Krieg über die Bühne gegangen ist, geht es ja ohnehin auf geradem Wege in die Tresore in Amerika. Schön, dass die Deutschen es erst einmal im alten Europa einkassieren. Paul Einzig von den Financial News bleibt am Ball und prangert in seiner regelmäßigen Kolumne „Lombard Street" und in vielen Artikeln seit dem Kriegsbeginn immer wieder die Bank für Internationalen Zahlungsausgleich an. Einen Erfolg kann er im Winter 1942/43 verbuchen: In der englischen Öffentlichkeit wird jetzt endlich die Rolle der Bank of England breit diskutiert. Selbst die regierungsnahe Financial Times stellt besorgte Fragen. Doch die Financial News bleiben nicht so unverbindlich, sondern fordern den Rückzug der Bank of England aus der BIZ. Den Sieg trägt am Ende aber der Herrenclub um Winston Churchill davon. Der Schatzkanzler Seiner Majestät des Königs Kingsley Woods rettet die Verbrecher. Genauso wie Woods argumentiert auch die Goebbels-Presse im Reich. Diese BIZ wäre „strikt neutral", befindet die Frankfurter Zeitung und weist deutlich den englischen Presseangriff gegen die BIZ zurück. Die Nachrichten für den Außenhandel freuen sich unter der Überschrift „Keine Anwendung der Schwarzen Listen gegen die BIZ" über das Verbleiben der Bank of England bei der BIZ. In Berlin wundert sich aber auch keiner darüber, dass sie bleiben soll. So purzeln die Gegner von Verschwörungstheorien von einer Auffälligkeit zur nächsten. Die Gedanken der Frankfurter Zeitung werden von der Schweizerischen Handelszeitung aufgenommen. Höchst elegant geht die Neue Züricher Zeitung mit der Affäre um: Sie bringt die Information über die Verteidigung der BIZ durch den Londoner Schatzkanzler und die Kritik in den Gazetten – ohne Kommentar. Das ist eben sachliche sowie neutrale Berichterstattung aus der Schweiz. Makaber ist, dass der BIZ-Chef Thomas McKittrick das Mitglied seines Verwaltungsrates, den Vizepräsidenten der Reichsbank Emil Puhl als seinen Freund bezeichnet. Das Gold wird *America* zum großen Sieger des Gemetzels in Europa machen und Emil Puhl wird vermutlich wegen Kriegsverbrechen vor den Kadi kommen.[101]

Bei solchen Aktivitäten im Hintergrunde jenseits der Daumenschrauben in Deutschland kann Axel von dem Bussche-Streithorst fallen oder auch Fahnenflucht begehen, die Rebellion organisieren oder, wenn es ihm gefällt, auf dem Kopfe tanzen und mit seinen Beinen wackeln. Anders geht es auch Rudolf von Scheliha nicht – vielleicht erinnert sich noch jemand an den Diplomaten an unserer Botschaft in Warschau. Im Februar 1942 beendete Scheliha seine Versuche, Exilpolen als *Helfer* für die deutsche Propaganda auszugeben, um diese und sich nicht mehr zu gefährden. In diesem Frühjahr ist er mehrmals in die Schweiz gereist und übermittelte auch weiterhin Berichte über Hitlers Befehl zur „Ausrottung“ der Juden und den Bau und Betrieb von Vernichtungslagern. Im Herbst des Jahres versuchen jetzt im revolutionierten Moskau ausgebildete deutsche Exilkommunisten, mit Scheliha direkt Kontakt aufzunehmen, um über den Herrn Diplomaten kriegswichtige Nachrichten vom Auswärtigen Amt zu erhalten. Die Gestapo beobachtet Scheliha seit geraumer Zeit wegen der dauernden Meckerei gegen die Vernichtungspolitik in Polen und suchte eine Gelegenheit, ihn auszuschalten. Die findet sich mit der Enttarnung verschiedener westeuropäischer und Berliner Widerstandsgruppen, die von einer Gestapo-Sonderkommission als „Rote Kapelle“ zusammengefasst werden. Am 29. Oktober ’42 wird zum Beispiel Heinrich Koenen in der Wohnung von Ilse Stöbe verhaftet. Vor Ort finden sie unter anderem die Mikroverfilmung mit dem Nachweis, dass er 1937 Geld auf ein auf seine Person laufendes Bankkonto in der Schweiz überwiesen hatte. Daran ist schön zu erkennen, dass die Vertraulichkeit in der Schweiz nicht bloß in kriminellen Kreisen sehr geschätzt wird. Noch am selben Tag wird Herr Scheliha von der Gestapo festgenommen und wegen Landesverrates angeklagt. Ihm wird von den Sowjets bezahlte Spionage vorgeworfen, auch wenn er die infrage stehenden Leute nicht wirklich kannte. Bei den Vernehmungen wird Scheliha gefoltert und bestätigt die konstruierten Vorwürfe. Obwohl er sein „Geständnis“ in der Verhandlung widerruft, wird Rudolf von Scheliha am 14. Dezember vom Reichskriegsgericht zum Tod verurteilt und in Berlin-Plötzensee durch den Strang hingerichtet.[102]

Wo gehen die Juden denn nun hin?

Wenn die Umfragen besagen, dass die ausländischen Sender im großen Stile abgehört werden, dann hätte folgende Information große Chancen, sehr viele Deutsche zu erreichen, wenn sie nicht gerade zu Weihnachten gesendet würde: „Der letzte Akt der Judentragödie beginnt. In Massen wurden die übrig gebliebenen Juden, Greise, Frauen und Kinder, in ungeheizten Viehwagen nach den polnischen Ghettos verbracht. Unzählige gingen unterwegs zugrunde an Erschöpfung und Hunger. Ganze Transportzüge wurden vergast." Dann wird erläutert, was eine internationale Kommission herausgefunden habe: „In Deutschland sind von den etwa 200.000 Juden, die es 1939 noch gab, mindestens 160.000 verschleppt worden oder zugrunde gegangen. In Österreich leben von 75.000 Juden höchstens noch 15.000. In Böhmen und Mähren, wo es 80.000 Juden gab, gibt es nur mehr an 10.000. 50.000 alte Leute sind in der berüchtigten Festung von Theresienstadt mittellos und hilflos zusammengepfercht. In der Slowakei, wurden von 90.000 Juden mehr als 70.000 deportiert. In Holland und Belgien blieb nur ein Drittel der jüdischen Bevölkerung übrig. In Frankreich wurden nahezu 50.000 Juden nach dem Osten verschleppt. 4.000 Kinder wurden ihren Eltern mit Gewalt weggenommen und ohne Ausweise mit unbekanntem Ziel abgeschoben." Es wird noch darauf hingewiesen, dass sich viele Juden das Leben nehmen. Man erhalte ein Paket Veronal für den Gegenwert von Tausend Mark.[103]

Es spricht Bände, dass die Weihnachtsringsendung 1942 zur selben Zeit ausgestrahlt wird und vorher im Programm angekündigt worden ist. So ist die Wahrscheinlichkeit gering, dass überhaupt einer den Bericht über die Juden hören kann. Als jene brisante BBC-Sendung ausgerechnet am 24. Dezember 1942 in den Äther geht, lauschen die Leute ganz bestimmt eher dieser Weihnachtssendung oder ertragen im Luftschutzkeller brav die Durchhaltesprüche als klammheimlich einen Auslandssender abzuhören. Dies wäre sonst schon hinreichend auffällig. Fakt ist, dass man in London weiß, dass diese Verbrecher Juden aus aller Herren Länder umbringen, und von dort aus könnten die großen Krieger, wenn sie wollten, mehr ausrichten als vielleicht irgendjemand aus der einfachen Bevölkerung im Reich gegen das schaurige Verbrechen machen kann. Es bleibt aber auch gar nicht bei der einen Hinterhältigkeit, eine derartig wichtige Information ausgerechnet zu Weihnachten auszustrahlen und zu sagen, man habe es doch gebracht. Selbst deutsche Juden, die gerade noch zur rechten Zeit die Kurve gekriegt hatten und jetzt in Amerika leben, haben zu diesem Zeitpunkt keine Möglichkeit, das Unfassbare über die Medien zu erfahren, und ihnen wird bei aller Liebe vielleicht niemand mangelndes Interesse vorwerfen wollen. Hannah Arendt beispielsweise war nach einer abenteuerlichen Odyssee durch Europa im Mai 1941 in New York angekommen und selbst sie wird erst im Jahre 1943 von den Vorgängen in Auschwitz erfahren, im günstigsten Fall bereits im Januar 1943, und damit verbreitet die BBC ihr Insiderwissen erst in *America*, als sie es zur totalen Unzeit ihren illegalen Zuhörern in Deutschland angedreht hatte. Weder ihr Mann noch sie selbst wollen das glauben, obwohl beide schon lange sagten, sie würden der Bande alles zutrauen. Das glauben sie nicht und das auch deshalb, weil es gegen alle militärischen Notwendigkeiten und Bedürfnisse ist. Ihr Mann war früher mal Militärhistoriker und versteht etwas von den Dingen und sagt zu ihr: „Lass dir keine Geschichten einreden. Das können sie nicht mehr."[104]

Gut, die einen haben diese Sendung nicht gehört und die anderen wollen es nicht glauben. Zu abenteuerlich sind Nachrichten wie diese, dass die Meldungen bloß der antideutschen Propaganda dienen können. Aber so war es doch von Anfang an. Hans Bernd Gisevius, der 1933 noch selbst den Aufbau der Gestapo zu einem Staatsorgan neuen Typus erlebte, hat Hitler verfolgen können: „Je exklusiver er nämlich über die Befehlsapparatur eines großen Reiches und somit über die technischen Möglichkeiten verfügt, seine Wahnideen in die Wirklichkeit zu übertragen, desto unaufhaltsamer rücken seine Postulate von gestern, die man als undisziplinierte Superlative eines Demagogen glaubte abtun zu können, und die Taten von morgen, die jede normale Vorstellungskraft übersteigen, aufeinander zu. Bis 1934 weigert sich die deutsche Umwelt, und nicht nur sie, seine Exzentrik für bare Münze zu nehmen." Dann grast Gisevius die letzten Jahre ab: „Wer wollte es ihm schon abnehmen, sooft er von dem Streben der Nation als Ganzheit sprach, dass er diese so laut verkündete Hundertprozentigkeit in seiner Selbstvergötterung wortwörtlich meint? Wer wollte es selbst 1935/36 wahrhaben, dass es ihm mit seinem Zynismus, jede Generation benötige ihren Krieg, auch die jetzige solle ihn bekommen, bitter ernst war?“ Wie auch – wenn er in den nächsten Reden wieder vom Frieden schwadronierte? Geht es Ihnen eigentlich ebenfalls so, dass Sie bei sich widersprechenden Äußerungen immer lediglich das hören, was Sie ohnehin hören wollen? „Wer wollte 1938/39 an etwas anderes als überhitzte Phantasmagorien denken, wenn er, konfrontiert mit Konzessionen, die keinem Stresemann oder Brüning gewährt wurden, bloße Grenzrevisionen höhnisch verschmähte, weil der »Lebensraum« sich bis zum Ural und Kaukasus erstrecken müsse?“ Das war technisch gar nicht drin. „Man lächelte oder man resignierte – »so ist er eben« –, denn jahrelang zahlte sich diese Großsprecherei aus. Und es ist erwiesene Tatsache, dass die weitaus überwiegende Mehrheit nicht etwa seiner Gläubigen, nein, seiner anerkannten Gegner das entsetzliche Wort vom »Ausrotten« selbst 1941/42 nicht »glauben« wollte, als genügend schaurige Berichte aus dem Osten die letzten Zweifel hätten beheben müssen, dass der Unhold meinte, was er sagte, und nur sagte, was er meinte.“[105]

Hans Bernd Gisevius findet, dass es sich lohnen würde, eine Studie anzustellen, ob nicht unter Umständen der wahre Sinngehalt in den Reden Hitlers einerseits und die Fähigkeit seiner Hörer andererseits, ihn ernstlich zu begreifen, so unüberbrückbar auseinanderklaffen, dass sich jener Massenverzauberer und die Hörigen überhaupt bloß im Rauschzustand vollkommen verschieden gelagerter Selbstsuggestionen finden konnten. Man sieht gegenseitig das, was man sich von seinem Gegenüber erhofft. Gisevius ist sich sicher, dass Hitler zwar viel mehr als andere im Kontakt mit dem kollektiven Unbewussten lebt, fragt sich hingegen, ob sich jener Intuitive nicht lediglich Ausdrucksformen angeeignet hat, von denen er weiß, dass sie ihm das ersehnte Gehör verschaffen, ihm selbst jedoch zutiefst fremd sind?[106] Doch es gibt auch Leute, die die Worte des Chefs in Berlin für bare Münze nehmen und sich ihren Reim darauf machen.

Wenn der englische Rundfunk sagt, dass die Juden aus dem Reich nicht „bloß“ in Ghettos verschleppt, sondern direkt umgebracht werden, dann wird das vielleicht doch stimmen. Mit dieser relativen Gewissheit im Genick leben bekennende Christen mit einer unerträglichen Bürde. Es wird zu Recht angenommen, dass Pfarrer unter dem Mantel seelsorgerischer Gespräche Mitglieder ihrer Gemeinden um Hilfe für die Juden ersuchen können. Im Schwäbischen beispielsweise schaffen Pfarrer wie Theodor Dipper einen „Bruderring“ und nehmen abwechselnd in ihrer Gemeinde untergetauchte Juden auf. Dabei muss man sagen, dass auf dem Lande nur recht wenige Juden leben. In den großen Städten sind es viel mehr und da werden gemäß der Devise von Karl Barth,[107] „so viele Juden wie möglich zu retten“, auch mehr aufgenommen – in Gartenlauben, freien Zimmern oder auf dem Dachboden. In vielen Gegenden des Reiches gibt es solche Gruppen wie „Onkel Emil“ in Berlin, in Augsburg, in München, ja auch in der Hauptstadt Bayerns, das die Nazis gern als die Hauptstadt ihrer Bewegung bezeichnen. Es ist durchaus auch eine der Hauptstädte der Gegenbewegungen. Ruth Andreas-Friedrichs schreibt ins Tagebuch, was sie auch von der Nachwelt erwartet: „Was wir tun, ist Einzelarbeit. Nur dass diese Einzelarbeit Tausender und aber Tausender Deutscher im Dienste der Menschlichkeit getan wird, trotz Drangsal, Verfolgung und Tyrannei, das sollte, wenn der Tag der Abrechnung kommt, von denen nicht vergessen werden, die es leichter haben als wir, gute und hilfreiche Menschen zu sein.“[108] Als die Verfolgung der Juden in der Reichshauptstadt immer bedrängender wird, bittet Alois Florath seine frühere Kollegin Herta Zerna um ein Versteck für Susanne Meyer, die als Jüdin nicht länger bei der befreundeten Ärztin Mathilde Stoltenhoff in Berlin-Lichterfelde bleiben kann. Herta versteckt Susanne Meyer bei Rheinsberg in der Mark Brandenburg, nördlich der Reichshauptstadt Berlin.[109]

Jeder einzelne von ihnen zeigt riesigen Mut und riskiert ohne jede Frage viel mehr als andere selbst in besseren Zeiten bis hin zu seinem eigenen Leben, und das müssen die, die die Moral für sich gepachtet haben, erst einmal vorexerzieren, ehe sie es von anderen einfordern. Dabei kann ein Unternehmer wie Robert Bosch in seinem Krankenhaus in Stuttgart, ein

Oskar Schindler mit seiner Deutschen Emailwarenfabrik zu Kraków und ein Berthold Beitz viel mehr Leute retten als andere bei sich zu Hause.[110]

Wenn man keine Juden kennt, kann man gar nichts machen, und wenn sie einen um den Gefallen bitten, ihre Familie in seine Wohnung aufzunehmen, muss man sich entscheiden. Wie würden Sie sich zum Beispiel entscheiden? Aber es gibt Leute, die einen im Haus oder in ihrer Laube im Garten aufnehmen können. Da kann auch eine größere Familie versteckt werden, wenn sie kein Essen benötigt und ihren Kindern nicht so langweilig wird, dass sie auffallen *müssen*. Wer Kinder hat, weiß, dass es ein Problem ist, Kinder stets still zu halten. Ein illegales Aufnehmen von fremden Leuten stellt die potenziellen Retter sofort und täglich neu vor die Frage, ob sie einmal in Kauf nehmen, dafür ihr Lebensrecht vor den Nazi-Behörden zu verwirken. Die zweite Chance für diese Entscheidung, und das muss man sich klar machen, wird da nicht gewährt. So ist das. Damit wird auch deutlicher werden, warum mancher seine Wohnungstür nur einen Spalt weit öffnet und sie dann schnell wieder schließt, bevor Nachbarn bemerken, dass es ein rasches Gespräch im Hausflur gab.

Wer wünscht sich ein Klingeln an der Tür früh um fünf? Wenn es dann klingelt, ist es die Gestapo. Man ahnt dunkel, was dies bedeutet, möchte es aber auch gar nicht genauer wissen. Das will niemand kennen lernen. Abgesehen vom Personal in Gestapo-Gefängnissen und Konzentrationslagern gibt es kaum Augenzeugen, die davon berichten könnten, was da geschieht, weil sie so ziemlich die Einzigen sind, die hinein- und danach wieder herausgehen können. Und wer Häftling war, schweigt aus Angst. Jemanden versteckt zu halten, bedeutet obendrein, Lebensmittelkarten irgendwie beschaffen zu müssen, seinen Kindern muss man einschärfen, dass sie kein falsches Wort draußen fallen lassen, Lichter und Geräusche dürfen Nachbarn nicht die Anwesenheit von Hausfremden signalisieren. Mancher versucht, Juden über die Reichsgrenzen entkommen zu lassen. Ein derartiges Verhalten ist für die Leute, die obrigkeitsgläubig erzogen sind, neu und sie ziehen sich durch bis in höchste Kreise der deutschen Eliten. So bemüht sich zum Beispiel Familie Solf rund um die Witwe des früheren deutschen Außenministers und Botschafters in Tokio um Verfolgte. Sie unterhalten enge Beziehungen zu verschiedenen Beamten des diplomatischen Dienstes, besonders zum früheren deutschen Generalkonsul in New York Otto C. Kiep* und zu Geheimrat Kuenzer im AA. Im Umfeld von Familie Solf engagiert sich zum Beispiel auch Elisabeth von Thadden*, die Direktorin eines Landschulheimes für Mädchen.[111] Lange Zeit gehörte auch Maria von Maltzan zu jenem Kreis, der sich um Hanna Solf gebildet hat. Sie weiß, dass es diesem Freundeskreis immer wieder gelingt, Juden aus dem Reich herauszubringen – zum Beispiel über den Bodensee in die neutrale Schweiz. Gräfin von Maltzan selbst organisiert die Rettung von zweiundsechzig Verfolgten. Als Maria von Maltzan aber bei aller Freude über so viel Einsatz für die Verfolgten merkt, „dass der Teilnehmerkreis an den Treffs bei Hanna Solf unkontrolliert breit“ wird, sagt sie: „Hanna, ich komme künftig nicht mehr zu euch. Hier sind jedes Mal so viel neue Leute, ich mache das nicht mehr mit.“ Was ist, wenn da Spitzel unter ihnen sind? Gelegentlich kommt es vor, dass „Fluchthelfer“ in Grenznähe nur auf die Bestechung scharf sind, die sie für ihre Dienste erhalten. Dann geleiten sie die Hilfesuchenden bis an die Grenze, wo sie kalt lächelnd der lauernden Gestapo übergeben werden. Es kommt aber auch vor, dass die Flüchtenden über die Grenze in die Schweiz gelangen und erst hinter der Grenze im Drei-Kilometer-Streifen verhaftet werden. Wenn sie Pech haben, schicken die Schweizer sie wieder zurück, oder sie stecken sie nach einem neuen Gesetz selbst in ein Internierungslager.[112]

Filmreif ist auf der anderen Seite, wie eine Gruppe von Berlinern einige Juden ausgerechnet mithilfe von Gestapouniformen vor der Deportation bewahrt. Zuerst besorgen sie sich also Uniformen aus dem Fundus einer Widerstandsgruppe. Dann klauen sie einem Gestapo-Mann den Wagen, um glaubhaft zu machen, dass sie zu diesen Truppenteilen gehören und bei einem der Reviere der Geheimpolizei vorfahren können. Wo sich die Gangschaltung befindet, wird ein Thermometer zerschlagen; das Quecksilber schließt kurz und man kann den Wagen sofort starten. Es ist auch vorgekommen, dass ein Gestapo-Beamter, den es erwischt hatte, seinen Wagen nicht auf der Stelle als gestohlen meldete, sicherlich weil ihm das zu peinlich war. Danach hatten die Berliner den Wagen ein paar Tage in ihrem Besitz. Einmal fahren sie zum Beispiel zu der Gestapohölle Schulstraße und sagen, sie wollen *die Liste* haben; sie hätten doch den Schub Leute gekriegt aus einer bestimmten Gegend von Berlin, und die sollten doch gar nicht hierher, sondern in die Prinz-Albrecht-Straße. Sie brüllen den diensttuenden Beamten derartig an, dass er das wirklich glaubt und ihnen *die Liste* aushändigt. Dann laden sie die Inhaftierten ein und sind im Nu mit ihnen weg. Erst in einem Waldstück hält der Wagen. Die Gefangenen staunen nicht schlecht, als sie von den Antifas in Uniform gefragt werden: „Wer von euch hat Verwandte, bei denen er Unterschlupf finden kann, und wem sollen wir helfen?“[113]

Dieser Tage erhalten Hans und Ilse Grün aus Berlin die Anordnung, sich „zum Transport“ zu melden, doch sie stellen sich nicht der Gestapo. Sie gehen zu Berlinern und fragen sie, ob sie für eine Zeit bei ihnen bleiben können. Es sind letztlich „ganz unterschiedliche Berliner Familien“, die sie so lange wie möglich verstecken, mit Lebensmittelkarten versorgen, Kleidung und Verpflegung geben, besonders, wenn sie ein Versteck verlassen und ein anderes aufsuchen müssen. Johanna Schallschmidt zählt zu jenen, die ihnen weiterhilft, bis man ihr durch das Abhören von Telefonaten auf die Schliche kommt, sie verhaftet und auf direktem Wege in ein Konzentrationslager bringt. Der Berliner Hans Luma beispielsweise bezahlt die Rettung von Ilse Grün mit dem Leben.[114] Wer da sagt, das sei ein Einzelfall, dem soll die Zunge im Mund verdorren. Es sind im Leben oft Einzelfälle und alleine in der Reichshauptstadt werden, wie erwähnt, mindestens 4000 Menschen jüdischer Herkunft vor den Verbrechern in Schutz genommen. Es sind nicht ganz genau, sondern mindestens 4000 Menschen, weil weitere „Gerettete“ entdeckt und dann mit den Helfern zusammen abgeführt werden. Wird solch eine Aktion bekannt, ist dem „Geretteten“ nämlich so wenig zu helfen wie dem „Retter“. Verschleppt werden letztlich 50.000 jüdische Berlinerinnen und Berliner. Dafür gibt es viele Gründe. Man muss erst einmal einen von nur 130.000 Juden in Deutschland persönlich kennen und wissen, dass derjenige ein Jude ist. Damit fallen im ersten Schritt bereits sehr viele Einwohner des Reiches aus der Wertung. Zweitens will nicht jeder helfen, allein schon, um nicht so die eigene Familie in große Gefahr zu bringen. Und es bittet auch gar nicht jeder um Hilfe. Nehmen Sie eine mehrköpfige Familie. Wen sollen diese Leute denn fragen? So nach dem Motto: Jetzt haben Sie sich doch mal nicht so albern, wenn die Lebensmittelkarten für fünf Leute reichen, dann reichen sie sicher auch für zehn Leute. Aber Lebensmittel würden in Deutschland nicht rationiert, wenn man im Dritten Reich in Saus und Braus leben würde. Mag sein, dass man sich gewiss einige Lebensmittel am Schwarzmarkt organisieren kann; dafür braucht man aber Geld oder Tauschware. Gut, es nagt nicht jeder am Hungertuche. Was glauben Sie, warum man sagt, in einer sächsischen Schule solle der Satz geschrieben werden: „Die Butterzuteilung ist gering." Der kleine Fritz schreibt, was er hört: „Die Butterzuteilung isst Göring."[115] Wie ist es nur möglich, dass ein Bonze bei der allgemeinen Lebensmittelknappheit so rund wird wie ein Weinfass? Und *last but not least* ist ein Grund dafür, warum 50.000 Berlinerinnen und Berliner jüdischer Herkunft zu Opfern des Terrors im Reich werden, dass es sich hier um eine Maßnahme „staatlicher Organe" mit oder ohne Gänsefüßchen handelt, in die polizeiliche Behörden, Gerichte und Ämter einbezogen sind.[116] Es werden am Ende des Tages doch viel mehr Helfer gebraucht, um 4.000 Juden nur in Berlin zu retten, als benötigt werden, um sehr viele Leute zu ermorden. Aber andere Länder, andere Sitten. Braucht ein Amerikaner Lebensraum, metzelt er alle weg, die im Weg stehen. Auf *der* Basis hat die IG Farben in Auschwitz gebaut. Es ist hochgradig traurig, dass es an dem Ende der Fahnenstange keine ausgleichende Gerechtigkeit gibt, auch wenn es in Einzelfällen durchaus einen kleinen Ordnungsgong gibt. So wird beispielsweise das Vermögen von Prescott Sheldon Bush, der seine Geschäfte mit Hitlers Reich macht, über den *Trading with the Enemy Act* beschlagnahmt. Ist es vorstellbar, dass er irgendwann von Zwangsarbeitern aus Auschwitz mit einer Zivilklage vor ein amerikanisches Gericht gebracht wird?[117]

Ida Jauch, Emma Harndt und Maria Schönebeck aus Berlin-Lichtenberg im Osten der Reichshauptstadt verstecken einen munteren 17-Jährigen vor dem Zugriff der Häscher. Sie bringen ihn in der Kleingartenkolonie

„Dreieinigkeit“ unter, wo er im Verschlag einer Laube hoffen darf, dass diese Briten bald nicht mehr die hiesige Zivilbevölkerung terrorisieren, sondern endlich einmal die Gebäude unter Beschuss nehmen, in denen sich der Führer aufzuhalten pflegt, und die Bahnlinien in den Osten, so dass sich die Verbrecher etwas einfallen lassen müssen, wie sie die Leute in die Lager bringen wollen. Wer wird denn noch behaupten, die fernen Briten wüssten nichts vom Massenmord an den Juden, wenn die schöne BBC zu Weihnachten '42 schon darüber berichtet hat? Ob es dann in der Stunde auch hinreichend viele hören konnten oder nicht. Und wenn die *Royal Air Force* bereits bis über die Reichshauptstadt fliegt, so kann sie auch ein wenig weiter fliegen und die Brücken über die Oder zerstören. Obendrein würde das die Rote Armee entlasten, weil so nämlich Hitlers Nachschubwege für die Rüstungsgüter aus dem Ruhrgebiet zum Beispiel unterbrochen wären. Wenn die britischen Bomber bis weit hinein in den Osten fliegen können, dann schaffen sie auch diese 1.000 Kilometer bis an den Flusslauf der Oder. Südlich der natürlichen Grenze, die Oder und Görlitzer Neiße für die Transporte bilden, müsste man nur die Straßen- und Bahnverbindungen durch die Täler der Gebirge zerstören, und dort würde nix mehr fahren. Was für ein Skandal, was für eine unglaubliche Verlogenheit, wenn die Insassen einer Diktatur bombardiert und dezimiert werden und nicht die Kommandozentralen der Verbrecher. Diese Angriffe auf Städte aus der Luft bedeuten unter anderem auch den Tod derjenigen Juden, die von Deutschen versteckt gehalten werden, weil sie nicht ohne Weiteres bei Bombenalarm in den Luftschutzkeller können. Wie einfach könnten sie dann durch einen Spitzel verraten werden. Aber was will man auch erwarten, wenn führende Größen der ursprünglichen Unterstützer des Verfassers von *Mein Kampf* fanatische Verfechter des ganz harten Antisemitismus sind wie zum Beispiel ein Henry Ford oder ein Montagu Norman? Und was ist mit Neville Chamberlain? Ein guter Einfluss von außen, verbunden mit deren finanziellen und technischen Möglichkeiten, würde unter den Zuständen der Diktatur viel mehr gegen die Befehle des Führers bewirken als judenfreundliche und judenfeindliche Stimmung in Deutschland zusammen können, wenn, ja wenn sie es mal vorgehabt hätten, etwas für die Juden zu tun. Es ist eine eindeutige

Aussage über die vermutete Reaktion in der Bevölkerung Deutschlands, wenn diese Lager, die direkt für die Ermordung von Menschen errichtet werden, im Kriegsgebiet außerhalb des Reiches gebaut werden. Würde von Zustimmung bei den Deutschen ausgegangen, könnten sie die Lager ja auch im Siebengebirge oder im Westerwald bauen. Aber zurück. Der 17-Jährige heißt Hans Rosenthal und träumt in seinem Verschlag in der Kolonie in Lichtenberg, wie es denn wäre, wenn nochmal andere Zeiten kämen und er könnte im Radio Publikum unterhalten... Das Zeug dazu hätte er. Im Moment ist er ja schon heilfroh, wenn an jedem Morgen ein weiterer Tag beginnt und kein Uniformierter bei ihm auftaucht, um ihn abzuholen. Von Frau Harndt wird er wenigstens mit Zeitungen versorgt, damit Hans über den Verlauf des Krieges einigermaßen informiert ist.[118]

Was die britischen Fliegersoldaten anbelangt, so ist es ganz unerheblich, ob sie Befehle einsehen oder nicht. Am Anfang des Krieges hatten sie die Eierhandgranaten auf erntende deutsche Bäuerinnen und Bauern abzuwerfen, dann durften sie Hitlers Rüstungsfabriken nicht kaputt machen, mit der *Erklärung*, dass es sich dabei doch um Privateigentum handelte, und am 14. Februar 1942 bekommen sie zusätzlich ihre *„Area Bombing Directive“*, die Anweisung zum Flächenbombardement.[119]

Ein Soldat muss nicht alles verstehen. Wenn nicht noch andere britische Städte ruiniert werden sollen wie Coventry, dann müssten sich die Luftschläge doch gerade gegen die deutsche Luftfahrtindustrie richten, oder etwa nicht? Nun stelle man sich bloß einen Fliegersoldaten vor, der dem Befehlsgeber kameradschaftlich auf seine breite Schulter klopft und ihm erklärt, dass er dessen unhaltbare Befehle nicht ausführen wird, erstens, weil es unmenschlich wäre, wahllos hilflose Zivilpersonen zu ermorden, und zweitens, weil die Ausführung dieses Befehls nicht der Beendigung des Krieges dient. Wie viele trauen sich das? Zivilcourage zeigen und der Chefetage klarmachen, dass man nicht jedem Befehl folgen darf? Ist das etwa nicht weltweit einmal eine Debatte wert?

Wenn schon niemand von oben aus hilft, dem fanatischen Morden jenes Oberdeutschen aus einem Landstrich in Oberösterreich ein Ende zu bereiten, kann man versuchen, Juden vor dem „Transport“ zu bewahren. Wilhelm Daene war Mitglied im Ortsverein der SPD im mitteldeutschen Weißenfels und nun ist er Werkmeister bei der Firma TEVES in Berlin-Wittenau. Der Betrieb ist kriegswichtig, ein begehrtes Attribut, bedeutet es doch, dass man seine Arbeitskräfte nicht beliebig abziehen kann. Der Direktor war zu Systemzeiten ebenfalls ein SPD-Genosse. Eines schönen Tages werden dem Betrieb jüdische Zwangsarbeiterinnen zugeteilt und der Direktor unterstellt sie Wilhelm Daene, der sich, wie nicht anders zu erwarten, um die Frauen kümmert, für eine bessere Verpflegung und für längere Pausen als vorgesehen sorgt. Als die Frauen trotz allem von der Gestapo *abgeholt* werden sollen, interveniert er bei dieser Behörde mit dem Argument, ihre Arbeit sei unabdingbar für den geordneten und den termingerechten Ablauf der kriegswichtigen Produktion.[120] Im Tagebuch hielt Joseph Goebbels schon am 30. September 1942 fest, dass sie in der Staats- und Parteiführung glauben, dass viele Unternehmer aus Mitleid mit den Juden vorgeben, sie seien wegen ihrer technischen Fertigkeiten für die Produktion unverzichtbar. Also handelt es sich bei dem Direktor von TEVES um einen von vielen, um das hier eindeutig festzuhalten. Es ist nach diesem Eintrag von Goebbels auch gar nicht streitig, dass viele Deutsche Juden retten wollen. In der Staatsführung spekuliert man nur über das Motiv.[121]

Auch in Franken wagt ein Mann den riskanten Spagat zwischen der Erfüllung einer staatstragenden Aufgabe zu Hause, die aber kriegswichtig ist und vor der Delegation an die Front bewahren hilft, und der Nutzung des Spielraumes, den jemand auch nur in seinem Amt hat. Er arbeitet in Nürnberg, der Stadt der Reichsparteitage, als Beamter der Kripo. Eines Tages führt ihm die Bahnpolizei eine Frau vor, die keinen Ausweis vorweisen kann und herumstammelt. Es ist Eva Schmalenbach. Sie hat gute Gründe, keinen Ausweis bei sich zu haben, denn darin würde man sehen können, dass sie Jüdin ist. Sie erinnern sich ja, dass das J in den Reisepass kam, weil die Schweiz 1938 darauf bestand, um keine Juden mehr in das Land lassen zu müssen. Sie kommt aus Mainz und ist wieder auf der Suche nach einem neuen Versteck vor den Behörden. Sie konnte ja nur hoffen, keiner Kontrolle in die Arme zu laufen. Der Beamte von der Kripo findet bei ihr einen Zettel mit einigen Bahnverbindungen, die sie zu nutzen gedachte, und offenbar will sie nach Stadtlauringen gelangen. Was macht der Beamte? Anstatt pflichtgemäß weiter zu ermitteln, wirft er die verräterischen Notizen in den Papierkorb und sagt, beim nächsten Mal solle sie besser einen Ausweis mitnehmen.[122] Jetzt kann auch er nur hoffen, dass das nicht auffliegt. Sonst ist er schnell selbst vor dem Kadi. Hoffentlich wird man dereinst einmal gründlich in den Archiven herumwühlen und ausrechnen, wie viele Deutsche an der Rettung der Juden in diesen dunklen Zeiten mitwirken. Trifft die Schätzung zu, dass die Zahl der Deutschen, die von der Deportation bedrohten Juden helfen durch die Gewährung eines Quartiers, durch Hinweise auf eine bevorstehende Razzia, durch Hilfen bei der Beschaffung falscher Papiere – bis hin zum Organisieren von Lebensmittelkarten bei etwa 100.000 liegen müsste? Das ist bei den maximal 213.930 Juden, die *im Jahr 1939* noch im Reich verblieben waren, gar nicht übel.[123] Das können naturgemäß bloß Leute würdigen, die differenziert und farbig denken und Verbrechen einerseits und Heldentaten andererseits nicht mit einem Quirl zu Brei verrühren.

Ob sich der Rest der Leute weggeduckt hat, ist aber perspektivisch auch unwesentlich, weil für die Zeit nach der absehbaren Niederlage Hitlers ohnehin bloß Männer und Frauen von Bedeutung sein dürften, die sich in jenen verschworenen Kreisen bewegen und die geeignet sind, um den deutschen Ochsenkarren aus dem Chaos heraus wieder flottzumachen. Mehr noch als ein Werkmeister kann zum Beispiel Dr. Hans Globke* für diese Menschen tun, die sich in akuter Lebensgefahr befinden. Aber der Herr Doktor bewegt sich auch auf den Fluren der Macht zwischen dem Minister und seinen Mitarbeitern. Globke gelingt es beispielsweise, den jüdischen Vater von Ruth Müller* aus dem Arbeitslager „Leuna" rauszuholen. Dieser Staatsbeamte hilft „sehr mutig und sehr vielen Menschen". Ein Hans Maria Globke hat aber auch den Segen von ganz oben für seine Aktivitäten als barmherziger Samariter. Hinter seiner Wühltätigkeit bei den Nazis stehen katholische Bischöfe.[124] Die engagiertesten Gläubigen sind wie gehabt die Vertreter der Bekennenden Kirche wie zum Beispiel der 43-jährige Dr. Gustav Heinemann* aus Westfalen oder auch der 31-jährige Albrecht Schönherr* aus Schlesien. Sie gehören zu jenen Frauen und Männern, die das Herz weiter am rechten Fleck haben und Unrecht ein Unrecht nennen, obwohl das für jeden kreuzgefährlich ist.

Unter den gegebenen Umständen kann ein dahergelaufener Hansdampf selbst mit den besten Moralvorstellungen der Welt einfach nichts gegen die Zustände hier machen. Man muss zumindest ein kleines Rädchen im Getriebe des Staates sein, um Sand hineinstreuen zu können. So hat sich zum Beispiel ein Kurt Georg Kiesinger* schon im Jahre 1940 vor seinem Kriegseinsatz bewahrt, indem er im Reichsaußenministerium anheuerte. Im Dienste des OKW-Amtes Ausland/Abwehr kann er in der rundfunkpolitischen Abteilung antijüdische Aktionen hemmen und manche sogar verhindern. Das gelingt ihm aber auch nur, weil er seit 1942 das Referat Allgemeine Propaganda leitet und außerdem stellvertretender Leiter der einschlägigen Abteilung im Auswärtigen Amt ist, der Schaltstelle für die Inhalte der Rundfunksendungen in alle Welt. Einem lupenreinen Antifa ist so viel kleiner Spielraum nicht vergönnt. Der kann höchstens seinen eigenen Volksempfänger abstellen, wenn es unerträglich wird. Vielleicht noch wichtiger für das Amt Ausland/Abwehr von Admiral Canaris wird es sein, dass er der Leiter der Verbindungsstelle zwischen Reichsaußenminister Joachim von Ribbentrop und dem Reichspropagandaminister Joseph Goebbels ist – ein sehr exklusiver Posten, über den viele brisante Informationen laufen, für die sich die Gegner des Regimes interessieren. Wer es gerne wissen will: Kurt Kiesinger war im Jahre 1932 Mitglied der NSDAP geworden mit der Mitgliedsnummer 2.633.930, aber das nur so am Rand.[125] Werden die Kinder, die später hoffentlich nicht vor der Entscheidung stehen werden, entweder bei Hitler in einem Ministerium zu sitzen oder an der Front Leute zu erschießen, überhaupt noch verstehen, in welchem Maß sich Kiesinger richtig entschieden hat? Wird sich einer wie er aber verteidigen, wenn ihn die Kinder der Nazi-Flegel von heute nicht verstehen? Täte er es nicht, müsste man darüber nachdenken.

Kurt Georg Kiesinger

Im zivilen Leben ist auch Hans Georg Calmeyer nur ein kleines Rädchen im Getriebe, aber der Krieg bringt ihn wie schon Kiesinger in eine ungeahnte Machtposition. Eigentlich ist er ein Rechtsanwalt aus Osnabrück. 1941 wurde Calmeyer zum Referatsleiter für rassische Zweifelsfragen im holländischen Den Haag berufen, wurde aus der Wehrmacht entlassen und darf jetzt Zivil tragen. Ungefähr 140.000 jüdische Männer, Frauen und Kinder leben in den Niederlanden. Sie dürfen weder ins Kino noch ins Theater gehen, müssen ihre Fahrräder abgeben, müssen Grundbesitz und Vermögen melden, dürfen ihre Wohnung nicht wechseln. Mit einem Wort, sie werden diskriminiert. Er hat den Bogen raus, wie man mit ungeliebten Chefs umgehen kann. Seit Januar '41 gilt für die Niederländer jüdischer Herkunft eine allgemeine Meldepflicht. Hans Georg Calmeyer berichtet seinen Vorgesetzten von einer angeblich überraschend hohen Meldefreudigkeit, die es seiner Dienststelle doch schwer machen werde, alle Angaben der Gemeldeten auf ihre Richtigkeit zu überprüfen. Mit der Masche steigert er die rassischen Zweifelsfragen enorm. Er hat noch gar nicht richtig angefangen, mit deutscher Gründlichkeit zu prüfen, als der Anwalt schon vorsorglich langwierige Prüfungsverfahren ankündigt. Zuerst einmal müssen ja die Rassegesetze übersetzt werden. Jetzt bewährt sich die kluge, vorausschauende Wortedrechselei von Wilhelm Stuckart und Hans Globke aus dem Reichsinnenministerium. Kurz gesagt ist ein Jude, wer von mindestens drei der Rasse nach volljüdischen Großeltern abstammt. An der Stelle fängt der Zirkus schon an. Jetzt muss erst einmal geschaut werden, wer von wem die Großeltern sind. Dann muss geprüft werden, ob diese alten Leute überhaupt richtige Juden sind. Ooch, das dauert seine Zeit. Jüdischer Mischling ist nach Stuckart und Globke, wer von einem oder auch zwei der Rasse nach volljüdischen Großeltern abstammt, und so weiter. Deutsche Gesetze sind ausführliche Texte und die Kommentare dazu machen das Verfahren endgültig zum Labyrinth. Parallel zu seiner Arbeit gibt er den Anwälten von bedrohten Juden auch juristische Tipps, wie man die Bestimmungen der Nazis umgehen kann. Dann erreicht er, dass die „privilegierte Mischehe" ebenfalls für die besetzten Niederlande anerkannt wird. Der langen Rede kurzer Sinn: Hans Georg Calmeyer aus Osnabrück kann nicht 722 oder 2804, sondern sage und schreibe über 15.000 von ihnen vor dem Abtransport und somit vor der Ermordung in einem von Hitlers Lagern bewahren.[126] Sein Tun wird gewiss später ausführlich in den Geschichtsbüchern dargestellt werden. Man möchte schon wissen, auf wen und was man in der Geschichte des Volkes stolz sein kann. Nein, Intellektuelle brauchen das nicht; die leben auch von Kaffee, Zigaretten und ihrem internen Kopfkino. Wenn jedoch einfachen Leuten das Brot zum Denken weggenommen wird, kauen die alles, was sie am Wegesrand finden. Wie so oft im Leben sind auch hier wieder die Klugen die Problemfälle, weil sie nicht verstehen, dass andere Leute schon etwas suchen, worauf sie stolz sein können – und es finden, ob das den Klugen dann schmeckt oder nicht. Dann ist es sicher besser, sie erfahren etwas von Leuten wie Hans Georg Calmeyer, so dass dieses Grundbedürfnis an der Stelle nicht auf gähnende Leere stößt.

Hitler muss weg I

Mischen wir uns erneut unters Volk, um zu erfahren, wem manch einer die Schuld daran zuschreibt, warum Deutschland schon wieder mehr als drei Jahre im Krieg ist: „Wie lange dauert der Krieg noch?" Die Antwort ist: „Zwölf Jahre. Dann ist Adolf fünfundsechzig und wird pensioniert." Andere fragen: „Was hat Hitler mit einem Blindgänger gemeinsam?" Da kommt die Erwiderung „Sehr einfach! Niemand traut sich an ihn heran, und von selbst krepiert er nicht." Ach du lieber Gott, der ist so gut, dass er sich wahrhaft zur Nachahmung eignet, wenn nochmal so ein Stümper mit Übereifer nach oben kommt und darüber bestimmen kann, wer für was wie lange brummen muss. Aber zurück zum Thema. Es gibt geradezu Künstler unter den Leuten, die ihre Wut und ihren Frust über diesen kleinen Möchtegern in treffliche Worte ummünzen: Adolf geht heimlich in die Kirche, um für seinen Endsieg zu beten. Er kniet vor dem Heiland und bittet ihn um ein Zeichen, dass er auf den Sieg rechnen kann. Aber der Heiland bleibt stumm. Da betet er verstärkt von neuem – und siehe da, ihm scheint, als ob der Heiland oben am Kreuz die Augen öffne. Inbrünstig ruft er: „Gib mir ein Zeichen, lieber Heiland, ein Zeichen!" Da ertönt eine Stimme von oben: „Zieh mir den Nagel aus den Füßen und dreh dich mal 'rum, damit ich dir den Tritt versetzen kann, den du verdienst."[127] Um den über alles entscheidenden Schritt über das Träumen vom Tod des Führers hinaus zu tun, braucht man in erster Linie den geeigneten Sprengstoff. Dass weder eine Pistole noch ein Revolver genügt, darüber hatten sich einige Verschwörer schon im Jahr 1939 verständigt. Darüber hinaus braucht man die richtigen Leute, damit das etwas wird. Fabian von Schlabrendorff, der Ordonanzoffizier von Tresckows, hat inzwischen die Verbindung zur Gruppe um Oster hergestellt. In Tresckows Stab dient unter anderem der Oberstleutnant Rudolf-Christoph Freiherr von Gersdorff, der auf eine radikale Lösung der Probleme drängt. Insgesamt gelingt es Tresckow, in der Heeresgruppe Mitte eine der stärksten Oppositionsgruppen zu bilden, die je bestanden hat. Es gibt sie nämlich auch an anderen Orten und von einigen unter ihnen war hier auch schon die Rede. Erst als Bock Ende '41 durch Generalfeldmarschall von Kluge abgelöst wurde, ergaben sich neue Möglichkeiten, denn Kluge steht den Argumenten Tresckows weniger ablehnend gegenüber. In der Erkenntnis, dass jede aussichtsreiche Widerstandsaktion einen bekannten sowie anerkannten Armeeführer an der Spitze benötigt, beeinflusst Tresckow den Generalfeldmarschall ständig, weist seinen Stab an, ihm alle kritisch stimmenden Informationen zuzuleiten, ihn die Schreckensberichte über die Einsatzgruppen ebenso vorzulegen wie die Meldungen über neu herangeführte Verbände des Gegners an den übrigen Frontabschnitten oder Memoranden über die Rüstungskapazität der Vereinigten Staaten. Von Schlabrendorff nennt von Tresckow ironisch einen *Uhrmacher*, der sein Gegenüber am Morgen wie eine Uhr aufzieht, sodass diese den Tag über geht und schlägt, bis sie am Abend abgelaufen ist und alles neu beginnt. Kluge will zwar nicht an Verschwörungs-Unternehmen teilnehmen und an keiner Aktion direkt gegen Hitler, macht hingegen in entsprechenden Momenten klar, dass er nicht im Wege stehen wird. Bis zum Handeln ist somit noch eine Schwelle zu überschreiten. So meint er noch sehr lange: „Wir sind doch eigentlich keine Verbrecher!" Eine wichtige Stütze erhält die militärische Fronde jedoch in General Friedrich Olbricht, der schon 1938 und 1939 in die Überlegungen der Verschwörer einbezogen wurde

Hans Oster

und seit März 1940 der Chef des Allgemeinen Heeresamtes und Stellvertreter Fromms als Befehlshaber des Ersatzheeres ist. Oster, der ihn aus gemeinsamen Reichswehrzeiten kennt, gewinnt Olbricht 1942 endgültig für die Verschwörung. Unter dem unumstrittenen Haupt dieser Fronde Generaloberst Ludwig Beck laufen Ende '42 die Fäden des militärischen Teils der Staatsstreichplanung bei Hans Oster, Friedrich Olbricht sowie bei Henning von Tresckow zusammen. Schlabrendorff kümmert sich um einen dauerhaften Kontakt zur Heeresgruppe Mitte. Tresckow hatte bereits im Sommer 1942 Gersdorff gebeten, besonders wirksamen Sprengstoff zu besorgen und einen echt zuverlässigen Zeitzünder, der keinerlei Geräusche verursacht. Der hat dann über die Monate Dutzende Sprengmaterialien vorbeigebracht und hat alles zusammen mit Tresckow und von Schlabrendorff auf den Dnjepr-Wiesen in der Ukraine ausprobiert. Die Wahl fällt schließlich auf eine Haftmine von der Größe eines Buches und mit bleistiftförmigem Zünder von britischer Herkunft. Auch an der Stelle ist es die Angst vor einer erneut aufgetischten „Dolchstoßlegende", die solch ein Ablenkungsmanöver ratsam scheinen lässt. Ende 1942 teilt Olbricht mit, dass er noch ungefähr acht Wochen benötige, um die Vorbereitungen für den Staatsstreich abzuschließen und über Berlin hinaus zuverlässige Einheiten an den Standorten Köln, München und Wien bereitzustellen, „wenn von anderer Seite der erste Schritt gegen Hitler geführt" werde. Bald darauf fährt Tresckow nach Berlin, um mit Olbricht und Goerdeler die letzten offenen Fragen zu erörtern und vor allem zur Eile zu drängen. Er ist davon überzeugt, dass von den Feldmarschällen keine Initialzündung zu erwarten sei, sie folgten nur einem Befehl, was zugleich aber auch heißt, dass sie sich nicht entgegenstellen werden.[128]

Interessant ist, dass diese geradezu unerträgliche und kaum noch nachvollziehbare unpolitische Haltung zum Beispiel bei dem eigentlich Hitler ergebenen Keitel auch umgekehrt funktioniert, was sie dann erst richtig glaubhaft macht: Der erste größere Erfolg Tresckows besteht darin, dass sich Feldmarschall Günther von Kluge letzten Endes bereit erklärt, den Kopf des zivilen Widerstandes gegen das Regime Hitlers, Goerdeler, im Hauptquartier seiner Heeresgruppe zu empfangen. Das ist gefährlich, da

Goerdeler aus seinen Auffassungen nie ein Hehl gemacht hatte und fast jeder weiß, was ihn so auffällig umtreibt, in Deutschland wie auch in der Welt. Als General Thomas eines Tages ausgerechnet dem Chef des Oberkommandos der Wehrmacht, Feldmarschall Keitel, einmal vorgeschlägt, Goerdeler wenigstens einmal anzuhören, stößt er auf entsetzte Abwehr, und Keitel entgegnet ihm: „Lassen Sie ja nicht den Führer wissen, dass Sie mit Leuten wie Goerdeler Verbindung haben. Er frisst Sie auf!" Was meint er wohl? Der Führer ist doch Vegetarier? Aber Scherz beiseite: Im zivilen Leben kann einen so eine Äußerung längst in ein Lager im Wald bringen. In der Wehrmacht hingegen gilt selbst bei einem Keitel weiterhin der Kodex der Kameraden: Verpfiffen wird nicht.[129]

Olbricht nennt jetzt Anfang März 1943 als den Zeitpunkt für die Aktion. Oberst Fritz Jäger soll dann mit zwei Panzereinheiten anrücken und das Berliner Wachbataillon übernehmen, Hauptmann Ludwig Gehre seinen Stoßtrupp für besondere Einsätze aufgestellt haben, ferner ist die in der Umgebung von Berlin gerade entstehende Division *Brandenburg* unter Oberst Alexander von Pfuhlstein als Einsatztruppe gegen Parteidienststellen vorgesehen, und aus den Schatten des Herbstes des Jahres 1938 taucht Friedrich Wilhelm Heinz auf, der unterdessen als Kommandeur das 4. Regiment der Division befehligt. Der alte Bekannte Gisevius wird nach Berlin gerufen, um Olbricht bei der Planung behilflich zu sein, und Witzleben, obgleich von schwerer Krankheit gezeichnet, erklärt sich im Einvernehmen mit Beck bereit, den Oberbefehl über die Wehrmacht zu übernehmen. Dann haben die Feldmarschälle schlussendlich den Mann gefunden, der ihnen den ersehnten Befehl geben kann.[130]

Lassen wir das Jahr 1942 ausklingen mit einer Frau, die in die laufenden Vorbereitungen auf den Staatsstreich involviert ist. Das wären viele gern und das fängt schon bei denen an, deren Männer abgeholt und in einem der Konzentrationslager oder in einem Gefängnis weggesperrt wurden. Ihr Schloss liegt zufällig in der Nähe des neuen Führerhauptquartiers in Ostpreußen. Bei ihr kann, wer das gern will, völlig ungestört reden. Wir sprechen hier von Maria-Agnes Gräfin zu Dohna. Sie ist mit Heinrich zu

Marion Gräfin Dönhoff

A. Schäfer '11

Dohna verheiratet, der der Bekennenden Kirche angehört und Mitglied im ostpreußischen Bruderrat ist, der Not-Kirchenleitung der Bekennenden Kirche. Die Verschwörer gegen Hitler und seine Mannen haben ihn als Oberpräsidenten von Ostpreußen vorgesehen. Übrigens ist es ebenso eine Frau, die die Bitte der Verschwörer an ihn übermittelt, er möge sich für dieses Amt zur Verfügung stellen: Marion Gräfin Dönhoff*. Aber wir wollen von Maria-Agnes zu Dohna-Schlobitten sprechen. Ihr Mann war Anfang August 1939 zur Wehrmacht eingezogen worden. Danach übernahm sie die Aufgabe, Kontakte mit Nazigegnern zu halten. Der General Erich Fellgiebel ist dabei ihr wichtigster Mittelsmann für den Austausch von Informationen. Als Chef der Nachrichtentruppe kommt er sehr viel herum, ist ständig bemüht, weitere hohe Militärs für den Widerstand zu gewinnen. Auf ziviler Seite ist der wichtigste Mittelsmann in ihrem Kreis Fritz Goerdeler, der Bruder von Carl Goerdeler. Er ist Stadtkämmerer in Königsberg. Sie treffen sich häufig in seinem Büro oder auch bei ihr im Schloss. Was sie am meisten belastet, sind diese immer wieder erforderlichen kurzfristigen Verschiebungen der Attentatstermine. Das fängt ja schon mit den gefährlichen Anrufen an, weil man bei jedem Wort daran denken muss, dass die Leitung natürlich abgehört werden kann. Einmal ist zum Beispiel General von Witzleben angemeldet, damit er unauffällig als Gast in der Nähe vom Hauptquartier sein kann, um dann gleich nach dem Attentat den Oberbefehl im Hauptquartier zu übernehmen. Das ist eine ziemliche Nervenprobe, weil dauernd hin- und hertelefoniert wird: Kommt nun der Gast, oder kommt er nicht?[131]

Nach den Anmerkungen und Quellen sind wir im Jahr 1943.

1 Pauwels (2013), S. 206
Black (2001), S. 23-26
LeBor (2014), S. 139
2 Sutton (2008), S. 151
3 Ebd., S. 32f., 37f., 49, 152 und 158f.
LeBor (2014), S. 138
4 Harley Martin Kilgore stand dem *Kilgore Committee* vor, das während des Zweiten Weltkrieges die Mobilmachung der Vereinigten Staaten von Amerika beaufsichtigte.
Richard Overy schreibt, dass der Royal Air Force zweimal angetragen wurde, Auschwitz zu bombardieren, einmal im Januar 1941, als es noch ein Lager für gefangene Polen war, doch als dort Juden ermordet wurden, erst im Juli 1944. Er schreibt auch, dass es akademischen Streit darüber gab, ob es wohl möglich gewesen sei, die Bahnlinien zu bombardieren. Fest steht bloß: Obwohl in London bekannt war, was in Auschwitz geschah, wurde nichts dagegen unternommen. Aber belesen Sie sich einmal über den traditionellen Antisemitismus in England. Da passt eins zum anderen. Overy (2013), S. 401ff.
Sutton (2008), S. 38f.
LeBor (2014), Tower of Basel. BIZ. Die Bank der Banken und ihre dunkle Geschichte, S. 92, 109-120
Trepp (1997), Bankgeschäfte mit dem Feind. Die Bank für Internationalen Zahlungsausgleich im Zweiten Weltkrieg. Von Hitlers Europabank zum Instrument des Marschallplans, S. 134ff.
5 Sutton (2008), S. 38 und 154
Pauwels (2013), S. 185f.
6 Hirche (1964), S. 160
Eine Formulierung in diesem Absatz stammt von Henryk Marcin Broder. Sie ist viel zu gut, um hier nicht wiedergegeben zu werden. Aufgrund des Geburtsdatums eignet sich der Autor allerdings nicht als Zeitzeuge: „Ich finde es auch richtig, dass ich – wenn ich jemand einen »Antisemiten« nenne – diesen Vorwurf belegen muss, was angesichts des Bildungs- bzw. Unbildungsgrades deutscher Richter nicht ganz einfach ist, für die der Holocaust das Maß der Dinge ist und alles drunter unter Ordnungswidrigkeiten fällt." Henryk M. Broder (2019), Meine Rede an die AfD. Rede vor der AfD-Fraktion und Gästen am 29.1.19 [online]. Verfügbar unter https://www.achgut.com/artikel/meine_rede_an_die_afd [16.05.19]
7 Lebendiges Museum Online (2015), Die Wannsee-Konferenz 1942 [online]. Verfügbar unter http://www.dhm.de/lemo/html/wk2/holocaust/wannsee/index.html [18.10.2020]
Wikipedia (2020), Wannseekonferenz [online]. Verfügbar unter http:/de.wikipedia.org/wiki/Wannseekonferenz [01.02.2020]
8 Bruch & Hofmeister (2000), S. 156
9 Schultze-Rhonhof (2007), S. 394
10 Rothfels (1960), S. 38
Straeten (1997), S. 137
Hirche (1964), S. 152
11 Schmidt (1949), S. 579
12 Falin (1995), S. 247
13 Ebd., S. 531, Endnote 98
14 Fest (1994), S. 188
15 Steinbach & Tuchel (Hg., 1994), S. 471f.
16 Rothfels (1960), S. 106f.
17 Hirche (1964), S. 159. HJ war die Abkürzung für Hitler-Jugend.

18 Moorhouse (2007), S. 302
19 Ebd., S. 149
20 Knightley (1990), S. 134
21 Ebd., S. 134f.
22 Speidel (1977), S. 111
23 Kern (1988), S. 25
24 Boberach (Hg., 1984), Band 3, S. 449
Preparata (2011), S. 339
Westdeutscher Rundfunk (2007), 14. Februar 1942 – Briten befehlen Bombardierung deutscher Städte: „Die Lehre, dass alles bezahlt werden muss“ [online]. Verfügbar unter http://www1.wdr.de/themen/archiv/stichtag/stichtag2922.html [31.03.2015]
25 Steinbach & Tuchel (Hg., 1994), S. 488
26 Hughes (1955), S. 205
27 Wikipedia (2019), Rudolf von Scheliha [online]. Verfügbar unter https://de.wikipedia.org/wiki/Rudolf_von_Scheliha [02.11.2020]
28 Knightley (1990), S. 141
29 Ebd., S. 141
30 Straeten (1997), S. 51f.
31 Sutton (2008), S. 95f.
32 Speidel (1977), S. 125ff.
33 Falin (1995), S. 247
34 Hirche (1964), S. 149
35 Preparata (2011), S. 347
36 Fest (1994), S. 91f.
Krieger (2007), S. 276f.
Gehlen (1971), S. 45 und 120
37 Rothfels (1960), S. 40
38 Speidel (1977), S. 120f.
39 Schmidt (1949), S. 551ff.
40 Wikipedia (2020), Kommissarbefehl [online]. Verfügbar unter http://de.wikipedia.org/wiki/Kommissarbefehl [19.10.2020]
41 Steinbach & Tuchel (Hg., 1994), S. 102
42 Straeten (1997), S. 111ff.
43 Ebd., S. 371
Knightley (1990), S. 118f.
Lebendiges Museum Online (2015), Biografie Reinhard Heydrich [online]. Verfügbar unter http://www.dhm.de/lemo/html/biografien/HeydrichReinhard/ [05.06.2015]
44 Mayer & Mehner (2001), S. 18f.
Wikipedia (2019), Uranprojekt [online]. Verfügbar unter http://de.wikipedia.org/wiki/Uranprojekt [03.04.2019]
45 Mayer & Mehner (2001), S. 229-235
Groves (1965), S. 331f.
46 Wikipedia (2019), Josef Frings [online]. Verfügbar unter https://de.wikipedia.org/wiki/Joseph_Frings [29.04.2019]
47 Steinbach & Tuchel (Hg., 1994), S. 324
Rothfels (1960), S. 107 und 148
48 Steinbach & Tuchel (Hg., 1994), S. 314f.
Rothfels (1960), S. 150
49 Steinbach & Tuchel (Hg., 1994), S. 330
Preparata (2011), S. 315

50 Steinbach & Tuchel (Hg., 1994), S. 314f.
Rothfels (1960), S. 150
Preparata (2011), S. 271
Sutton (2008), S. 80f.

51 Bührer (1992), S. 81f.
Preparata (2011), Wer Hitler mächtig machte. Wie britisch-amerikanische Finanzeliten dem Dritten Reich den Weg ebneten, S. 64ff. und 327
Sutton (2008), Wall Street und der Aufstieg Hitlers, S. 109 und 164
Dell (1934), Germany Unmasked. London: Martin Hopkins Ltd.
Schönbach (2015), Die deutschen Konzerne und der Nationalsozialismus
Zdral (2002), Der finanzierte Aufstieg des Adolf H., S. 41f. und 90f.

52 Falin (1995), S. 536, Endnote 83
Er sprach wirklich schon zu diesem frühen Zeitpunkt von Vereinten Nationen.

53 Hirche (1964), S. 148
Berthold (2007), Die 42 Attentate auf Adolf Hitler.
Moorhouse (2007), Killing Hitler. Die Attentäter, die Pläne und warum sie scheiterten.

54 Rothfels (1960), S. 123
Wikipedia (2019), Lionel George Curtis [online]. Verfügbar unter https://de.wikipedia.org/wiki/Lionel_George_Curtis [28.05.19]

55 Moorhouse (2007), S. 303

56 Ebd., S. 303ff.

57 IMT (1948), Band XXII, S. 546

58 Ebd., S. 538 und 546f.

59 Steinbach & Tuchel (Hg., 1994), S. 433

60 Szepansky (1983), S. 132

61 Straeten (1997), S. 157-162

62 Ebd.
Wikipedia (2019), Walter von Unruh (General der Infanterie) [online]. Verf. u. https://de.wikipedia.org/wiki/Walter_von_Unruh_(General_der_Infanterie) [12.12.2020]

63 Szepansky (1983), S. 89

64 Steinbach & Tuchel (Hg., 1994), S. 104 und 316
Szepansky (1983), S. 127
Für alle, die sich diesen Titel gerne wieder einmal anhören wollen: YouTube (2008), Joseph Schmidt. Ein Lied geht um die Welt (1933) [online]. Verfügbar unter https://www.youtube.com/watch?v=O-RFKSdEKvU [03.05.2019]
Wikipedia (2019), Joseph Schmidt (Sänger) [online]. Verfügbar unter https://de.wikipedia.org/wiki/Joseph_Schmidt_(S%C3%A4nger) [03.05.2019]

65 Hughes (1955), S. 217
Wikipedia (2019), Louis Mountbatten, 1. Earl Mountbatten of Burma [online]. Verfügbar unter https://de.wikipedia.org/wiki/Louis_Mountbatten,_1._Earl_Mountbatten_of_Burma [23.04.2019]

66 Kellerhoff, Sven Felix (2012), Dieppe – Katastrophe bei Generalprobe zum D-Day [online]. Verfügbar unter https://www.welt.de/kultur/history/article108555676/Dieppe-Katastrophe-bei-Generalprobe-zum-D-Day.html [31.03.19]

67 Ebd.
Althaus, Johann (2018), Warum die erste Invasion in Frankreich scheiterte [online]. Verfügbar unter https://www.welt.de/geschichte/zweiter-weltkrieg/article181217610/Dieppe-1942-Warum-die-erste-Invasion-in-Frankreich-scheiterte.html [12.12.2020]
Wikipedia (2019), Operation Jubilee [online]. Verfügbar unter

https://de.wikipedia.org/wiki/Operation_Jubilee [12.12.2020]
68 Ebd.
69 Ebd.
70 Wikipedia (2019), Noël Coward [online]. Verfügbar unter https://de.wikipedia.org/wiki/No%C3%ABl_Coward [03.05.2019]
71 Steinbach & Tuchel (Hg., 1994), S. 398
Speidel (1977), S. 134
72 Ebd., S. 137f.
73 Ebd., S. 132
Machiavelli (2009), S. 130
74 Speidel (1977), S. 124 und 134
Felfe (1988), S. 106
75 IMT (1948), Band XXI, S. 517
Schultze-Rhonhof (2007), S. 311
76 Straeten (1997), S. 29
77 Ebd., S. 113f.
78 Hirche (1964), S. 169
79 Steinbach & Tuchel (Hg., 1994), S. 104
80 Ebd., S. 22 und 52
Moorhouse (2007), S. 285-290
IMT (1948), Band XXII, S. 545
Wikipedia (2019), Axel von dem Bussche [online]. Verfügbar unter https://de.wikipedia.org/wiki/Axel_von_dem_Bussche#Motivation_zum_Widerstand [01.05.2019]
81 Steinbach & Tuchel (Hg., 1994), S. 338
82 Der sportlichen Fairness halber erhält an dieser Stelle Sir Edward Grey das Wort, um in der Frage einer hier behaupteten anglo-amerikanischen Verschwörung zum Erhalt der Weltherrschaft zu widersprechen. Er war der Außenminister des *British Empire*, als der Erste Weltkrieg anfing. Er darf darlegen, dass man irrt, wenn man in seiner Außenpolitik eine langfristige Konzeption findet: „Ich vermute, dass man bei dieser, wie bei den meisten Untersuchungen der britischen Außenpolitik, den wahren Grund nicht in Weitsichtigkeit oder großzügiger Konzeption finden wird. Ein Minister, der mit der Verwaltung eines großen Amtes belastet ist, wird wohl oft staunen, wenn er liest, welch sorgfältig ausgearbeitete Pläne und tiefe, geheime Beweggründe ihm Tadler oder Bewunderer unterschieben. Zuschauer, die keine Verantwortung tragen, haben Zeit zum Erfinden, und sie schreiben Ministern viele Dinge zu, zu deren Ersinnung diese keine Zeit haben, selbst wenn sie die Intelligenz und Fähigkeit dazu besäßen. Wenn alle Geheimnisse bekannt wären, so würde man wahrscheinlich entdecken, dass die britischen Minister des Äußeren sich nur von den nächsten Interessen des Landes leiten ließen, ohne mühsame Berechnungen für die Zukunft anzustellen. Ihre besten Eigenschaften sind eher negative als positive gewesen. Sie führten keine scharfen Wendungen oder rasche Frontwechsel aus und waren nicht geneigt, Hader und Unheil unter andern Nationen zu stiften, oder im Trüben zu fischen, denn ihr Instinkt sagte ihnen, dass Frieden und Stabilität in Europa die besten Bedingungen für das Gedeihen des britischen Handels seien. Im Allgemeinen schraken sie davor zurück, sich für Möglichkeiten, die in der Zukunft lagen, bloßzustellen und Erwartungen wachzurufen, die sie vielleicht nicht imstande waren zu erfüllen. Auch sagten sie meistens nicht mehr, als was sie wirklich meinten. Im Großen und Ganzen war dem Britischen Reich mit diesen Methoden gut gedient. Jedenfalls wurde es dadurch vor den großen, unheilvollen Fehlern bewahrt, wie sie oft ein großer Denker macht, der zu weit voraus und – falsch rechnet." Grey (1926), S. 18f. Auswertung:

Allein die Wortwahl strömt schlechtes Gewissen ohne Ende aus und den Seitenhieb auf Otto von Bismarck am Ende kann er sich ja auch nicht verkneifen. Fällt Ihnen ein weiterer Kandidat ein, den er mit seiner Anspielung gemeint haben könnte? Es ist eine Premiere für mich, einen Politiker zu finden, der sich darüber erging, dass weder er selbst noch seine Vorgänger einen Plan davon hatten, was sie eigentlich taten. Es ist allerdings unwahrscheinlich, dass es den Briten zufällig gelang, so ein weltumspannendes Reich aufzubauen, ohne zu wissen, wie man die ortsansässigen Völker zum Nutzen Großbritanniens gegeneinander ausspielt. Es gibt in seiner Rede ein Argument, das sich gut anhört, das sich allerdings selbst aushebelt. Er sagt, Frieden und Stabilität in Europa seien die besten Bedingungen für das Gedeihen des britischen Handels gewesen. Doch zwischen 1867 und 1893, und somit in der Zeit, über die er in den Zeilen unmittelbar vor diesem Zitat sprach, war der Anteil des *British Empire* am Welthandel von 24 Prozent auf nur noch 18 Prozent gefallen. Somit waren Frieden und Stabilität in Europa auf die Dauer gerade nicht wünschenswert. Waltershausen (1920), S. 410

Ein Jahrhundert nach August Sartorius von Waltershausen (1920) ist das britische Interesse an der Auslösung von Kriegen zwischen seinen wirtschaftlichen Konkurrenten in Europa wieder in den deutschen Bücherregalen angekommen: Roewer, Helmut (2016), Unterwegs zur Weltherrschaft. Warum England den Ersten Weltkrieg auslöste und Amerika ihn gewann. Zürich: Scidinge Hall Verlag

Roewer, Helmut (2017), Unterwegs zur Weltherrschaft. Band 2: 1918-1945. Warum eine anglo-amerikanische Allianz Deutschland zum zweiten Mal angriff und die Rote Armee in Berlin einmarschierte. Tübingen: Scidinge Hall Verlag

83 Schreieder (1950), S. 112 und 118

Knightley (1990), S. 120

Wikipedia (2015), Englandspiel [online]. Verfügbar unter http://de.wikipedia.org/wiki/Englandspiel [31.03.2015]

Haisenko, Peter (2010), England, die Deutschen, die Juden und das 20. Jahrhundert. Lehrte: AnderweltVerlag

Der Autor Peter Haisenko zeigt auf, wie London Juden aus Europa nach Palästina gelockt hat, das England im Ersten Weltkrieg erobert hatte, und wie London dann zwischen den ortsansässigen Arabern und den zugewanderten Juden Konflikte inszenierte. Bei Mackinder (1919) kann man nachlesen, dass London auf diese Art einen Fuß auf das von ihm selbst definierte eurasische *Herzland* der Erde setzen wollte. Es machte sich auf diesem Wege nämlich scheinbar zur Schutzmacht der Juden. Es war sicher nicht nötig, dass Ex-Minister Edward Grey extra betonte, dass sich die britischen Minister des Äußeren nur von den nächsten Interessen des Landes leiten ließen und dass ihre besten Eigenschaften eher negative als positive waren. Dankenswert ist aber die Offenheit. Die britischen Außenminister haben über Jahrhunderte ihre imperiale Außenpolitik betrieben und sie führten selbstverständlich keine scharfen Wendungen in dieser Hinsicht aus, warum auch? Dieses Geschäftsmodell hat London immerhin ein riesiges Empire eingebracht. Was Edward Greys Credo angeht, man habe nicht etwa Hader und Unheil unter anderen Nationen stiften wollen, so stellt sich die Frage, was sonst die Grundlage der alten britischen Doktrin der *Balance of Powers* gewesen sein könnte. Von zwei miteinander rivalisierenden Mächten wurde stets die jeweils schwächere von den beiden unterstützt, so dass die stärkere Macht nicht erst in die Verlegenheit kam, den Briten das Wasser reichen zu können. Wasser hatten die Briten genug.

84 Schreieder (1950), S. 327

Giskes (1982), S. 143f.

Knightley (1990), S. 120

Wikipedia (2015), Englandspiel [online]. Verfügbar unter

http://de.wikipedia.org/wiki/Englandspiel [31.03.2015]
85 Schreieder (1950), S. 377
86 Ebd., S. 204
87 Giskes (1982), S. 142
88 Ebd., S. 204
89 Knightley (1990), S. 120f. und 138
90 Ebd., S. 113, 142ff., 180f. und 204
Wikipedia (2015), Englandspiel [online]. Verfügbar unter http://de.wikipedia.org/wiki/Englandspiel [31.03.2015]
91 Giskes (1982), S. 140ff.
92 Knightley (1990), S. 120
Schreieder (1950), S. 401f.
Das Wort vom *Krieg im Dunkel* erinnert sehr stark an den Titel der Memoiren des langjährigen Chefs eines der Auslandsgeheimdienste des DDR Markus Wolf. Das Buch über sein tolles Lebenswerk nannte er *Spionagechef im geheimen Krieg*. Markus Wolf hat offenbar so wenig wie Schreieder verstanden, dass sie von ihrer jeweiligen Gegenseite so lange wie nötig und möglich unterstützt wurden. Dafür gab es in beiden Fällen wirklich genug Hinweise. Aber es ist schön, dass sie sich darüber gefreut haben und die vermeintlichen Gegner für bekloppt hielten. Wolf hat auch nicht einkalkuliert, dass Adenauer Deutschland wirklich zerlegen wollte und zu diesem Zwecke an der Existenz unserer wunderschönen D.D.R. überaus stark interessiert war. Als ab dem Jahre 1949 dann nicht mehr der eine deutsche Staat existierte, gab es ja dann logischerweise auch nicht mehr die eine deutsche Regierung, mit der irgendein Staat einen Friedensvertrag nach dem Muster von Versailles 1919 hätte abschließen können.
93 Schreieder (1950), S. 399
94 Ebd., S. 371
95 Ebd.
Knightley (1990), S. 118f.
Lebendiges Museum Online (2015), Biografie Reinhard Heydrich [online]. Verfügbar unter http://www.dhm.de/lemo/html/biografien/HeydrichReinhard/ [05.06.2015]
96 Giskes (1982), S. 145 und 153f.
97 Ebd., S. 145 und 166
98 Ebd., S. 171
Schreieder (1950), S. 200
Als MID-SOE wurde der niederländische Zweig der SOE bezeichnet.
99 LeBor (2014), Tower of Basel. BIZ. Die Bank der Banken und ihre dunkle Geschichte, S. 49, 89-94, 109 und 115
Trepp (1997), Bankgeschäfte mit dem Feind. Die Bank für Internationalen Zahlungsausgleich im Zweiten Weltkrieg. Von Hitlers Europabank zum Instrument des Marschallplans, S. 130
100 Trepp (1997), S. 134ff.
LeBor (2014), Tower of Basel. BIZ. Die Bank der Banken und ihre dunkle Geschichte, S. 92, 109-120
101 LeBor (2014), S. 92, 109-120
Trepp (1997), Bankgeschäfte mit dem Feind. Die Bank für Internationalen Zahlungsausgleich im Zweiten Weltkrieg. Von Hitlers Europabank zum Instrument des Marschallplans, S. 134ff.
102 Wikipedia (2019), Rudolf von Scheliha [online]. Verfügbar unter https://de.wikipedia.org/wiki/Rudolf_von_Scheliha [05.07.2020]
103 BBC-Radiosendung (1942), Vernichtung: BBC 1942: Bericht über die

Vernichtung der jüdischen Bevölkerung in Europa [online]. Verfügbar unter http://www.youtube.com/watch?v=dV4IOnN6hxE [31.03.2015], dort zu finden an der Stelle 1:20.

104 Gaus, Günter (1964), Zur Person. Hannah Arendt [online]. Verfügbar unter https://www.youtube.com/watch?v=J9SyTEUi6Kw [10.05.2015]

105 Gisevius (1965), S. 313

106 Ebd., 313f.

107 Straeten (1997), S. 45

108 Rothfels (1960), S. 38

109 Straeten (1997), S. 154. Geprüft durch die Gedenkstätte Yad Vashem.

110 Ebd., S. 97

111 Rothfels (1960), S. 37

112 Szepansky (1983), S. 124 und 127
Haisenko (2010), S. 107
Rauber, Urs (1998), Judenstempel: Die Korrektur einer Halbwahrheit. In der Schweizer Zeitschrift Beobachter Nr. 18/98 [online]. Verfügbar unter https://www.webcitation.org/68tYXXYou?url=http://www.beobachter.ch/leben-gesundheit/krankheiten-von-a-z/artikel/judenstempel-korrektur-einer-halbwahrheit/ [Bitte einen Moment warten, bis sich die Seite letzten Endes dann doch noch öffnet. Und dann lesen Sie ruhig noch etwas weiter. Nach einem ausführlichen Dementi, dass das alles nicht stimmt, werden die schönsten Kopfstände veranstaltet, um gedrechselt einzuräumen, dass es sehr wohl stimmt. 27.02.2019]
Wikipedia (2019), Joseph Schmidt (Sänger) [online]. Verfügbar unter https://de.wikipedia.org/wiki/Joseph_Schmidt_(S%C3%A4nger) [03.05.2019]

113 Szepansky (1983), S. 128

114 Straeten (1997), S. 141. Ebenfalls geprüft durch Yad Vashem.

115 Hirche (1964), S. 151

116 Straeten (1997), S. 137
Rothfels (1960), S. 35-38
Die Diskrepanz zwischen dieser Zahl und derjenigen, die damals von der BBC genannt wurde, werden Sie ertragen müssen, zumal die korrekte Anzahl in diesem Zusammenhang inhaltlich wirklich keinen Unterschied macht. Die Literatur nennt auch verschieden hohe Zahlen, wobei keine von ihnen die 380.000 übersteigt. Das klärt, dass bei weitem nicht jeder in seinem Umfeld Juden hatte und ihnen helfen konnte. In den 1950er Jahren, als viele der Überlebenden noch lebten, wurden die Helfer übrigens auch noch gewürdigt. Die spannendere Frage ist, warum an die Retter heute nicht mehr erinnert wird. Diesbezügliche Anfragen an das Inforadio Berlin bewirkten keine Veränderung in der Art der Propaganda. So macht eben jeder seine eigenen Erfahrungen mit den Lückenmedien in unserem Land.

117 Die Antwort lautet übrigens: Ja.
The Guardian (2019), How Bush's grandfather helped Hitler's rise to power [online]. Verfügbar unter https://www.theguardian.com/world/2004/sep/25/usa.secondworldwar [12.12.2020]
Wikipedia (2019), Prescott Bush [online]. Verfügbar unter https://de.wikipedia.org/wiki/Prescott_Bush [27.03.19]

118 KW (2011), Tafel für Hans Rosenthal. In: Berliner Woche vom 07.09.2011
Richard Overy schreibt, dass der Royal Air Force zweimal angetragen worden sei, Auschwitz zu bombardieren, einmal im Januar 1941, als es noch ein Lager für gefangene Polen war; doch als dort Juden ermordet wurden, erst wieder im Juli '44. Er schreibt auch, dass es akademischen Streit darüber gab, ob es wohl möglich gewesen sei, die Bahnlinien zu bombardieren. Fest steht nur: Obwohl in London bekannt war, was in Auschwitz geschah, wurde letzten Endes eben gerade nichts

dagegen unternommen. Aber es ist ein Traum, zu sehen, was sonst alles unbedingt kaputtgeschossen und wie viele Zivilisten aus der Luft getötet werden mussten. Wenn schon nichts möglich war, das haben die Briten schon möglich gemacht.
Overy (2013), S.401ff.
119 Boberach (Hg., 1984), Band 3, S. 449
Preparata (2011), S. 339
Westdeutscher Rundfunk (2007), 14. Februar 1942 – Briten befehlen Bombardierung deutscher Städte: „Die Lehre, dass alles bezahlt werden muss" [online]. Verfügbar unter
http://www1.wdr.de/themen/archiv/stichtag/stichtag2922.html [31.03.2015]
120 Straeten (1997), S. 143f. Geprüft durch die Gedenkstätte Yad Vashem.
121 Wydra (2003), S. 32, nachzulesen in: Die Tagebücher von Joseph Goebbels. Teil II: Diktate 1941-1945. München 1993ff., Eintrag vom 30. September 1942
122 Straeten (1997), S. 76
Rauber, Urs (1998), Judenstempel: Die Korrektur einer Halbwahrheit. In der Schweizer Zeitschrift Beobachter Nr. 18/98 [online]. Verfügbar unter https://www.webcitation.org/68tYXXYou?url=http://www.beobachter.ch/leben-gesundheit/krankheiten-von-a-z/artikel/judenstempel-korrektur-einer-halbwahrheit/ [27.02.19]
123 Steinbach & Tuchel (Hg., 1994), S. 399f.
Bruch & Hofmeister (2000), S. 156
Kommentar zur Zahl der Juden 1939 im Reich siehe Fußnote 116.
124 Ramge (2003), S. 56
Strauß (1989), S. 154
Es ist bedenkenswert, dass die Personen, die wissen, was in der Bundesrepublik gespielt wird, nicht erklären, dass Doktor Globke an den Kommentaren zu den Rassegesetzen mitgewirkt hat, um wenigstens jene vor Schikanen zu bewahren, die nur teilweise jüdische Vorfahren hatten. Um gegebenenfalls mehr Unheil zu verhindern, hatte jedoch auch ein Hans Maria Globke noch nicht den richtigen Posten im Staatsapparat. Dafür hätte man der große Chef der Veranstaltung im Deutschen Reich sein müssen.
125 Klöckler (2005), S. 205f.
Mader (1976), S. 28f.
Stiftung Haus der Geschichte der Bundesrepublik Deutschland (2014), Biografie Kurt Georg Kiesinger [online]. Verfügbar unter
http://www.hdg.de/lemo/html/biografien/KiesingerKurtGeorg/ [31.03.2015]
126 Straeten (1997), S. 165-174
127 Hirche (1964), S. 148 und 181
Dieser Witz wurde dann in der DDR unter der Hand über den Stasi-Chef Erich Mielke erzählt.
128 Fest (1994), S. 192ff.
129 Ebd., S. 193
130 Ebd., S. 193ff.
Steinbach & Tuchel (Hg., 1994), S. 313f.
131 Szepansky (1983), S. 52f.

1943

Die Ernte von zwanzig Jahren Appeasement

Gut drei Jahre dauert dieser verdammte Krieg schon und inzwischen hat er sich zu einem veritablen neuen Weltkrieg ausgewachsen. Es ringt den Deutschen kein müdes Lächeln mehr ab, dass sie 1933 und vielfach noch 1934 meinten, lange würde sich Hitler nicht an der Macht halten. Manch einer glaubte damals wirklich noch, *er* sei der Hoffnungsschimmer, der die rabiaten Schlägertrupps auf den Straßen bändigen werde, gerade so, als habe *er* nur noch nicht ganz die Kontrolle über den entfesselten Mob gehabt. Vielleicht haben *sie* auch mehr gehofft als geglaubt, dass es nicht mehr als bedauerliche Missgriffe waren, die „im Übereifer der nationalsozialistischen Revolution" passiert seien, wie der Kanzler versicherte.[1]

Immer wieder kündigte er eine alsbaldige Kaltstellung des Radikalismus an und erklärte seine nationalsozialistische Revolution im Sommer 1933 für beendet.[2] Spätestens zu jener Zeit, als unzählige führende Posten im Reich durch das braune Gesindel besetzt waren, meinten viele, die Tage zählen zu können, bis die Wirtschaft des ruinierten Reiches endgültig in sich zusammenbrach. Doch darauf konnten sie lange warten, wurde der Volkskanzler in Berlin doch von einflussreichen Kreisen in England und Amerika unterstützt, von Kreisen, die zuvor für den Erfolg der Bolschewiken im Bürgerkrieg gegen die Truppen des ermordeten Zaren gesorgt hatten. Bereits Anfang der 1920er Jahre war Geld vom Autokönig Ford eingegangen, mit denen der Gefreite und Postkartenmaler Adolf Hitler ein geräumiges Hauptquartier mit hochbezahlten Leutnants und Angestellten unterhalten konnte. Von diesen Dollars konnte er seine Privatarmee S. A. in Uniformen einkleiden und mit Pistolen und Totschlägern bewaffnen, während er und seine Umgebung in leistungsstarken neuen Autos herumfuhren.[3] Das war zu der Zeit, als etwa eine Million Deutsche während der Hyperinflation verhungert sind und in Pappschachteln vergraben wurden, weil nicht so viele Särge gebaut werden konnten, wie gebraucht worden wären.[4] Noch ehe der *Duce* der italienischen Faschisten Mussolini etwas von dem wortgewaltigen jungen Redetalent hinter den Alpen namens Adolf Hitler hörte, war Henry Ford umfassend im Bilde, was Hitler anging.[5] Und nicht nur *dieser* Ami spendete großzügig seine Gelder an die Nazi-Bewegung. Es sind internationale Konzerne, die eine Bezahlung hauptamtlicher Funktionäre der NSDAP, von Parteigebäuden und Zeitungen ermöglichten.[6] Als Alanson Houghton, der das Familienunternehmen Corning Glass Works zu einem der größten Glasproduzenten der USA gemacht hatte, Botschafter in Deutschland wurde, sagte der deutsche Großindustrielle Hugo Stinnes dem Vertreter der Regierung in Washington zu, man habe einen Anwärter für den Posten des Diktators über Deutschland gefunden, und dieser müsse nun ausgestattet werden mit der Macht, alles zu tun, was irgendwie nötig ist. Er müsse sprechen wie das Volk, selbst aber bürgerlich sein.[7] Stinnes muss seinerseits wohl gedacht haben, er täte damit etwas Gutes. Wilhelm Tengelmann hat sich zu Recht bei Fritz Thyssen darüber ausgeweint, dass die Nazibewegung von Seiten der deutschen Industriellen „sehr wenig Ermutigung" findet. Wen wundert es? Wahlversprechen vom Enteignen der Kapitalisten und Junker und vom Brechen der Zinsknechtschaft hindern manchen daran, Anfang der 1920er Jahre sein Geld den Nazis anzuvertrauen.[8]

Bis Ende der zwanziger Jahre haben interessierte Kreise aus *America* in die Nazi-Bewegung 10 Millionen Dollar investiert – unabhängig von den Beträgen am Anfang der zwanziger Jahre. Der breiten Öffentlichkeit im Reich wurde die NSDAP, die bei 10 Prozent der Wählerstimmen herumkrebste, durch *Fox Tönende Wochenschau* bekannt. Sie wurde von *Fox Movietone News* aus den USA ins Leben gerufen.[9] Die UFA war offenbar nicht bereit, ohne oder mit Bezahlung Werbung zu drehen für die Nazis. Mit leerer Kasse hat es jede Partei schwer. Die Wirkung jener modernen amerikanischen Werbefilme für die NSDAP hielt allerdings nicht lange an. Nach 37,3 Prozent bei den Reichstagswahlen im Juli 1932 erhielt die Nazi-Partei am 6. November 1932 nur noch 33,1 Prozent der Stimmen in Deutschland. Eine Woche später notierte der Berliner Gauleiter Joseph Goebbels seine Nöte: „Ich entnehme einen Bericht über die Kassenlage der Berliner Organisation. Dieser ist ganz trostlos. Nur Ebbe, Schulden und Verpflichtungen, dazu die vollkommene Unmöglichkeit, nach dieser Niederlage irgendwo Geld in größerem Umfange aufzutreiben." Am 10.

Dezember hieß es da: „Die Finanzlage des Gaues Berlin ist trostlos. Wir müssen ganz rigorose Sparmaßnahmen durchführen und den Gau unter eine selbst gewählte Zwangsverwaltung stellen." Kurz vor Weihnachten schrieb er die dramatische Erkenntnis auf: „Wir müssen die Gehälter im Gau abbauen, da wir sonst finanziell nicht durchkommen."[10] Doch Geld sollte diese Partei nicht scheitern lassen. Ihr größtes Pfund war der Hass gegen Jossif W. Stalins Sowjetunion. Ein „ungewöhnliches Interesse" an den Aussagen des Räuberhäuptlings Adolf Hitler über die Bolschewisten zeigten die Zeitungen des Medienmoguls William Randolph Hearst.[11] Sie wollen wissen, wer dieser Spieler ist? Hearst ist ein US-amerikanischer Verleger, der dann im Jahre 1934 von Adolf Hitler empfangen wurde. Es ging den maßgeblichen Kreisen in England und den Vereinigten Staaten letztlich von Anfang an um einen neuen militärischen Konflikt zwischen Russland und Deutschland; Machiavelli in Reinkultur. Immerhin haben Unternehmer wie Henry Ford parallel zur Industrie im Deutschen Reich auch die in der Sowjetunion zur Kriegsreife geführt.[12] Über die Zahl der Menschen, die durch diese Kriegslist zu Opfern von Bolschewismus und Nationalsozialismus wurden, darf man nicht nachdenken. Das Ziel jener Übung war es ja, die aufstrebenden Mächte Europas in der Entwicklung zurückzuwerfen in die Barbarei. Im Januar 1943 stehen deutsche Wehrmachttruppen inzwischen in den Tiefen Russlands direkt vor und in der Stadt Stalingrad. Da schlachten sich Deutsche einerseits und Russen andererseits ohne Ende gegenseitig. Dank der in *Mein Kampf* dargelegten Strategie bringen auch nicht bloß Soldaten der Wehrmacht sowjetische Soldaten um, sondern SS-Einheiten morden weiter hinter der Front.

Folgerichtig setzen London und Washington ihre Kampfhandlungen in Nordafrika aus, so dass der Stratege Hitler die Möglichkeit bekommt, *27* deutsche Divisionen *mehr* in den Osten zu schicken. Der rote Herrscher an der Spitze des Sowjetreiches ist besorgt und beschwert sich in einem Telegramm an Roosevelt, weil die anglo-amerikanischen Operationen in Nordafrika Ende vergangenen Jahres zum Stillstand gekommen waren und offensichtlich längere Zeit auch nicht wieder aufgenommen werden sollen. Dazu möge der Präsident doch bitte etwas sagen.[13] Hitler ist ganz klar der Auffassung, er sei ein unglaublich geschickter Heerführer, aber darin zeigt sich erneut, dass es bei den überraschenden Erfolgen dieses Schwerkriminellen nicht unbedingt mit rechten Dingen zugeht. So war es doch letzten Endes schon seit den zwanziger Jahren gewesen. Anfang der dreißiger Jahre sind mindestens noch einmal 15 Millionen Dollar in die Machtübernahme des Buchautoren aus Österreich bewilligt worden und vor der Wahl im März 1933 gab es weitere 400.000 Reichsmark für den Wahlkampf Hitlers.[14] Bleibt nur zu hoffen, dass spätere Geldentwertungen nicht die Vorstellung davon schmälern, welche riesigen Beträge über den Tresen gingen. Während des Kriegs sehen die aktiven Agenten des britischen Geheimdienstes SIS Entscheidungen oder vielmehr Fehlentscheidungen höchster Stellen in London, die dazu führen, dass bald ein bitterer Witz über einen der Agenten kursiert, „der es nach enormen Schwierigkeiten endlich geschafft hatte, eine offensive Geheimoperation in die Wege zu leiten, und anschließend berichtete, wie herzerwärmend es gewesen sei, daran erinnert zu werden, dass *Hitler der wahre Feind* sei."[15] Auf der anderen Seite wäre es freilich auch nicht unproblematisch gewesen, einem gewöhnlichen Briten beizubringen, dass es von Anfang an nicht darum ging, diesen Krieg zu verhindern, und dass es jetzt nicht darum geht, ihn so schnell wie möglich zu beenden. In London weiß die Führung nur zu gut, warum man Akten über krumme Touren mit einer satten Sperrfrist belegt. Die Unterlagen darüber, wie Winston Churchill die Vereinigten Staaten nach der Versenkung der *Lusitania* in den Weltkrieg zuvor geholt hat, sind angeblich gleich ganz verschwunden.

Wenn dieses ganz große Schlachten nicht wenigstens ein paar Millionen der Kontinentaleuropäer hinwegrafft, hat sich jener Riesenaufwand seit zwei Jahrzehnten überhaupt nicht gelohnt. Keinem anderen Zweck hat vor drei Jahren die Gründung der Sabotageabteilung Special Operations Executive (SOE) gedient. Damals hatte Großbritanniens neuer Premierminister Winston Churchill die Parole ausgegeben, die Abteilung habe die Aufgabe, „Europa in Flammen zu setzen", als ob dafür Hitlers willige Vollstrecker Hilfe gebraucht hätten.[16] Bis jetzt geht die Rechnung gleichwohl auf: Es ist nicht Großbritannien, das mächtig ausblutet. Für Robert

Bruce Lockhart, der Londons Amt für Politische Kriegführung leitet, ist die SOE „ein Schwindel, eine verantwortungslose, korrupte Gesellschaft, die aufgelöst werden sollte." Diese Einschätzung durch einen Mann, der das Wirken der Verbrecherbande sieht, kann nicht verwundern, werden doch auch „viele unschuldige Zivilisten, darunter loyale Helfer der Alliierten" die Opfer.[17] Im Kern besteht das Problem darin, dass diese Leute den offiziellen Verlautbarungen aus London Glauben schenken und aus diesem Grund meinen, sie würden das Richtige tun, wenn sie ihr Wissen und ihren Mut den Briten zur Verfügung stellen. Leider weit gefehlt. Die vielfältige wirtschaftliche, technologische, finanzielle sowie militärische Hilfe für das seit Versailles kaputt gerittene Deutsche Reich soll an dem Punkt nicht noch einmal aufgewärmt werden. Das kann man ja alles im Detail nachlesen.[18] Jedenfalls war die *geheime Aufrüstung* des Reiches in erster Linie vor den Deutschen geheim gehalten worden, weil die seit dem Weltkrieg ihre Panikattacken bekamen, wenn das Wort *Krieg* lediglich in den Mund genommen wurde.[19] Ohne die absolut unverständliche Außenpolitik von London und Washington hätte es erst gar keinen Krieg gegeben und nach seinem Ausbruch hatten die Deutschen, wie führende deutsche Generäle wussten und auch sagten, nicht genug Militärtechnik, um einem gemeinsamen Schlag anderer Länder Europas auch bloß ein paar Monate standzuhalten. Das haben sogar überzeugte Nazis stets gesagt. Die Aufrüstung in Größenordnungen kam dann erst im Herbst '39 auf Hochtouren und erst Jahre später wurde auf Kriegswirtschaft umgestellt. Es liegt also mit Gewissheit nicht an den Feldherrnkünsten eines Adolf Hitler, dass die Wehrmacht inzwischen in halb Europa ihre Zelte aufschlagen kann. Ihm ist lediglich zuzuschreiben, dass er, wie von den Gönnern in *Great Britain* und in *America* erwartet, in die Falle getappt ist und seinen großen Krieg inszenierte, und das sagen genug Deutsche: In der Schule wird das Thema *Kriegsschuld* behandelt. Der kleine Fritz schreibt in seinem Aufsatz: „Den *uns aufgezwungenen* Krieg hätten wir nicht anfangen dürfen!"[20] Das geht 1943 im Reich von Mund zu Mund.

Mit dem Führer und Universalexperten aus Österreich, der sich wie wild über die Folgen der Unterstützung seines Reiches aus dem Westen freut, aber nicht versteht, was eigentlich gehauen und gestochen ist, schlagen sich, wie aus manchem Wort zu entnehmen, denkende Deutsche herum. Hans Speidel, der inzwischen Chef des Generalstabes des V. Armeekorps an der Ostfront geworden ist, trifft am 9. Januar den Oberbefehlshaber der Heeresgruppe B, Feldmarschall Freiherrn von Weichs, sowie dessen Chef des Generalstabes, General von Sodenstern. Seidel und der I a der Heeresgruppe August Winter werden von ihnen in ihre neuen Aufgaben an der Ostfront eingewiesen. Freiherr von Weichs ist nicht nur in großer Sorge um das unzureichende Verhältnis von militärischen Kräften und dem zu großen Raum an seinem Frontabschnitt. Ihm geht es wie vielen anderen und wahrscheinlich überhaupt den meisten hohen Soldaten der alten Schule um das Schicksal ihrer Nation. Was wäre sonst der Grund gewesen, warum sie überhaupt diesen Beruf gewählt haben? So bemüht sich auch der hochbegabte Freiherr von Weichs um denkbare befreiende Auswege, ohne einen Entschluss zu finden. Selbstverständlich unterhält man sich auch über jene an der Wolga tobende Schlacht. An der Hauptstadt der Sowjetunion Moskau hatte sich unsere Wehrmacht zwei Jahre zuvor ihre Zähne ausgebissen; Leningrad, die ehemalige Hauptstadt des Zarenreiches wird belagert, gibt aber nicht auf. Nunmehr soll zumindest jene Stadt fallen, die den Namen des Moskauer Staatslenkers trägt.[21] Es ist kaum überzeugend komisch, dass Reichspropagandaleiter Goebbels, der von der Kriegskunst und von Militärtechnik so viel Ahnung hat wie ein Fisch vom Fahrradfahren, Durchhalteparolen medial darbietet, nach denen der Endsieg zum Greifen nahe sei. Auf deutschen Straßen raunen sich die Leute im Angesicht einer Schlacht, bei der es nicht vorwärts und nicht zurück geht, zu, Dr. Joseph Goebbels, habe einen neuen Vornamen bekommen: Siegmund – er siegt mit dem Mund. In die gleiche Richtung zielt der folgende Schuss: Nachdem Goebbels den großspurigen Spruch abgesondert hatte, das Dritte Reich hätte den Sieg schon in der Tasche, kommt dieser Witz auf: „Wissen Sie schon das Neueste?“ – „Was denn?“ „Den Goebbels ham se verhaftet!“ – „Warum denn?“ – „Der hat den Sieg in der Tasche und gibt ihn nicht raus!“[22]

Der Krieg kommt immer näher

General Sodenstern kann auch niemand mit Luftnummern erheitern. Er lässt nicht den leisesten Zweifel an der verbrecherischen Führung durch Hitler und sagt das böse Ende jener Schlacht an der Wolga noch für den Januar voraus, zumal die ausreichende Luftversorgung, die Luftwaffenchef Hermann Göring leichtfertig garantiert hat, nicht möglich ist.[23] Die Generäle können selbstredend so viel denken, wie sie wollen. Zu melden haben sie effektiv wenig bis nichts. Privilegien hin oder her, auch für die hohen Militärs gilt das Wort: „Goebbels hat ein Wochenblatt gegründet. Es heißt: Das Maul – und jeder Deutsche hat es zu halten."[24] Dieser Witz ist natürlich auch nicht einfach ein Witz, wie man sich landläufig einen Blondinenwitz vorstellt. Oft handelt es sich bei derartigen Sprüchen um eine Formulierung, die zuerst die Gedanken in eine bestimmte Richtung lenkt, nur um dann abzubiegen und einen Lacher an einer unerwarteten Stelle hervorzurufen. So kommt es, dass man entweder zwei Lacher hat, oder das Lachen bleibt einem im Halse stecken. Werner Finck sagt dazu treffend: „An dem Punkt, wo der Spaß aufhört, beginnt der Humor." Mit Hitler und Konsorten hat für Deutschland und seine Probleme der Spaß aufgehört und auf dem Boden wächst „Humor". Das Wort vom Wochenblatt, das Dr. Goebbels gegründet haben soll, basiert beispielsweise auf den zwei Wendungen „das Maul halten" und „eine Zeitung halten" oder auch abonnieren. Dieses Klima der aufgestauten Emotionen, das so zum Aufhänger für einen stillen Lacher wird, kann man sich vielleicht besser vorstellen, wenn man einmal unter den Leuten Mäuschen spielt. Gehen wir dafür nach Düsseldorf in einen Luftschutzbunker. Da liegt auf einer Bank ein Mädchen von etwa fünf Jahren. Es muss sich wohl im Schlafe gedreht haben – jedenfalls fällt es von der Bank auf den Steinboden und jammert laut und lange. Das wird zum Anlass für eine regelrechte Welle der Empörung unter den Bunkerbesuchern. In einer Ecke sitzt ein Nazi, der befremdet erlebt, wie es aus seinen Mitbürgern herausbricht. Er hat den Eindruck, dass eine stille, längst vorhandene Wut sich plötzlich Luft macht. Zugleich mit dem Bedauern für das wimmernde Kind werden da Äußerungen laut wie: „So weit haben sie uns gebracht!" Eine Frau tickt absolut aus: „Es ist eine Schande, dass man sich das jetzt gefallen lassen muss. Sein Leben lang hat man gearbeitet, jetzt kann man die Kinder im Dreck großziehen.“ Eine andere Frau geht noch einen Schritt weiter und tobt los: „Das alles bloß, damit sich ein paar hohe Herren einen Namen machen können. Und das Volk muss darunter leiden.“ Der Nazi hockt da und weiß nicht so recht, was er machen soll, aber irgendwie sieht er sich schon in der Pflicht, besänftigend einzuwirken. Bei den Frauen, die ganz und gar ausgerastet sind, möchte er wohl das Fass nicht zum Überlaufen bringen, deshalb lässt er diese Welle der Empörung etwas abebben, wie er sich ausdrückt, und sagt dann zu einer Frau, die bisher ziemlich ruhig geblieben ist und auch „etwas besser“ aussieht: „Gewiss ist es furchtbar, was wir alle mitmachen müssen, aber wir müssen aushalten und dürfen die Nerven nicht verlieren. Im Großen und Ganzen ist das deutsche Volk ja auch ruhig und anständig und wahrt die Haltung.“ Daraufhin flüstert die Dame leise zu ihm: „Nun ja, es weiß ja auch jeder, was ihm geschähe, wenn er den Mund auftäte!“[25] Mag sein, dass man über die Zustände in den KZs nichts Genaueres weiß, doch den Leuten schwant in diesem Zusammenhang jedenfalls nichts Gutes, und so hält man schon seit Jahren *Das Maul*, es sei denn, man weiß, wie man etwas so geschickt ausdrückt, dass man es gerade noch durch die Zensur kriegt. Dies gelingt beispielsweise Werner Plücker, der diesen Text zur Musik von Martin Schönicke zum Lied machte: „So hoch liegt der Schnee und verbrannt wird er doch. So klein sind die Augen aber munter noch und noch. So dumm kommt uns keiner, keiner ist so schlau wie wir. Keiner hält so lang die Luft an, keiner weiß so gut wofür.“[26] Der Text ist eindeutig, da er sich auf Werner Finck bezieht, der vor Jahren auf die Bühne kam, den rechten Arm hob, als ob es der Hitler-Gruß werden sollte und in dieser Pose dann erklärte: „So hoch liegt der Schnee!“

Im Radio bekommt man die Phantasien vom Endsieg aufgedrückt, wenn man nach dem Ende der Musik nicht rechtzeitig abschaltet, und in den kalten Winternächten ziehen seit Januar 1943 nun auch Amerikaner mit Bombenflugzeugen über deutsche Städte. Das holt die Leute geschwind auf den Boden herunter. Wie erklärt es sich eigentlich, dass bislang eine

Anzahl von 45 Zielen in den Niederlanden, Belgien und Frankreich zum Opfer der Bomben wurden? Hätte es dort nicht gereicht, die Transportwege von den relevanten Objekten nach Deutschland zu bombardieren? Seit dem Beginn der Bombardierung von Deutschland haben die Leute übrigens einen handfesten Grund, warum sie unwillig, willig oder auch freiwillig einen der Radiosender des Reiches hören. Wo könnte man es sonst aus erster Hand erfahren, wann man seine sieben Sachen wieder packen muss und schnellstens in den Luftschutzkeller abtauchen? Dem SD ist nicht gleichgültig, dass Rundfunkgeräte „im Wesentlichen dazu eingeschaltet" werden, um Anhaltspunkte für zu erwartende Einflüge zu erhalten. Besonders die Sendungen des Abendprogrammes würden von großen Teilen der Bevölkerung ohne Aufmerksamkeit gehört. Man warte nur darauf, ob der Deutschlandsender abschaltet, um rechtzeitig seinen Koffer zu packen und Vorbereitungen für den möglichen Angriff auf das eigene Wohngebiet zu treffen.[27] Propaganda mit einem Nutzeffekt.

Dabei muss man wohl oder übel in Kauf nehmen, dass ein Goebbels zum hundertsten Male ankündigt, bald werde etwas gegen die Bomber getan. Es gibt genügend Gründe, warum Goebbels die Kosenamen förmlich auf sich zieht: Reichslügenmaul, Mahatma Propagandhi oder Reichsspruchbeutel, und weshalb ein Teil der Bevölkerung Goebbels' Medien als das *System Klumpfuß* bezeichnet, unter der Hand natürlich, man ist ja nicht mit dem Klammerbeutel gepudert. Ob Radio oder nicht, es ist ja überall das Gleiche in grün. Es heißt doch auch nicht umsonst: Was wird immer dünner und lügt? – Die Zeitung."[28] Den Spitzeln des SD entgeht es nicht, dass die Art und Weise, wie die Leute auf den deutschen Straßen untereinander über die Vorgänge an den einzelnen Fronten reden, erkennen lässt, dass die „Argumente der Feindsender im großen Umfange weitergetragen werden",[29] dass diesen Sendern somit zugehört wird. Im Volke sei man absolut überzeugt, „dass zur Zeit feindliche Rundfunksender in größerem Maße als je zuvor gehört werden". Das wird auch niemanden verwundern, wenn es heißt, dass die Auslandssender dem Nachrichtenhunger der Bevölkerung mehr entgegenkommen als die deutschen, weil sie weniger Propaganda und Polemiken als konkrete Meldungen brächten und dass sie vor allem wohl deshalb so viel abgehört würden, weil sie eben Namen deutscher Kriegsgefangener brächten. Unsere Kollegen der Zentrale vom Sicherheitsdienst halten das für verlogen: „Mit solchen Argumenten werde das Abhören feindlicher Rundfunksendungen geradezu entschuldigt; eine scharfe Ablehnung dieser strafbaren Handlung könne man nur noch selten feststellen."[30] Selbstverständlich ist es den braunen Ideologen nicht gelungen, die normale Bevölkerung binnen zehn Jahren im Sinne der Nazis „umzuprogrammieren". Die Leute sind weiterhin gut in der Lage auseinanderzuhalten, welche Meldung einfach eine Meldung ist und wo es sich bloß um Propaganda handelt, und wenn es ihnen auf den Nägeln brennt zu hören, ob ihr Sohn noch lebt, dann interessiert sie die große Politik, oder was sie überhaupt noch dürfen, auch nicht mehr.

Hitler muss weg II

Bekanntere wie unbekannte Helden zeigen, dass ein Bischof auf die Mitarbeit der Gemeindemitglieder in seinem Bistum durchaus angewiesen ist. So ein Bischof alleine kann die Welt nicht retten. In der Hortensienstraße in Berlin-Lichterfelde treffen sich beispielsweise im Januar 1943 Leute, die sich seit Jahren schon kennen und in vielen Gesprächen festgestellt haben, dass ihre Wertvorstellungen fast überraschend ähnliche sind. Man könnte geradezu von einem Kreisauer Kreis sprechen, da man sich manchmal auch auf dem Gut Helmuth von Moltkes in Schlesien zu treffen pflegt. Aber auch in Berlin kommen sie an verschiedenen Orten zusammen, wie im Hause des preußischen Juristen und Offiziers Peter Yorck von Wartenburg, der inzwischen Mitarbeiter in der Ostabteilung des Wehrwirtschaftsamts ist.[31] Ja, genau, das muss man kritisieren: Der hohe Herr hat nicht am 30. Januar 1933 den Staatsdienst quittiert. Das wäre gut für Geschichtsbücher, das wäre aber nicht gut für einen, der in der katastrophalen Lage im Januar 1943 etwas bewegen will. Hoffentlich geht die junge Generation behutsam mit den Biografien jener Leute um, die immer noch nicht in ein Lager eingeliefert wurden. Nur mit dem Mund wird diese Welt echt nicht besser. Unter den Leuten, die wirklich etwas machen können, sind zum Beispiel auch Carlo Mierendorff, Julius Leber*, Karl Ludwig von Guttenberg* oder Theo Haubach. Mierendorff war zu besseren Zeiten der Chefredakteur von Das Tribunal – Hessische radikale Blätter und danach vom Hessischen Volksfreund. Dies waren progressive Zeitungen zwischen den Weltkriegen. Haubach arbeitete als außenpolitischer Redakteur beim Hamburger Echo von 1924 bis 1929. Dann war er Berater der Neuen Blätter für den Sozialismus. Ein Julius Leber war seinerzeit Chefredakteur des Lübecker Volksboten und Chef der SPD in Lübeck. Wenige Wochen nach der Machtergreifung wurde er verhaftet und verbrachte die folgenden Jahre im KZ. Hoffentlich schadet es nicht seinem Ruf, dass er dann wieder entlassen wurde und sich sehr vorsichtig verhielt, um nicht mit dem nächsten Zug wieder einzufahren. Der Pater Delp zum Beispiel gehörte seinerzeit noch als Soziologe zu den Redaktionsmitgliedern der katholischen Zeitung Stimmen der Zeit, bis

das Blatt im Jahr 1941 schließlich verboten wurde. Danach hat ihn sein Provinzial gebeten, Kontakt mit Widerstandsgruppen in München aufzunehmen und auch mit dem Kreis um Moltke in Preußen. Karl Ludwig von Guttenberg* war einstmals Herausgeber der Weißen Blätter sowie im Kriege, wie Moltke, Bonhoeffer und Dohnanyi, bei der Abwehr tätig. Zu Helmuth von Moltkes Freundeskreis gehören auch Gleichaltrige aus der Studentenzeit in Breslau: Horst von Einsiedel und Carl Dietrich von Trotha, die 1928, alle waren damals erst um die zwanzig, zusammen das erste Arbeitslager für junge Arbeiter, Bauern und für Studenten im rückständigen Waldenburger Land in Schlesien begründet hatten, eine Einrichtung, die Hitler zu einer paramilitärischen Organisation denaturiert hat, wie es Marion Gräfin Dönhoff* ausdrückt. Peter Yorck, der konservativer als Moltke ist, unterhält engere Beziehungen zu den Militärs. Er kennt Ludwig Beck, Claus Stauffenberg, Fritz-Dietlof von der Schulenburg, Cäsar Hofacker. Zu dem Kreis gehören neben vielen anderen auch Eugen Gerstenmaier* und Theodor Steltzer*. Gebe Gott, dass möglichst viele von ihnen noch so lange wie möglich zur Verfügung stehen, um das *Ancien Régime* in Deutschland über den Haufen zu werfen.[32]

Wo bleibt der Rassismus in unserer Gesellschaft?

Ein Jahrzehnt lang ist der Rassismus schon Staatsdoktrin im Reich, aber was sind zehn Jahre gegen tausend Jahre, die die deutschen Stämme im Zentrum Europas leben zwischen Slawen und Franzosen, Skandinaviern und den Völkern südlich der Alpen? In zehn Jahren werden Eigenheiten eines Volkes nicht radikal umgekrempelt. Im Januar 1943 fällt vermehrt auf, dass Hausmädchen aus der Sowjetunion, die deutschen Haushalten zugewiesen wurden, von den deutschen Hausfrauen geradezu verwöhnt werden. So kann nur einmal „zum Beispiel beobachtet werden, dass Ostarbeiterinnen vielfach von deutschen Hausfrauen eingekleidet würden." Die Sache mit der Einkleidung geht „sogar teilweise schon so weit, dass Ostarbeiterinnen vielfach besser gekleidet" auftreten als es vielen Hausmädchen hierzulande möglich ist. Es ist überhaupt nicht verwunderlich, dass das natürlich Neid hervorruft. In Berlin wird registriert, dass es den deutschen Frauen am „Gefühl zur Wahrung des notwendigen Abstands" zu den *Fremdrassigen* mangele. Das wird illustriert anhand einer Frau, die gemeinsam mit ihrer Ostarbeiterin ein Lichtspielhaus aufgesucht hat und sie zuvor veranlasst hatte, für ihren netten Bummel durch die Stadt das „Ost"-Kennzeichen abzulegen. Der SD kriegt sich nicht ein: „Außerdem schlafen Kinder der Familie mit dem russischen Mädchen in einem Raum." Darüber hinaus heißt es in einem entsprechenden Bericht: „Das unmögliche Verhalten eines Teiles der deutschen Hausfrauen spiegelte sich in Briefen der Ostarbeiterinnen untereinander wider." In einem der Briefe, die eigens übersetzt wurden, heißt es: „Die junge Frau nimmt mir das Ostabzeichen ab und sagt, es wäre nicht nötig. Morgen kommt Polja zu mir zu Besuch, so dass meine Wirtin schon heute einen Kuchen vorbereitet hat und Pudding kochte, alles für morgen."[33] Es bedarf an dieser Stelle vielleicht nicht unbedingt der gesonderten Erwähnung, dass diese deutschen Hausfrauen andere Verhaltensweisen zeigen, als sie von den Nazis gewünscht werden. Ebenso unstrittig ist, dass sich andere Frauen so aufführen, als seien sie überzeugt davon, etwas Besseres zu sein.

Die Welt ist im Krieg und das ist auch gut so

In und rund um Stalingrad tobt in einem ungewöhnlich harten Winter eine Schlacht der Superlative. Pessimisten im Volk rechnen nach diesen Monaten nun schon gar nicht mehr mit einem raschen Ende des Kriegs, wenn man sich so umhört: Ein Unteroffizier soll aktiv werden und wird angesprochen: „Wollen Sie sich auf zwölf Jahre oder bis zum Kriegsende verpflichten?" Nach kurzem Nachdenken entgegnet der Gefragte: „Ooch, dann lieber nur auf zwölf Jahre!"[34] Andere sehen wesentlich schwärzer als der soeben zitierte Pessimist: Man stelle sich vor, wir würden schon das Jahr 1974 schreiben, dieser Krieg wäre immer noch nicht vorbei und Goebbels würde weiter von der *Vergeltung* für den Bombenkrieg faseln. Der Führer ist inzwischen fünfundachtzig Jahre alt geworden und liegt auf dem Sterbebett. Er ruft Göring und flüstert: „Hermann, vergiss mir die Vergeltung nicht!"[35] Was den Krieg nun noch verkürzen kann, ist ein Verhandlungsvorschlag der Kriegsgegner, der allerdings unwahrscheinlich scheint, wo jedweder Vorschlag von *oppositioneller deutscher Seite* in Bausch und Bogen verworfen worden war. Gerade eben hat das Auswärtige Amt in Berlin Adam von Trott zu Solz in geheimer Mission entsandt, um in der Schweiz Kontakte zum Gesandten des amerikanischen Geheimdienstes OSS zu knüpfen. Ob die klandestinen Kontakte des AA diesmal mehr Erfolg haben als frühere Anläufe, hängt natürlich wieder davon ab, welche Ziele die Person verfolgt, mit der der mutige Mann aus Deutschland sprechen wird. Man stelle sich bloß für einen Moment vor, dass es sich dabei um einen durchschnittlichen Amerikaner handelt, der echt um ein schnelles Ende der Kampfhandlungen auf dem alten Kontinent bemüht ist. So ist dem selbstredend nicht. Präsident Roosevelt hat diesen neuralgischen Posten mit Allen Welsh Dulles besetzt. Der Anwalt stammt aus der Kanzlei Sullivan & Cromwell, die an der Wall Street sitzt und sich – Überraschung! – mit Fragen der Zusammenarbeit zwischen amerikanischen und deutschen Firmen beschäftigt. Allen Dulles' Bruder John Foster Dulles, der ihn überhaupt erst in diese Kanzlei geholt hatte, ist seinerseits ein Berater von Leo T. Crowley, dem Leiter des Büros des Sachwalters für ausländisches Eigentum in den Vereinigten Staaten von

Amerika. Das ist die Institution, die eingeschaltet wird, wenn Firmen zu eng mit den Achsenmächten kooperieren und damit den Interessen der Vereinigten Staaten schaden. Wenn viele der Geschäftskontakte weiter ganz großartig funktionieren, weiß man, wie diese Einrichtung gelenkt wird. Präsident Roosevelt hat mithin einen Eingeweihten in das einzige freie Nachbarland des Deutschen Reiches entsandt. Damit ist klar, dass Adam von Trott zu Solz auch bei Allen Dulles auf Granit beißt.[36]

Das ist schon alles super geregelt und da schließen sich auch die Kreise. Dreimal dürfen Sie raten, wie der Anwalt heißt, der sich in *America* für die Interessen der Bank für Internationalen Zahlungsausgleich einsetzt, wenn sie offiziellem amerikanischem Recht widersprechen: Es ist John Foster Dulles. Und wie es der Zufall eben so will, stammt nun von genau diesem Dulles auch der berüchtigte Kriegsschuldartikel (Artikel 231) im Versailler Vertrag, der die Schuld am Ausbruch des Weltkriegs 1914 den Deutschen gab, dieser hier: „Die alliierten und assoziierten Regierungen erklären, und Deutschland erkennt an, dass Deutschland und seine Verbündeten als Urheber für alle Verluste und Schäden verantwortlich sind, die die alliierten und assoziierten Regierungen und ihre Staatsangehörigen infolge des ihnen durch den Angriff Deutschlands und seiner Verbündeten aufgezwungenen Krieges erlitten haben." Richtig, der stammt nämlich aus Amerika. Dies und genau dies ist vom verlogenen Rückzug Wilsons von der Versailler Konferenz zu halten, und der Dulles-Clan hat ergo genauso viel mit den beiden Gemetzeln auf dem Kontinent zu tun, wie Churchill auf der anderen Seite des Atlantiks. Lasst mal schön den zweiten Weltkrieg auch noch zu Ende gehen und dann zahlen sich diese Fritzen nicht nur doof, sondern dumm und dusselig.

Sullivan & Cromwell ist übrigens auch der Rechtsvertreter der Schröder Bank, die zu den bedeutendsten deutschen Finanziers der Nazis gehört. Anhänger von Verschwörungstheorien würden jetzt sagen, man brauche bloß abzuwarten, ob John Foster Dulles nicht später der Außenminister der USA wird und sein Bruder Allen Dulles der CIA-Chef. Damit wären die Interessen der verschworenen Unternehmer noch lange gesichert.[37]

Väterchen Frost ist das alles nicht ganz klar

Der Herr Diktator und Namenspatron vom hart umkämpften Stalingrad persönlich bedankt sich am 13. Januar bei Präsident Roosevelt in einem Telegramm herzlichst „für die Entscheidung, 200 Transportflugzeuge in die Sowjetunion zu schicken." Was aber ihre Entsendung in den Fernen Osten angeht, so habe er zuvor schon geäußert, die Flugzeuge würden an der sowjetisch-deutschen Front benötigt und nicht irgendwo im Fernen Osten, also sechstausend Kilometer von der Front entfernt. Dort stünde sein Land nicht im Krieg. Seine Verwunderung drückt Stalin auch über das Ansinnen der Amerikaner aus, die sowjetischen Militäranlagen im Fernen Osten und anderswo in seinem Land zu inspizieren. Er wünscht überdies Aufklärung darüber, welchem Ziel der vorgesehene Besuch von General Marshall in der Sowjetunion dienen solle; dessen Mission wäre ihm „nicht ganz klar". Erst dann könne über eine Besuchserlaubnis entsprechend entschieden werden. Den erwähnten Wunsch nach einer Erklärung, warum die Kampfhandlungen in Tunesien offenbar für längere Zeit nicht weitergeführt werden, platziert er am Ende, gewiss, damit die Beantwortung gerade dieser Frage nicht dem Vergessen anheimfällt.[38]

Churchill und Roosevelt treffen sich in Casablanca

In diesen Tagen erfährt die Führung in Berlin aus Spanien, dass in den nächsten Wochen wiedermal eine Zusammenkunft von Premierminister Churchill und Amerikas Präsident Roosevelt stattfinden soll. Kann diese Konferenz Leid und Vernichtung in Europa beenden helfen? Als jedoch der Sprachendienst vom Auswärtigen Amt diesen Text auf Spanisch zur Übersetzung erhält, gibt es eine peinliche Panne. Von jener Stadt in der marokkanischen Wüste, wo die Konferenz durchgeführt werden soll, hat der Übersetzer im Leben noch nichts gehört; ein Film dieses Titels hatte auch erst Ende '42 Premiere *in New York*, von daher übersetzt er wohlgemut den Eigennamen *Casa blanca* wörtlich mit *Weißes Haus*. Bei der folgenden Pressekonferenz in Berlin erklärt der Sprecher des Amtes im Brustton der Überzeugung, dass Berlin genau wüsste, dass sich Winston Churchill und Franklin Delano Roosevelt bald im Weißen Hause treffen würden. Zur Überraschung aller findet die Zusammenkunft Roosevelts mit Churchill eben im nordwestafrikanischen Casablanca statt.[39]

Churchill war am 12. Januar geheim aufgebrochen und am Nachmittag des 14. trifft Roosevelt ein. Während die Menschen in den besetzten Gebieten der Sowjetunion um Leben und Tod mit den Deutschen kämpfen, nehmen sich die beiden entspannten Demokraten im Sonnenschein von Casablanca zwischen den Wellen des Atlantik und den Anhöhen hinter der Stadt so zwei Wochen Zeit für gediegene Gespräche. Aber gut Ding will Weile haben, wie die Deutschen sagen. Mit einer Tasse Tee lud man auch den Heerführer aus Moskau zu einem Urlaub von den Sorgen des Alltags ein, doch Stalin lehnte dankend ab. Seit mehreren Monaten tobt jene Schlacht an der Wolga und er leitet ihre militärischen Operationen. Schon am 6. Dezember 1942 informierte er Präsident Roosevelt darüber, dass es ein Dreiertreffen nicht geben werde: „Ich begrüße die Idee eines Treffens von uns drei Regierungschefs, um eine gemeinsame Strategie aufzubauen. Zu meinem großen Bedauern werde ich jedoch nicht in der Lage sein, die Sowjetunion zu verlassen. Dies ist ein derart wesentlicher Moment, dass ich nicht einen einzigen Tag abwesend sein darf." Es war völlig unstrittig, dass es im Dezember nicht ging, und er sah voraus, dass es dann im Januar mit Sicherheit für die sowjetischen Truppen gar noch enger werden könnte.[40]

Die Beratungen in Casablanca enden mit einem Paukenschlag. Die zwei führenden Politiker geben am 24. Januar eine Pressekonferenz, bei der Washingtons Präsident nicht etwa auf Signale eingeht, die anzeigen, wie brüchig die „nationalsozialistische Volksgemeinschaft" ganz speziell im guten alten Berlin ist, sondern verkündet, dass die Alliierten bis zu einer „bedingungslosen Kapitulation" der Achsenmächte kämpfen werden. Es spielt für ihn keine Rolle, dass ihm für eine so radikale Forderung Rückhalt in Amerika fehlt. Doch keiner wird später glauben, dass noch nicht einmal Außenminister Cordell Hull wusste, was Präsident Roosevelt da sagen wollte. Überblickt der Bulle im Porzellanladen, wie es auf Englisch heißt, die möglichen Folgen? Hull und viele seiner Kollegen lehnen diese Forderung nach bedingungsloser Kapitulation aus zwei Gründen ab. Sie kann dazu führen, dass der Krieg noch weiter verlängert wird, indem der Abwehrkampf der Achsenmächte zu einem verbissenen Ringen gemacht werden kann, und die Annahme dieses Grundsatzes bedeutet logischerweise, dass die Sieger dann die zentrale und örtliche Regierungsgewalt in jeder Phase in den eroberten Ländern übernehmen müssten. Die USA und ihre Alliierten sind „aber in keiner Weise auf eine solche Riesenaufgabe vorbereitet".[41]

In Casablanca üben amerikanische Generäle nicht zu ersten Male Druck auf die Briten aus, endlich aktiv in den Krieg gegen Hitler einzugreifen. Die Amerikaner treten für den Angriff über den Kanal hinweg im größtmöglichen Umfang und so früh wie möglich ein. Doch der Stabschef des *British Empires* Sir Alan Brooks widersetzt sich allen diesen Plänen für einen derartigen Angriff generell, während andere, wie zum Beispiel der Premier Churchill, solch einen Angriff auf unbestimmte Zeit verschieben wollen. Das bestätigt den Eindruck, dass frühere Minilandungen nichts als *fakes* zur Beruhigung für die Menschen auf dem Kontinent gewesen sind und ganz bestimmt nicht die Invasion auf dem Kontinent mit Hilfe der Freunde aus Amerika vorbereitet haben. Stattdessen erhält die Rote Armee von den Briten lieber Geschütze für zehn Milliarden Dollar. Jeder mag sich seine Meinung dazu selbst bilden, welcher Idee das folgt.[42]

Die interessierten Unternehmer und Banker in den Vereinigten Staaten *of America* hatten Franklin Delano Roosevelt 1933 doch nicht zum Spaß in sein Amt gehievt. Monate mehr Krieg bedeuten sichere Arbeitsplätze in den Firmen der Rüstungsindustrie und reiche Gewinne für sie selbst. Allein die Chefs der Ölindustrie können in diesem Jahr mit Dividenden in Höhe von utopischen 240 Milliarden Dollar rechnen und im nächsten Jahr, also 1944, können sie sich auf unglaubliche 300 Milliarden freuen. Die britische Masche, bei der sich die aufstrebenden Mächte in Europa wieder die Hörner aneinander abstoßen sollen, kommt da gerade recht. Käme es jetzt zum Frieden, fielen die zugesagten Milliarden ins Wasser. Wenn man das weiß, spielt es dann selbstverständlich keine Rolle mehr, dass Capitän Harry C. Butcher meint: „Schließlich hat noch keine Übergabe bedingungslos stattgefunden." Auf jeden Fall nicht bei einem Staat. Butcher will es verstehen: „Man kann sich des Gefühls nicht erwehren, dass der Präsident und der britische Premier, und zwar der Erstere vermutlich mehr als der Letztere, in Casablanca General Grants berühmte Formel aufgegriffen haben, ohne der vollen Bedeutung gewahr zu sein, die sie für den Feind haben muss . . . Unsere psychologischen Experten glauben, es würde klüger sein, eine Stimmung der Geneigtheit zur Übergabe in der deutschen Armee zu schaffen." Unter solchen Umständen ist es ebenfalls gleichgültig, dass die Ratgeber von General Eisenhower den Text des verbrecherischen Wahnsinns ablehnen.[43]

Doch ist nicht auch Londons Deutschlandpolitik merkwürdig und sollte dann nicht geklärt werden, ob Roosevelt diese vermutlich folgenschwere Formel mit Churchill abgestimmt hat? Oder ob sie ursprünglich gar aus Churchills Denkfabriken stammt? Wer könnte darüber besser aussagen, als Winston Churchill selbst? Der Premierminister schickt voraus, dass sich das Gedächtnis „in einigen Punkten als unzuverlässig erwiesen hat". Doch nicht bloß daran hapert es. Es fehlt ihm in dieser heiklen Sache ja auch an Stringenz. Schauen wir also seine Darstellung an, die die ganze Angelegenheit seiner Meinung nach klarstellt. Er zitiert aus dem Bericht Roosevelts an dessen Berater Harry Hopkins, in dem sich der Präsident so äußert, als hätten die vorausgegangenen Auseinandersetzungen rund um zwei rivalisierende Franzosen – Henri-Honoré Giraud und Charles de Gaulle – gewissermaßen zufällig zu dieser Formel geführt: „Es bereitete uns solche Mühe, diese beiden französischen Generäle unter einen Hut zu bringen, dass ich im Stillen dachte, es sei ein ebenso schwieriger Fall wie das Zustandebringen der Begegnung zwischen Grant und Lee – dann fand plötzlich die Pressekonferenz statt, auf die uns vorzubereiten Winston und ich keine Zeit gehabt hatten, und plötzlich schoss mir der Gedanke durch den Kopf, dass man Grant *Old Unconditional Surrender* genannt hat, und das nächste, was mir bewusst wurde, war, dass ich's ausgesprochen hatte." Nach dieser Version ist die fragliche Formel eine Eingebung des Augenblicks während der eigentlichen Pressekonferenz. Churchill liefert auch eine zweite Argumentation, die zeigt, dass er nicht allein verantwortlich zeichnet für diese Wendung. Einem Protokoll der Nachmittagssitzung des Londoner Kriegskabinetts, das am 20. 01. ohne ihn tagen musste, entnimmt er, dass sich seine Minister schon bei dieser Gelegenheit mit dem *von ihm selbst* gemachten Vorschlag beschäftigten, diesen „Krieg bis zur »bedingungslosen Kapitulation« Deutschlands und Japans unbarmherzig weiterzuführen". Erklärend habe er der Nachfrage hinzugefügt: „Dem Präsidenten hat der Vorschlag gefallen; er würde unseren Freunden in aller Welt Mut einflößen." Wenn das stimmt, hat sich der Präsident die Formel also nicht spontan ausgedacht, was ja ohnehin nicht sehr wahrscheinlich ist. Nun beruft sich Churchill auch hier wieder auf ein Stück Papier, aber so ein Protokoll kann man auch nachfertigen lassen. Minister Ernest Bevin behauptet, dass Winston Churchill vor der Verkündung der gemeinsamen Position Amerikas und Großbritanniens das Kriegskabinett in London *nicht* befragt habe. Und der Premier verstrickt sich in neue Widersprüche. Er will der gleichen Ministerrunde in London auch das Abschlusskommuniqué mit der Bitte um Billigung gesandt haben, „in dem die Formel »bedingungslose Kapitulation« fehlt". Diesem Text sollen seine Minister genauso zugestimmt haben – ohne zu fragen, warum sie zuvor um ihren Segen zu der Formel gebeten worden waren. Zum Kronzeugen der Überraschung darüber, dass Roosevelt die Formel doch verwendete, macht er General Hastings Lionel Ismay. Bloß um „keine leiseste Abweichung" zwischen Roosevelt und ihm selbst nach draußen dringen zu lassen, habe er sich der Rede des Präsidenten dann inhaltlich *angeschlossen*. Lesen Sie ruhig noch einmal nach, dass dieser Vorschlag von ihm selbst gemacht worden ist und dass er Mr. Roosevelt *gefallen* hat. Für den Nobelpreis in Logik wird Churchill eher nicht nominiert werden. Er führt dazu weiter aus: „Ich glaube nicht, dass ich mit dem Präsidenten über die Einbeziehung Italiens in die »bedingungslose Kapitulation« gesprochen habe, weil mir der Gedanke wider den Strich ging." Wenn ihn das so enorm umgetrieben hat, hätte er es doch gerade ansprechen müssen? Was ist das für ein gewaltiger Gedankenwirrwarr? Es schlägt dem Fass den Boden aus, wie der Londoner Premierminister begründet, warum das Reich Benito Mussolinis nicht in die Formel einbezogen werden solle, abgesehen davon, dass ihm die Idee doch derartig gegen den Strich ging: „Mit der Auslassung Italiens wird die Absicht verfolgt, dort einen Umschwung zu begünstigen." Im Reich Adolf Hitlers ist das also nicht das Ziel der Übung. Gut, dass dies geklärt ist.[44] Insgesamt entsteht der Eindruck, dass keiner dieser beiden Ganoven in den Geruch kommen möchte, als habe er die Formulierung mit böser Absicht in die Welt gesetzt – eben zur Verlängerung des großen Schlachtens in Europa.

Im Endeffekt ist unwichtig, was sich hinter den Kulissen der Weltpolitik ereignet hatte. Hier zählt das Ergebnis. Voller Bestürzung übersetzt der Chefdolmetscher des Auswärtigen Amtes Dr. Paul Schmidt kurz darauf die Erklärung der beiden Politiker. Ihm wird auf der Stelle klar, dass die Erklärung von Casablanca die Stellung Hitlers innerhalb des deutschen Volkes und gegenüber seinen Bundesgenossen „außerordentlich stärkt". Er ahnt, wie sehr der Widerstand gegen seine Politik dadurch bei seinen Bundesgenossen wie zum Beispiel Italien geschwächt wird. Ihm ist klar, dass die innerdeutsche *Opposition* gegen Hitler durch diese Forderung, Deutschland müsse bedingungslos kapitulieren, einen ihrer schwersten Schläge bisher erhalten hat. Das zerstört die Hoffnung auf ein schnelles

Ende des Krieges. Damit wird es für die *Oppositionellen* in Deutschland noch viel schwerer, zögernde Generäle auf ihre Seite zu bekommen. Die Chance ist vertan, den Kampfgeist der Truppe mit einem Verhandlungsangebot zu untergraben. Der wird womöglich vom Mut der Verzweiflung noch befeuert.[45]

Hundert Gramm Brot pro Tag

Was sich nunmehr bereits seit einem halben Jahr an der Wolga abspielt, ist eine grausige Tragödie. Hunderttausende Soldaten unterschiedlicher Nationalitäten stehen sich schwerbewaffnet gegenüber, verwunden sich gegenseitig, stapfen weiter durch tiefen Schnee oder bleiben, ohne dass ein Hahn danach krähen würde, ermordet im Schnee liegen. Wer diese Kälte und den Hunger nicht erlebt hat, dem bleibt das wohl abstrakt. Es sind letzten Endes doch nicht mehr als Worte und Bilder, die selbst vom grausamsten Geschehen berichten können. 100 g Brot gibt es pro Mann und Tag, wie aus manchem Feldpostbrief hervorgeht. Nur wer in einem Konzentrationslager haust, weiß auch, was das heißt. Was bedeutet das, Angst haben vor der Verschüttung in einem zerbombten Gebäude? Was fühlt ein Mann, der sieht, wie eine Waffe einen Kameraden zerfetzt, mit dem er womöglich einen guten Freund verliert? Wie fühlt es sich an, ein Ohr, drei Finger oder ein Bein zu verlieren, weil sie in der erbärmlichen Kälte abgefroren sind? Unter den Soldaten, von denen sich viele furchtbare Schäden zugezogen haben, geht das Wort um, wer in Russland war, bekomme den Gefrierfleischorden.[46] Galgenhumor.

Helmuth Groscurth hat eine Stellung inne, die ihm mehr Möglichkeiten bietet, als sie ein einfacher Landser hat, und er ist gewillt, sie zu nutzen, um die Männer zu retten, die ansonsten die Tage zählen, die ihnen noch auf der Welt bleiben. Groscurth, der schon am versuchten Staatsstreich von 1938 und dem zu Beginn des Krieges beteiligt war, erwirkt für einen der Offiziere einen „Ausflugsbefehl", damit er bei Ludwig Beck sowie bei Friedrich Olbricht ausrichte, nur ein sofortiges Losschlagen gegen Hitler könne vielleicht das Unheil in der „Schicksalsstadt" noch wenden. Aber Generalfeldmarschall Erich von Manstein lehnt ab, und ein Besuch des von Groscurth entsandten Offiziers bei Gerd von Rundstedt verläuft so deprimierend, dass er seine Hoffnung aufgibt. Hauptmann Kaiser bringt das Problem auf den Punkt: „Der Eine will handeln, wenn er Befehl erhält, der Andere befehlen, wenn gehandelt ist."[47] Niemand will die Kritik vom Dolchstoß auf sich ziehen wie seinerzeit 1919. Am 25. Januar bricht noch die von Luftwaffenchef Hermann Göring zugesicherte Versorgung mit Nachschub aus der Luft zusammen. Aber wozu Technik und Essen? Man kann es ja auch einmal ohne probieren. Doch genau darauf läuft es hinaus, wenn der Führer in Berlin aus sicherer Entfernung am zehnten Jahrestag seiner Machtübernahme den Oberbefehlshaber der 6. Armee Friedrich Paulus zum Generalfeldmarschall ernennt und ihn moralisch erpressen will, um keinen Preis zu kapitulieren. Doch selbst ein Generalfeldmarschall ist hilflos, wenn er mit einem Gewehr ohne Munition drei funktionstüchtigen Panzern gegenübersteht.[48] Der Diplomat Erich Kordt sieht bei Adolf Hitler den Widerspruch zwischen Wirklichkeit und Wahn und der Diplomat Hasso von Etzdorf bringt bei einer einschlägigen Gelegenheit die wirklichkeitsfremde Weltsicht Adolf Hitlers nach dem Titel von Arthur Schopenhauers *„Die Welt als Wille und Vorstellung"* auf den Nenner: *Die Welt als Wille ohne Vorstellung*. Wenn aber am Ende eines Tunnels kein Licht ist, hilft nur noch der Humor. So macht sich ein Teil der Leute über solche Attitüden des Gröfaz, des Größten Feldherrn aller Zeiten, wie er schon gar lange genannt wird, lustig.[49] Ein Witz geht um, in dem ein neues Wort ausgespielt wird gegen ein älteres: Ein SA-Mann geht in ein Lokal, um darin sein Bier zu trinken. Als er herauskommt, ist sein Fahrrad verschwunden. An dem Laternenpfahl, an den er sein Rad gelehnt hatte, hängt ein Zettel, auf dem geschrieben steht: „Räder rollen für den Sieg!" Und darunter steht: „SA marschiert!"[50] Das ist dann eine den aktuellen Gegebenheiten angepasste Umschreibung für – Diebstahl. Wenn die Staats- und Parteiführung in Berlin aber schon auf Mittel wie die Verleihung von Titeln zurückgreift, um die Untertanen zu motivieren für die Erringung des endgültigen Endsieges, dann darf keine Panne wie jene im Oberschlesischen Beobachter passieren, in dem eine Karikatur unter dem Titel „Russlands neue schwere Waffen" abgedruckt wird, die die Verleihung von Orden arg verhöhnt. Der Sicherheitsdienst berichtet, die Zeichnung sei besonders negativ besprochen worden, da unmittelbar unter dem Bild der neue Wehrmachtbericht stand, in dem von schweren Kämpfen an der Ostfront die Rede war.[51]

Erfolgversprechender als die Verleihung blumiger Titel ist es, dass Ende Januar nach tagelanger publizistischer Vorarbeit eine Verordnung über die Arbeitsmeldepflicht in den Zeitungen veröffentlicht wird. Sie erklärt die Notwendigkeit umfassender, totaler Kriegsführung. Dies beinhaltet, dass jeder, der in der Lage ist, sich zu bewegen, dieses auch zu tun habe. Wenigstens ein Teil der Leute ist darüber ganz erleichtert, im Sinne von: Wie kann es denn sein, dass es immer noch feine Damen gibt, die ihren lieben langen Tag über nichts zu tun brauchen? Ist die Lage nicht ernst genug, dass jeder einen Beitrag leistet, der das könnte? Die Kommentare zu der Verordnung in den Zeitungen werden auf jeden Fall ohne größere Erörterungen von den Leuten hingenommen, da die Notwendigkeit der stärkeren Heranziehung von Arbeitskräften „nach allen vorausgegangenen Veröffentlichungen kaum noch einer Begründung" bedurfte. Häufig kommt zum Ausdruck, dass der Text der Verordnung und ihre einzelnen Bestimmungen doch noch recht „zahm" und „entgegenkommend" seien. Wenn in Stalingrad der General neben dem Grenadier stehe, dann sei es vollkommen klar, dass es in der Heimat keinen Unterschied im Maß des Einsatzes geben dürfe.[52]

Paul und Erika Conradi

Unvorstellbar viele Männer warten auf den Tag, an dem die Rote Armee die eingekesselte 6. Armee endlich ausräuchert. Es sind unendlich viele, aber nicht alle stehen im Schneesturm und starren geradezu gelähmt vor Angst wie ein Kaninchen auf die Schlange. Paul Conradi hat zu Hause in Stadtilm in Thüringen eine Frau und zwei Kinder, die er durchaus noch einmal wiedersehen will. Der mutige Mann spricht sich mit drei anderen seinesgleichen ab, sie setzen sich in einen Geländewagen und es gelingt ernstlich, vorbei an vielen Kontrollposten zurückzufahren bis in das zerbombte Hamburg, wo man sich in dem organisatorischen Chaos für *die restlichen 990 Jahre* bei fremden Leuten versteckt halten kann. Deshalb erleben es dann nicht mehr mit, wie die 6. Armee Anfang Februar in die Gefangenschaft wankt.[53]

Die Helden dieser abenteuerlichen Flucht sind nicht nur die Kameraden um Paul Conradi, der Führer und Vaterland dankend aus dem Fahrzeug wirft, sondern auch jene Deutschen, die den vier Männern in Hamburg Zuflucht gewähren. Auch sie riskieren mit der Begünstigung der Straftat von Deserteuren und Vaterlandsverrätern Kopf und Kragen. Zu denen, die in ihrem Hohheitsbereich Frauen, Männer und Kinder beherbergen, die aus rassistischen Gründen von den Nazis gesucht werden, kommen somit weitere Deutsche, die politisch Verfolgte bei sich aufnehmen. Das wäre ja auch unrealistisch, wenn Max und Emma Leube in Reichmannsdorf und Paul und Erika Conradi in Stadtilm *die* vier Deutschen wären, die einzigen vier Deutschen, denen die ganze Hitlerei und der Kampf um Lebensraum bis zum Ural einfach idiotisch scheinen und zuwider sind.[54]

Die Deutschen sind ja selbst ein unterdrücktes Volk, wie Adam von Trott konstatiert. So nimmt es nicht wunder, dass die deutsche *Opposition* gegen Hitler zahlenmäßig verbreiteter ist, als man vermutet. Sie ist ja auch sehr viel ausgedehnter, als unter den Bedingungen des Terrors erwartet werden kann. Sie entwickelt sich durch verschiedene Stufen der Nicht-Gleichschaltung und Nicht-Übereinstimmung hindurch, von der Feindseligkeit gleich am Anfang dieser Diktatur, die hinter Gefängnismauern und Stacheldraht erstickt wurde, und dem Schweigen einer potenziellen

Opposition, vom humanitären Protest und der geheimen Hilfe, die den Opfern der Verfolgung gewährt wird, bis hin zur Gegenpropaganda der Illegalen, zur Untergrundtätigkeit, zum geistig-religiösen Angriff auf die Grundgedanken des totalitären Regimes und bis hin zu aktivem Planen und politischem Widerstand.[55] Wer nach Gründen sucht, warum so viele Leute zu den Zuständen in Adolf Hitlers Reich schweigen und nicht protestieren, findet ausgerechnet in der Untergrundtätigkeit die Erklärung. Wenn man beispielsweise jemanden nicht gefährden will, den man mit viel Mühe versteckt hat, dann darf man die Staatsmacht nicht mutwillig auf sich aufmerksam machen. Von denen, die auffällig geworden waren, sind schon zu viele weggesperrt. Schade, dass diejenigen, die meinen, sie würden allein gegen den Rest einer dusseligen Masse im Reich kämpfen, nicht wissen können, dass der Anteil von Nazigegnern unter den Unternehmern und in den freien Berufen bei 44 bis 50 Prozent liegt. Der Anteil an Mitläufern liegt da zwischen 36 und 39 Prozent. Für die gelernte und ungelernte Arbeiterschaft sind die entsprechenden Zahlen etwa 67 Prozent Gegner und etwa 28 Prozent Mitläufer.[56] Es zeichnet Diktaturen aus, dass die restlichen Prozente, die die 100 Prozent dann voll machen, den totalitären Staat regieren und das Volk bevormunden.

Glück im Unglück hatten Verwundete, die kurz vor Toresschluss aus der Gegend vor der Wolga weggebracht wurden. Augenzeugenberichte von dort vermitteln den Angehörigen eine Vorstellung: „Es ist so furchtbar, was ich bis zu meinem Rücktransport aus Stalingrad mitgemacht habe, dass ich kaum in der Lage bin, es richtig zu schildern. Ich wage mich fast nicht daran, denn die Eindrücke sind für mich noch zu schrecklich. Ich kämpfte bei der Fabrik »Rote Brigade«. Ich lag dort von Anfang an im ärgsten Schlamassel. Wir erlebten schreckliche Szenen, wie sie sich der Nichtbeteiligte kaum vorstellen kann. Das war kein Krieg mehr, das war die reinste Vernichtung.“ Aber man weiß, dass ein Deserteur erschossen wird, wenn man ihn erwischt. „Als ich verwundet mit dem Flugzeug abtransportiert wurde, sah ich Kameraden nahezu wahnsinnig werden und wie die Stiere brüllen: »Nehmt uns doch auch mit, wir krepieren ja!«“[57]

Neben solchen erschütternden Schilderungen aus der Ferne dienen auch Feldpostbriefe als glaubwürdigere Informationsquellen. Sie werden auf jeden Fall als deutlich zuverlässiger eingeschätzt als die allüberall abgedruckten optimistischen Zeitungsartikel.[58]

Beobachtungen in Deutschland I

Zehn Jahre haben die Nazis schon die Oberherrschaft über Deutschland und diktieren der Gesellschaft ihre Werte. Zehn Jahre dauert der Kampf gegen das, was diese Nazis unter Marxismus verstehen, von Sozialdemokratie bis hin zum Kommunismus. Zehn Jahre kämpfen sie gegen christliche Werte und andere konservative Wertvorstellungen. Aber man wirft Überzeugungen, die über die Jahre in einem Menschen gewachsen sind, nicht einfach so aus der Bahn. Erwachsene Leute halten vielleicht ihren Mund, wenn etwas nicht gerne gehört wird, und viel mehr wird niemand erhofft haben. Erfolg haben die Nazis, wie kaum anders zu erwarten, im großen Stil bei der Jugend. Es ist wohl das erste Mal in der Geschichte, dass konservative Werte ausgehebelt werden, indem man Jugendlichen weismacht, das Gedöns von der christlichen Nächstenliebe usw. sei doch Schnee von gestern und sie seien die Vorhut einer anbrechenden *Neuen Zeit*, sie seien die Avantgarde eines *Neuen Menschen*. Nichts hören die Kinder in der Pubertät lieber, als dass sie besser seien als die Eltern und Großeltern. Eine ganze Generation ist inzwischen so aufgewachsen. Hat der Sicherheitsdienst schon vor Jahren festgestellt, dass junge Leute im öffentlichen Leben immer unverschämter auftreten und sich gar nichts mehr sagen lassen, so richtet sich dieses pubertierende Aufbegehren der Jugendlichen nunmehr unangenehmerweise ebenfalls bereits gegen die Propagandisten eines Neuen Menschen selbst.

Es kommt häufig zu Beschwerden, die besagen, dass ein Teil der Jugend zwischen 14 und 18 Jahren in der Öffentlichkeit, in den Verkehrsmitteln, in den Geschäften etc. pp. „ein Benehmen an den Tag lege, das man sich nicht mehr bieten lassen könne." Beim SD erscheint es angebracht, dass man „gerade diesen Jugendlichen mit handgreiflichen Mitteln“ begegne, weil sie die Verantwortlichen dafür seien, „wenn durch ihr Verhalten die Gesamtjugend in Misskredit komme“. Aus einer „beliebig zu vermehrenden Reihe von Beispielen ergibt sich das rücksichtslose Verhalten in den öffentlichen Verkehrsmitteln“. Das betreffe nicht bloß alte und gebrechliche Personen, sondern auch Verwundete und Kriegsversehrte. An dem Ende tut es aber weh, denn es untergräbt die Moral an der Heimatfront. Werden diese gehirngewaschenen jungen Leute aufgefordert, den Platz für jemanden freizumachen, der während der Fahrt wirklich eher sitzen sollte, bekommt man Antworten wie: „Das geht uns einen Schmarrn an, wir haben auch bezahlt und Anrecht auf einen Sitzplatz“, oder „Ich muss auch den ganzen Tag arbeiten, da habe ich ein Recht zu sitzen.“ Eine alte Frau bekommt beispielsweise die rüde Antwort: „Für Friedhofsgemüse mache ich keinen Platz.“ Ein Junge soll einem Verwundeten, dem man ein Bein amputiert hat, einen Platz freimachen, woraufhin der Junge zu dem anderen Fahrgast sagt: „Ich kann doch auch nichts dafür, dass dem sein Bein abgenommen wurde.“ Müttern mit Kind auf dem Arm werden „nur in den seltensten Fällen Plätze angeboten“. In einen Zug, der voller Schüler ist, steigt eine hochschwangere Frau ein. Im Gang stehen bereits ältere Leute. „Nicht einer dieser Halbwüchsigen“, vermerkt der SD, steht für die älteren Leute oder für die schwangere Frau auf. Als ein Herr eine Schülerin anspricht, sie möchte bitte die schwangere Frau setzen lassen, erhält er eiskalt zur Antwort: „Da sollen zuerst die Herren aufstehen, im Übrigen war ich zuerst da.“ Die Jungs bleiben grinsend sitzen, als letztlich ein grauhaariger Mann aufsteht und der Schwangeren seinen Platz anbietet.[59] Das ist dann der Effekt, wenn man der Generation der Eltern über die Medien und die Schule das Ansehen unter den Füßen wegzieht. Lehrlinge und Schüler belegen vor allem das weibliche Zugpersonal mit beleidigenden Schimpfnamen und Rüpeleien. Eine von ihnen merkt hier an: „Wir selbst freuen uns fast mehr auf die jeweiligen Ferien als diese Burschen selbst, weil wir dann diese Flegel los sind.“ Das wird nun auch noch ausgerechnet in der Hauptstadt der Bewegung München geäußert. Es gehen immer wieder Meldungen ein, aus denen hervorgeht, dass die Verkehrsmittel stark von Ausländern besetzt seien, und dass dann diese

Verhaltensweise von Jugendlichen nicht gerade eine Empfehlung für die Haltung der Jugend in Deutschland sei.[60] Haben die Angestellten beim Sicherheitsdienst eine Vorstellung davon, wie sich diese Klientel bei den Einsätzen im Ausland aufführt, wo immerhin noch viel mehr *Ausländer* mitbekommen, was für eine arrogante Brut sie sich hier herangezüchtet haben in den letzten zehn Jahren? Ein Lichtspieltheater in Helmstedt ist derartig besetzt, dass nur noch zwei Sitzplätze frei sind. Ein anwesender Offizier fordert zwei Verwundete auf, doch Platz zu nehmen. Nach einer gewissen Zeit erscheinen zwei Jugendliche und verlangen von den Verwundeten in brüskem Ton, diese Plätze zu räumen. Die Verwundeten erheben sich bereits, als das Publikum rundum zu ihren Gunsten eingreift und verhindert, dass sie im Gang stehen müssen.[61] Ein Wachmann hält einen Jungen an, weil er ohne Licht fährt. Daraufhin beginnt der Junge laut zu schreien, man solle ihn in Ruhe lassen. Der Wachmann solle an die Front gehen, dort könne er die Leute schikanieren. Er wird mit Hilfe eines Wehrmachtsangehörigen in das Revier gebracht, „wo er sein ungestümes Verhalten“ fortsetzt. Drei mit dem goldenen Mutterkreuz ausgezeichnete Frauen begegnen auf einer Straße Jugendlichen. Die Jungen bleiben vor den Frauen stehen und einer ruft laut aus: „Guckt Euch die mal an, das sind gute Häsinnen gewesen.“[62] Solche Beschwerden gehen auch aus Reichsbehörden, politischen Stellen und Gerichten ein. Junge Leute halten nicht die selbstverständlichsten Anstandsregeln ein. Es ist an der Tagesordnung, dass sie mit dem Hut auf dem Kopfe Amtsräume betreten, die Hände in den Hosentaschen behalten und ihnen bekanntgegebene Vorschriften überhaupt nicht beachten. Nach einem besonders rüpelhaften Benehmen eines Jungen wird ein Amtswalter stinkig und er gibt ihm eine Ohrfeige. Seine Erwiderung lautet: „Was erlauben Sie sich eigentlich? Die Jugend des Führers schlägt man nicht!“ Klagen jener Art kommen genauso von politischen Leitern, SA- und SS-Führern. Auch sie haben bei Veranstaltungen „ihre liebe Not mit Jugendlichen“ und sie bekommen häufig Antworten wie: „Sie sind für uns ja gar nicht zuständig!“ oder: „Sie haben uns nichts zu sagen!“[63] Sollen sich die kleinen Führer jetzt bei den Eltern beschweren? Wer hatte den Kindern denn seinerzeit eingetrichtert, sie stünden über allem in der Welt?

Vereint gegen Hitler oder wie?

Spannungen erleben auch die Beziehungen zwischen den Alliierten. So schreibt Stalin am 16. Februar an Präsident Roosevelt, er habe die Entlastung seiner Truppen gewiss für August oder September angekündigt; dies sei aber definitiv zu spät. Die Situation, wie sie sich momentan darstelle, erfordere, die Hilfe aus dem Westen schneller zu bekommen. Das Ganze müsse im Frühsommer passieren, damit die Deutschen gar keine Chance hätten, sich wieder aufzurappeln. Sonst bleiben ja wieder einige Monate Zeit, in denen sie rüsten können. Zusätzlich äußert Stalin großes Unverständnis darüber, dass die anglo-amerikanischen Militäraktionen in Nordafrika seit Dezember ausgesetzt worden seien, so dass Hitler die Chance ausnutzen konnte, *27 Divisionen* von da abzuziehen und an die Ostfront zu werfen. Es bleibt den Spekulationen überlassen, wie herzlich Roosevelt über die Zeilen gelacht hat. Genau das war die Absicht hinter der Aktion des Scharlatans. Er wartet ja förmlich darauf, wann Stalin ein weiteres Mal um eine Entlastungsfront in Westeuropa bettelt.[64] Wie bei den Briten beißen sich Ziele der Militärs und wichtiger Politiker. Es wird so schnell keine zweite Front geben und basta. Noch ein paar Millionen Russen und genauso viele Deutsche müssen mindestens erst noch weg – die Männer draußen an den Fronten und Frauen hier im Bombenhagel. Was soll Churchill in Casablanca sonst mit „unbarmherzig weiterführen" gemeint haben? „Bis zum Sieg weiterführen", hätte neutraler geklungen und auch nach einem absehbaren Ende des viehischen Gemetzels.

Selbst durch den doppelten Filter der diplomatisch verbrämten Sprache und der Übersetzung in die Muttersprache Roosevelts ist zu fühlen, dass der Heerführer aus Moskau ungehalten ist. Aber der rote Zar Russlands fiele ohnmächtig vom Thron, wenn er wüsste, dass die Finanzelite New Yorks über Mittler in der Schweiz und in Nordafrika hinter den Kulissen des Weltkrieges mit dem Naziregime kollaboriert. Wir sprechen hier bei den Namhafteren über American Express, Chase, J. P. Morgan, National City, Guaranty und den Bankers Trust. Unbeschadet der Tatsache, dass Deutschland, oder sagen wir besser Hitler, den Vereinigten Staaten vor über einem Jahr den Krieg erklärt hat, gehen die Geschäfte weiter ihren normalen Gang. Unterstützt wird Hitlers Militärmaschine daneben auch über französische Tochtergesellschaften amerikanischer Firmen, die das Nazi-Besatzungsrecht in Frankreich preußisch-korrekt einhalten und im Traum nicht daran denken, ihre Produktion einzustellen.[65]

Es ist eine ausgemachte Ungeheuerlichkeit, dass die schönen Direktoren von Standard Oil of New Jersey weiter ihre *connections* in Hitlers Reich pflegen und dass sie über deutsche Zulieferfirmen Geld transferieren an Heinrich Himmlers persönlichen Fonds. Mit derartigen milden Spenden unterstützt auch die Firma International Telephone and Telegraph (ITT) die SS des Heinrich Himmler.[66] Das ist allerdings auch noch nicht alles. Auch der Großkonzern General Electric gehört zu den Förderern Hitlers. Weitere große US-amerikanische multinationale Firmen sind sehr stark im Kreis Himmlers repräsentiert und leisten generöse Bargeld-Spenden an das Sonderkonto S für *unsere* SS.[67] An der Stelle bleibt wirklich bloß abzuwarten, ob sich eine der hier namentlich aufgeführten Verbrecherfirmen getraut, einen Naseweis wegen böser Verleumdung zu verklagen, weil er von Machenschaften berichtet, die man nicht bestätigen möchte. Iosseb Bessarionis dse Dschughaschwili alias Stalin bliebe tot am Boden liegen, wenn ihm das Ausmaß des Jahrhundertskandals bekannt wäre.

Beobachtungen in Deutschland II

Die erwartete Wirkung von Roosevelts Forderung nach der bedingungslosen Kapitulation bleibt momentan auf die beschränkt, die einen Draht in höchste Kreise im Reich haben. In den Debatten der Leute scheint sie ja keine Rolle zu spielen; in den Nachrichten und in den Kommentaren der Medien ist die Forderung offenbar nicht erwähnt worden. So bleibt es in der Öffentlichkeit bei der Kritik, dass das Treffen der Alliierten von Casablanca in seiner Bedeutung heruntergeredet wird. Widerspruch gibt es besonders auch nach dieser Konferenz an der polemischen Art seiner Kommentierung. Die glossenhafte Berichterstattung darüber ist „durchweg abgelehnt worden". Beim SD wird konstatiert, dass es immer wieder geäußert wird, man brauche den Gegner sicher nicht ernster zu nehmen als er ist, aber in den Veröffentlichungen, die bei uns über die Verhandlungen in Casablanca gebracht wurden, sei der Gegner überhaupt nicht ernst genommen worden.[68] Die Bevölkerung sei durchweg der Meinung, dass dieses Treffen nicht so ergebnislos gewesen sein kann, wie es in den Kommentaren behauptet wurde. Üble Kritiken erhalten Überschriften in der gewollt lässigen Machart „Film von Casablanca". Durchschlagende Wirkung zeigt auch der klare Erfolg der Sowjets bei Stalingrad. Es stößt auf größtes Unverständnis, dass es nicht möglich gewesen sein soll, die 6. Armee zurückzuziehen, als es absehbar wurde, dass die Sowjets Oberhand gewinnen. Wer die Nachrichten aufmerksam verfolgt, hat bemerkt, dass an der Wolga unendlich viele Soldaten geopfert wurden, weil man entweder nicht rechtzeitig durch Luftaufklärung gesehen hat, dass sich die Rote Armee von allen Seiten der 6. Armee der Wehrmacht näherte, oder weil aus Prinzip keine Bereitschaft bestand, diese Armee rechtzeitig zurückzuziehen. Allenthalben liegen die Schätzungen zwischen 60.000 und 300.000 Soldaten, die starben oder in Gefangenschaft gerieten.[69] Was bleibt außer Spekulationen, wenn man offiziell nichts erfährt?

Mag sein, dass sich die Herren über die Propaganda besonders klug vorkommen, wenn sie die Bevölkerung bei den konkreten Einzelheiten am ausgestreckten Arm verhungern lassen, aber so oder so kommen sie den

Leuten eben doch zu Ohren, am ehesten noch durch Gerüchte, die dem Abhören von Sendern anderer Staaten entspringen. So ist zu hören, dass der verwundete Generalfeldmarschall Paulus und 23 andere Generäle in russische Kriegsgefangenschaft geraten seien.[70] Meldungen über heftige Abwehrkämpfe gegen Durchbruchs- und Umfassungsversuche und eine Übermacht der Sowjets halten die Bevölkerung auch weiterhin in großer Sorge um die kommende Entwicklung.[71]

Verbreitet sind Gerüchte, wonach Rostow und Charkow bereits geräumt sind und die Kaukasusarmee unter Zurücklassung der schweren Waffen und Materialien angeblich den Rückzug über die Straße von Kertsch angetreten habe. Man muss kein Militärexperte sein, um zu verstehen, was das über kurz oder lang für Deutschland bedeutet. Ebenso werden Vermutungen über die Einkesselungen starker deutscher Truppenverbände an verschiedenen Frontabschnitten geäußert. Derartige Gerüchte sowie Kombinationen werden auch durch Feldpostbriefe genährt, deren Inhalt über den Kreis der Familienangehörigen der Briefeschreiber bis in weite Kreise der Bevölkerung dringt.[72]

Bei den Leuten steht allgemein der Eindruck im Raum, dass *die* Aktion einen Wendepunkt des Krieges bedeutet. Beim Sicherheitsdienst wird es registriert, dass labilere Volksgenossen, wie man sie nennt, im Scheitern vor Stalingrad den Anfang vom Ende sehen. Mit Unruhe wird vermerkt, dass „manche Volksgenossen, die verantwortliche Stellungen bekleiden, auf Grund deren sie über die Lage auf einem bestimmten Sektor tiefere Einblicke haben, ... ziemlich ungehemmt über die Schwierigkeiten“, von denen sie wissen, auch sprechen. Mit den „bedenkenvollen Äußerungen zur Lage“ trügen sie ihrerseits mit dazu bei, „andere Volksgenossen mit ihrem Pessimismus anzustecken“. Aus verschiedenen Reichsteilen heißt es, dass „Volksgenossen, die in diesen Tagen aus beruflichen Gründen in Berlin waren, in den dortigen Behörden und Dienststellen teilweise eine ausgesprochen kopfhängerische Stimmung festgestellt hätten.“[73] An der Stelle lohnt es sich einen Moment lang über die Sprachregelung von den Volksgenossen nachzudenken. Hier werden eindeutig Mitbürger mit der offiziell gewünschten Bezeichnung belegt, von denen man bei aller Liebe nicht sagen kann, dass sie das eigenständige Denken nie gelernt hätten. Gerade hier wird überdeutlich, dass die Ideologen in ihrer eigenen Welt leben und einfach nur die Begriffshoheit für sich gepachtet haben. Ohne Belege für die konkreten Einstellungen der Bürger sagt der Begriff also erst einmal wenig oder besser gesagt überhaupt nichts über den Zustand der nationalsozialistischen Volksgemeinschaft aus, wobei auch dies eine Begrifflichkeit ist, die dem Wunschdenken der flachen Hirne entsprang.

Auf die Bedeutung, welche Angehörige höherer Dienststellen als häufige Quelle der Beunruhigung weiter Bevölkerungskreise haben, weisen die Meldungen immer wieder hin. Die Äußerung selbst eines „kleinen Zahlmeisters aus einem militärischen Stabe" oder eines untergeordneten Beamten aus einer Reichsstelle würde als authentisch angesehen nach dem Motto, der müsse es doch wissen, und als *Insider*wissen weitergegeben. Eine Meldung weist darauf hin, dass auch die Telefonistinnen in solchen Stellen an der Gerüchteverbreitung beteiligt seien, weil sie Kolleginnen über weite Strecken „das Neueste" mitteilen würden. Die Informationen, die durch Angehörige von höheren Dienststellen in die Bevölkerung gelangen, berühren alle Sektoren der Kriegsführung.[74]

So fatal schon die Verbreitung von vertraulichen Informationen über die Telefonistinnen ist, so ärgerlich ist es für die Partei- und Staatsführung, wenn hohe Beamte auf Bahnfahrten quer durch unser Reich nicht ihren Schnabel halten können. Es geht ja auch nicht in jedem Falle glimpflich ab und der Schwätzer kann wie im folgenden Fall schließlich festgestellt und dingfest gemacht werden. Ein Beamter bei einer Reichsstelle äußert zu einem seiner Mitreisenden „nach längerer, offenster Aussprache" zur Kriegslage: „Ich kann Ihnen die hundertprozentige Versicherung geben, diesen Krieg brauchen wir nicht mehr zu verlieren, den haben wir schon verloren!" Eine Volksgenossin, die eifrig lauschte, meint: „Wenn ich ein Mann wäre, würde ich Ihnen jetzt eine Ohrfeige geben!" Der Berliner ist sich seiner Stellung wohl zu sicher und wird daraufhin grob. Politik sei keine Weibersache, sie verstehe nichts davon, er sitze an höherer Stelle in Berlin und wisse das besser. Es sei undenkbar, „dass wir uns aus dem Kuddelmuddel, in dem wir uns befinden, herauswursteln könnten." Nun wird auch noch der andere Reisende komisch und erklärt unserer Volksgenossin, sie solle sich einmal nicht so aufregen, er verkehre ebenfalls in maßgeblichen Kreisen in denen man ähnlicher Auffassung sei. An dem Gespräch in einem Bahnabteil lässt sich exemplarisch zeigen, wie unsere Elite in weiten Teilen das deutsche Volk erlebt, zumal sich viele Kritiker schwer hüten werden, frank und frei zu reden.[75] Es ist zu erwarten, dass sie nach der längst absehbaren endgültigen militärischen Niederlage mit einem gerüttelt Maß an Stehkragenarroganz in die Phase der Belehrung des Volkes eintreten wird. Es ist andererseits Tatsache, dass auf Zweifel am Endsieg hohe Strafen stehen. Sonst würden die Leute wagen, sich in Gegenwart eines hohen Herren ohne Hemmung einen Witz zu erzählen wie diesen: Im Jenseits unterhalten sich Alexander der Große, Hannibal und Napoléon über Krieg. Alexander der Große sagt: „Hätte ich Panzerarmeen gehabt, so wäre ich in vierzehn Tagen in Indien gewesen!" Hier erwidert Hannibal: „Mir wären Transportflugzeuge nützlicher gewesen. Da hätte sich Rom bestimmt nicht halten können." Napoléon lacht laut los: „Ach was, mir hätte Goebbels genügt. Da wüsste die Welt bis heute noch nicht, dass ich den Krieg in Russland verloren habe!"[76] Haben die kleinen Leute im Volk, die sich das erzählen, weniger verstanden als die hohen Herren? Doch wie könnten jene von deren Gedanken erfahren?

Es fällt den Kollegen beim Sicherheitsdienst schwer, sich aus den eingehenden Meldungen ein einheitliches Bild von der Stimmung im Reich zu machen. Fest steht nur, dass sie „äußerst bedrückt" ist, und das hat wohl handfeste Gründe. In der Bevölkerung herrscht das Gefühl vor, dass das Kampfgeschehen weitgehend durch übermächtigen Druck der Sowjets bestimmt werde. Die Befürchtungen richten sich vor allem auf Charkow und den Kaukasus, wo man weitere vernichtende Niederlagen erwartet. In einem Teile der Gesellschaft ist nach diesem katastrophalen Debakel etwas wie ein Schulterschluss zu verzeichnen. Da mag man zu Hitler in Berlin stehen, wie man will, ein Sieg Stalins über die Wehrmacht würde das Reich vom Regen unter die Traufe befördern. Wohl oder übel muss eine Niederlage der deutschen Truppen jetzt verhindert werden. Dabei sitzt man, wie die Dinge nun einmal liegen, mit Hitler in einem Boot, ob man will oder nicht. Wird die Wehrmacht geschlagen, ist es das Ende.[77]

Der Rest ergibt sich von selbst, wenn Briten und Amerikaner von Italien aus das ehemalige Österreich einnehmen und dann alles bis hoch an die See besetzen. Doch nun beginnt eine Entwicklung, die im Gegensatz zur erstgenannten steht und durchaus überraschend ist. So sehr sich damals die Großeltern über die Vereinigung des Deutschen Kaiserreichs im Jahr 1871 noch gefreut haben mögen, so klar ist, dass sich Bismarcks Nation im Jahre des Herrn 1943 in den Köpfen der einzelnen Stämme, die zum Reich gehören, wieder auflöst. Aus dem Westen und Süden des Reiches wird gemeldet, dass dort Teile der Bevölkerung aller Schichten und ganz besonders katholische und vorwiegend materiell eingestellte Personengruppen damit argumentieren, dass die Gebiete dort ohnehin einst „zur anglo-amerikanischen Sphäre" gehören würden. Sie hätten daher nicht so viel zu befürchten, wie die Bevölkerung in Ost- und Norddeutschland, die den Sowjets ausgeliefert sein würde.[78] An dieser Stelle lohnt sich die Analyse der verwendeten grammatischen Form. In den Aufzeichnungen der Kollegen des Sicherheitsdienstes heißt es, *zur* anglo-amerikanischen Sphäre gehören, nicht *zu einer* anglo-amerikanischen Sphäre. Wie lange wird *eine Teilung* Deutschlands also bereits für möglich gehalten, wenn sie schon jetzt für so gewiss gehalten wird wie das Amen in der Kirche? Aus der Arbeiterschaft ist zu hören, den Arbeitern würde es im Bolschewismus „nicht wesentlich schlechter gehen als jetzt". Ältere Arbeiter aus dem früheren roten Lager äußern nach den Mitschriften des SD, dass sie unter dem Kaiser, in der Systemzeit und im Dritten Reich schon schwer arbeiten mussten bzw. müssen und vom Bolschewismus hätten sie wohl nichts anderes, aber sicherlich auch nichts Schlimmeres zu erwarten als viel Arbeit und wenig Lohn. Hier macht man sich somit ebenfalls schon längst mit dem Gedanken vertraut, was vielleicht kommt, wenn die Rote Armee eines Tages an die Tür klopft.[79] Dabei handelt es sich um die altbekannten praktischen Erwägungen, die es von Mexico bis Japan überall in der Welt gibt. Woran würde man unter Umständen den Einschlag an rassisch-nationalistischer Arroganz erkennen können, den sich Nazis der bekannten Prägung wünschen? Warum sind es wiederum eigentlich ausgerechnet die Briten, die darauf so herumhacken? Hätten sie denn zu Hause auf der Insel von den Lords bis zu den Bergleuten nicht genügend Rassismus zu bekämpfen?

Beim SD wird festgehalten, dass die „kämpferischen Naturen Stalingrad als Verpflichtung zum letzten Einsatz aller Kräfte an der Front sowie in der Heimat empfinden". Gleichwohl, und das ist interessant, konstatiert *Horch-und-Guck*, dass auch die nationalsozialistischen Volksgenossen in ernster Besorgnis um die Zukunft sind und deshalb der Kritik an den inneren Verhältnissen gegenüber aufgeschlossen! Sie „überschritten dabei selbst die bisher bedingungslos respektierten Grenzen". Subsumiert wird als Ursache jener Katastrophe an der Wolga eine „verhängnisvolle Täuschung" über die Stärke der Roten Armee angesehen. Die Genossen in der NSDAP bemängelten, dass es geradezu als Dogma herausgestellt worden sei, dass auf deutscher Seite Irrtümer und Fehler unmöglich, dafür „aber auf der Feindseite aber auch alles, Führung und Organisation, Menschen und Material, geradezu minderwertig sei." Dieser Fehler bei der Betrachtung der Sowjetunion sei schon in der Vorkriegszeit gemacht worden. Durch Stalingrad seien „dem ganzen Volk mit einem Schlag die Augen geöffnet worden". Öfters werde sogar die derzeitige Situation mit der von 1918 verglichen. Auch im ersten Weltkrieg hätten wir am Anfang gesiegt und dann seien die großen Rückschläge gekommen. Damals wie heute hätte Amerika im Hintergrund gestanden. Die USA hätten ja 1918 „noch gar nicht richtig angefangen", als das Deutsche Reich „schon ausgepumpt" gewesen sei.[80] Wenn die Stimmung selbst in der NSDAP jetzt schon Reformen in Reichweite rückt, dann ist doch noch nicht einmal in der allein seligmachenden Partei Hopfen und Malz verloren. Was nützen jedoch die schönsten Gedankenspiele in untergeordneten Machtzirkeln, wenn die Staats- und Parteiführung beratungsresistent ist? Ihre kleinen Mitglieder kann die Staats- und Parteiführung über das Schlagwort der Parteidisziplin nur noch krasser reglementieren als andere Sterbliche.

Traute Lafrenz

Die einzigen beiden Widerständler im Dritten Reich

Beunruhigend wirken im Deutschen Reiche auch die neuerdings wieder auftretenden Gerüchte von drohender Inflation, einer Abstempelung des Papiergeldes, von Vermögensabgaben und ähnlichen Maßnahmen. Ganz neu ist ein verschiedentlich gemeldetes Gerücht von der bevorstehenden Einführung einer Europa-Währung, durch die die Reichsmark erheblich abgewertet würde. Auch soziale Fragen bleiben auf der Tagesordnung. Eine misstrauische Voreingenommenheit, mit der Arbeiter teilweise auf die Einstellung der „oberen Zehntausend" und der „besseren Damen" zu der herrschenden Arbeitspflicht für jeden sehen, deutet nach Auffassung der Kollegen beim SD darauf hin, dass „klassenkämpferische Gedankengänge, wie sie der z. Zt. wieder stärker in Erscheinung tretende Gegner durch Flugblatt-, Schmier- und vor allem Mundpropaganda verbreite", wieder aufgegriffen würden.[81] Doch die Wühltätigkeit ist auch nicht nur auf das rote Arbeitsvolk beschränkt. So bemüht sich zum Beispiel neben anderen auch eine Gruppe von Deutschen verschiedenster Altersstufen, die Leute in München, wo sie an der Universität studieren, zum Kampf gegen das herrschende Regime und gegen den Krieg aufzustacheln. Vor allem stechen die zwei Geschwister Hans und Sophie Scholl heraus, die 24 und 21 Jahre jung sind, sowie deren Kommilitonen Christoph Probst, Willi Graf und Alexander Schmorell. Direkt beteiligt an den Aktivitäten ist auch der Universitätsprofessor Kurt Huber. Treibender Impuls ihrer Versuche, die Leute wachzurütteln, ist ihr christlicher Glaube. Hans war es wohl, der sich für ihre Gruppe den Namen *Weiße Rose* ausdachte, als sie im Sommer 1942 begannen. Mit der Zeit beteiligen sich andere Leute an ihrer Aufklärungsarbeit, unter ihnen Traute Lafrenz, Susanne Hirzel, Marie-Luise Jahn, Lilo Ramdohr, Hans Hirzel, Heinz Brenner, Franz J. Müller, Hans Conrad Leipelt, Eugen Grimminger, ein Falk Harnack und Jürgen Wittenstein. Auch Harald Dohrn klinkt sich ein, der Schwiegervater von Christoph Probst. Hier beteiligen sich der Architekt Manfred Eickemeyer, in dessen Atelier sich die *Weiße Rose* trifft, der Kunstmaler Wilhelm Geyer, der Eickemeyers Atelier mietet und der Hans Scholl den Schlüssel zu den Räumen überlässt, der Buchhändler Josef Söhngen, der seinen Keller als Versteck für die Flugblätter zur Verfügung stellt, sowie ein größeres Umfeld von Unterstützern, wie Heinrich Bollinger, Rudolf Alt, Helmut Bauer, Lilo Dreyfeldt, Werner Bergengrün, Josef Furtmeier, Hubert Furtwängler, Fritz Leist, Günter Ammon, Fred Thieler und viele andere mehr. Mehrere Mitglieder stammen aus der Bündischen Jugend, wie zum Beispiel aus dem Grauen Orden oder aus der „dj.1.11.", die Abkürzung für Deutsche Jungenschaft vom 1. November 1929. In Aufrufen und Wandparolen fordern die jungen Leute zum Kampf gegen Hitler auf und knüpfen ihre Verbindungen zu gleichgesinnten Studenten in Berlin, Stuttgart, Hamburg und Wien. In der Nacht vom 15. auf den 16. Februar verteilen Mitglieder der Gruppe 800 bis 1200 Flugblätter in München. Den Text, der sich gegen den Krieg richtet, verfasste Kurt Huber. Jenem Professor geht es darum, sich an das Volk in der Breite zu wenden.[82]

Die Masse der Leute zu erreichen ist nach dem schlimmen Desaster an der Wolga allerdings auch nicht mehr so aufreibend und schwer, wie es vor ein oder zwei Jahren noch war. Inzwischen grapschen die Leute fast schon nach jedem Fetzen einer Information, der nicht mit dem Namen Goebbels unterzeichnet ist. Gerüchte werden weitergereicht, denn es ist schon oft genug bestätigt worden, was zuvor eben nur ein Gerücht war. Radiosender anderer Länder werden abgehört, ob illegal oder nicht, und es wird festgestellt, dass man „nicht mehr so prompt für die Entfernung von hetzerischen Schriften usw. Sorge trage oder Flugblätter nicht mehr sofort abgebe, sondern lese und zum Teil weitergebe."[83] Das können die drakonischen Strafen, die für jegliche nonkonforme Äußerung ausgelobt wurden, nach der Niederlage in Stalingrad auch nicht mehr verhindern. Der Luftangriff Mitte Februar trägt noch sein Teil dazu bei, die Leute im schönen München weichzuklopfen. Da scheppert es nämlich gehörig im Städtchen und als Folge der bisherigen Luftangriffe sind die Vorräte an Glas aufgebraucht. Der Sicherheitsdienst in der Reichshauptstadt kann nur notieren, dass „alle Bemühungen, sie zu ersetzen, bisher ohne Erfolg geblieben" sind. „Von den zuständigen Stellen wird deutlich auf die Gefahren hingewiesen, wenn ein neuer Luftangriff erfolge." Neue Unbill ist zu erwarten, denn auch die Vorräte an Dachziegeln sind erschöpft.[84]

Alexander Schmorell

Im neuen Flugblatt wird ausgeführt: „Kommilitonen! Kommilitoninnen! Erschüttert steht unser Volk vor dem Untergang der Männer von Stalingrad. Dreihundertdreißigtausend deutsche Männer hat die geniale Strategie des Weltkriegsgefreiten sinn- und verantwortungslos in Tod und Verderben gehetzt. Führer, wir danken dir! Es gärt im deutschen Volk: Wollen wir weiter einem Dilettanten das Schicksal unserer Armeen anvertrauen? Wollen wir den niederen Machtinstinkten einer Parteiclique den Rest der deutschen Jugend opfern? Nimmermehr! Der Tag der Abrechnung ist gekommen, der Abrechnung der deutschen Jugend mit der verabscheuungswürdigsten Tyrannis, die unser Volk je erduldet hat. Im Namen der deutschen Jugend fordern wir vom Staat Adolf Hitlers die persönliche Freiheit, das kostbarste Gut des Deutschen zurück, um das er uns in der erbärmlichsten Weise betrogen. In einem Staat rücksichtsloser Knebelung jeder freien Meinungsäußerung sind wir aufgewachsen. HJ, SA, SS haben uns in den fruchtbarsten Bildungsjahren unseres Lebens zu uniformieren, zu revolutionieren, zu narkotisieren versucht." In dem Text wird auch der Rahmen benannt, in dem sie der Gehirnwäsche unterzogen werden: Sie nennt sich *Weltanschauliche Schulung*. Dies sei die Methode, die dazu diene, „das aufkeimende Selbstdenken in einem Nebel leerer Phrasen zu ersticken."[85] Wenn man den Text liest, erstaunt es nicht mehr, dass in den folgenden Wochen das Gerücht durch Bayern geistert, in München seien Studentendemonstrationen ausgebrochen.[86] Dass dies glaubhaft ist und nicht als Unfug abgetan wird, ist ein weiteres Zeichen dafür, dass die Stimmung im Volk äußerst angespannt ist.

Otl Aicher

Tappen im Dunkeln

Draußen an der Front sind gerade höhere Soldaten von der inhaltsfreien Rede der militärischen Führung in Berlin noch weniger zu begeistern als Radiokrieger, die versuchen, sich mithilfe der Heeresberichte ein Bild zu machen vom Verlauf der Front. Das ist auch gar nicht so einfach, wenn kaum einmal eine Landkarte gezeigt wird und verschwommene Formulierungen für die Kämpfe draußen im Feld die Fakten eher verschleiern. Dort fallen Begriffe wie „Verkürzungen der Hauptkampflinie", was von der Hörerschaft aufgefasst werde als „schwacher Trost" beziehungsweise bloß „optimistische Umschreibungen der derzeitigen Rückschläge" der Wehrmacht. Es gibt den Leuten sehr wohl zu denken, wenn gesagt wird, „dass planmäßig Bewegungen kämpfend durchgeführt" würden. Es wird kritisiert, dass damit im Grunde nicht gesagt wird, ob es vorwärts oder rückwärts ginge, und der Eindruck, dass es offensichtlich eher rückwärts geht, beruhigt eben nicht wirklich. Oder was sind denn bitteschön „planmäßige Räumungen" oder „Frontverkürzungen" anderes als „durch den unerwartet starken Druck des Feindes" erzwungene Rückzüge? Es wird „von Tag zu Tag auf die große Wende" gewartet, „stattdessen kommt ein Schlag nach dem anderen!" Immer mal wieder schimmert in diesen Aufzeichnungen durch, dass den Leuten klar ist, dass ein jeder Rückzug der Wehrmacht zugleich bedeutet, dass die Rote Armee den Reichsgrenzen langsam näher kommt, und vor ihrer Rache haben die Deutschen Angst. Wie weit überzeugte Nationalsozialisten auf der ideologischen Welle abgedriftet sind, wird sinnbildlich, wenn man das Erstaunen darüber sieht, dass auch bei Arbeitskräften aus germanischen Ländern deutsch-feindliche Tendenzen offener als bisher zum Ausdruck kommen. Von denen kämen „in starkem Maße feindliche Parolen und Gerüchte".[87] Aber bloß, weil das germanische Länder sind, muss ja nicht gleich die Germanische Wehrmacht dorthin kommen und ihnen die Innenpolitik diktieren. Zur Angst tragen auch Worte von Frauen und Männern bei, welche im Reich zur Zwangsarbeit eingesetzt sind, denn sie rechnen „mit einem baldigen Sieg der Russen" und sprechen nun schon von Vergeltungsmaßnahmen. Der SD gibt das wieder: „Vielfach werde dabei zum Ausdruck gebracht, dass allen Deutschen die Hälse abgeschnitten würden. In mehreren Berichten heißt es, dass Ostarbeiter erklärt hätten, wenn die Russen in die Stadt X oder Y kämen, würden sie sagen, dass hier gute Leute seien, die man nicht erst quälen, sondern sofort erschießen solle.“ Unabhängig davon ist manchen dieser Arbeiter ebenso unwohl bei der Vorstellung vom denkbaren Sieg der Roten Armee. Viele von ihnen sind selbst desertiert, um Stalins Herrschaft zu entkommen, und wenn die Rote Armee unsere Wehrmacht besiegt, wird die Familie zu Hause wohl erschlagen werden. Daneben gibt es ebenfalls Berichte über „das freiwillige Mitzurückgehen der einheimischen Bevölkerung“, die nicht wieder in den Machtbereich Stalins *heimgeholt* werden will. Die Zweischneidigkeit kennen Deutsche ebenfalls zur Genüge. Jetzt erweckt der Auszug aus der Heimat mit der Wehrmacht nach Westen eine stärkere Anteilnahme bei den Deutschen, zeigt das doch deutlich, „dass der Bolschewismus von der einheimischen Bevölkerung selbst gefürchtet wird“. Hier findet man menschliches Mitgefühl anstelle von rassistischen Vorbehalten gegen das absehbare Aufkreuzen von Slawen auf dem Staatsgebiet des Germanischen Reichs von Adolf Hitler. Das ist doch wunderbar. Großes Interesse finden Artikel in der Parteizeitung Völkischer Beobachter unter Titeln wie „Kosaken auf der Flucht vor dem Bolschewismus“, „Frühere Sowjetuntertanen fliehen vor Stalins Terror“ in der Thüringer Gauzeitung oder unter dem *slogan* „Sowjetvölker fliehen vor dem Bolschewismus“ in Bamberg.[88]

Hitler muss weg III

Während man im Volk herumspekuliert, was zum Fiasko an der Wolga geführt habe, fokussiert sich das Raunen im Offizierskorps immer mehr auf den Führer, der Befehle erteilt, die nicht militärischem Sachverstand entspringen, sondern trotziger Selbstbehauptung. Wie könnte ein Mann sich auch irren? Viele der Offiziere sind nach allem, was hier geschehen ist, der Meinung, dass Hitler von der Spitze der Wehrmacht jetzt endlich entfernt werden muss. Würden sie sonst die Männer wie Tresckow oder Boeselager oder Stauffenberg, die den Führer scharf und ohne großartig ein Blatt vor den Mund zu nehmen ablehnen, nicht sofort den Strafverfolgungsbehörden melden? Doch wer hat die Chuzpe, selbst ein Attentat auf den Führer von Staat und Partei zu verüben? Dieser wiederum wirkt nicht so, als ob er aufgrund eigener Einsicht das Feld räumen wollte.

Dank geschickter Planung ist es seit Kriegsbeginn so gut wie unmöglich, an den Führer heranzukommen. Plant jemand ein Attentat, dann hat er im Prinzip überhaupt keine Chance. So bleibt den meisten Leuten nicht mehr übrig, als sich in kessen Sprüchen untereinander Luft zu machen. So hört sich das dann an: Hitler, Göring und Goebbels sitzen im Unterstand. Wer wird gerettet, wenn der Unterstand einen Volltreffer erhält? Die Antwort darauf heißt: Deutschland.[89] Die größte Schwierigkeit stellt es schon dar, den Sprengkörper, auf den sich die Soldaten um Henning von Tresckow verständigt haben, an Hitler heranzubringen. Misstrauen, wachsende Menschenscheu und zahllose gescheiterte Attentatsversuche haben dazu geführt, dass er nur noch sehr selten das Hauptquartier verlässt und oft abrupt die Fahrtziele ändert. Das führt zu Gerüchten, nach denen er erkrankt sei, sich in einem Dresdener Sanatorium aufhalte und dem, dass er ergraut sei und sich deshalb nicht mehr zeige. Eine Chance ergibt sich, als es heißt, er werde am 17. Februar bei der Heeresgruppe von Weichs im ukrainischen Poltawa erscheinen. Dort steht eine Gruppe der Offiziere vor Ort zur Überwältigung bereit. Er soll korrekt gefangengenommen werden, einem Militärgericht übergeben und wegen Kriegsverbrechen angeklagt werden. Sollte Gegenwehr geleistet werden, wird die Tötung nicht mehr ausgeschlossen. Strachwitz versichert stolz, auf seine Soldaten der Elitedivision *Großdeutschland* sei Verlass. Daran hat sich seit 1938 nichts geändert, als der Staatsstreich nach der Münchener Konferenz abgeblasen wurde. Von Strachwitz ist sich sicher, die Männer der Elitedivision würden mit dem Sicherheitspersonal Hitlers fertig. Am Morgen des 17. überkommt den Gefangenen *in spe* aber wieder einmal eine dunkle Vorahnung; die Diskussionen über seinen Durchhaltebefehl für Stalingrad hat er gerade erst mit Mühe und Not gedeckelt. Also lässt er sich nicht nach Poltawa fliegen, sondern nach Saporoshje; so sind die Vorbereitungen für den Sturz Hitlers auch diesmal wieder für die Katz gewesen. Es ist fast unheimlich, dass Hitler in Saporoshje noch einmal ungeschoren davonkommt. Er ist noch nicht wieder zurück im Flugzeug, als sich eine sowjetische Panzereinheit dem Flugplatz nähert, die jedoch, kurz bevor sie ihn sichten kann, haltmachen muss, da ihr der Treibstoff ausgegangen ist.[90] Wie kann jemand so oft Schwein haben?

Es wird auch neu in der deutschen Geschichte sein, dass ein Politiker so viel Hass auf sich zieht – Ein Katholik beichtet und fragt den Pfarrer, ob es eine Sünde sei, einem Menschen den Tod zu wünschen. Der Pfarrer sagt: „Natürlich ist es eine Sünde, eine große Sünde!“ Dann fragt er sein Beichtkind, wem es denn den Tod wünsche. Als es ihm der Mann gesagt hat, zögert er ein Weilchen und erklärt: „In diesem besonderen Fall ist es keine Sünde, denn es würde damit der Tod von vielen Unschuldigen vermieden werden.“[91] So viele Attentate von ganz verschiedenen Leuten hat mit größter Sicherheit noch kein Kaiser und kein Demokrat auf sich gezogen und viele Todesengel kommen noch nicht einmal zum Zuge.

Sophie Scholl

1943

Blätterregen aus der Höhe

Der 18. Februar ist ein Donnerstag und für Jakob Schmid ist die Woche fast geschafft. Er ist ein ordentlicher Arbeitsmann, ein Hörsaaldiener an der Universität von München. Tag für Tag erfüllt er gewissenhaft seine Pflicht. Mag sein, dass er nichts anfangen kann mit all den Büchern der Studenten, na ja. Aber diese Jungspunde würden sich wundern, wenn er nicht wäre. Immerhin ist er ein gelernter Schlosser und seit Jahren auch Mitglied der Partei. Das ist nun wirklich nicht jeder. In der SA ist er von 1933 an gewesen. Lange dauert es jetzt nicht mehr, dann hat er Mittagspause. Er macht noch seinen üblichen Kontrollgang durch das Gebäude der Universität und als er im Lichthof die Treppe heruntergeht, sieht er auf einmal, dass von der Rampe des Lichthofes im 2. Stock eine größere Menge Papier herabgeworfen wird. Von seinem Standort aus kann er die Abwurfstelle jedoch nicht sehen. Umgekehrt ist es auch ganz unmöglich, dass ihn jemand ohne Weiteres sehen könnte, der sich auf dem Gang im zweiten Stock aufhält. Er besinnt sich nicht großartig und überlegt nicht weiter – wie auch –, sondern läuft gleich auf der Treppe bis hinunter ins Mittelstockwerk, um von dort aus auf der anderen Treppe wieder empor zu laufen. So ist er schon nach ungefähr einer Minute auf dem Gang im 2. Stock und sieht einen unbekannten Studenten und eine unbekannte Studentin den Gang entlang gehen, keinen sonst. Schnurstracks geht er auf die zwei zu und sagt ihnen ohne Umschweife, dass sie mitzukommen hätten. Dieser Aufforderung kommen sie auch nach. Danach sagt er den beiden auf den Kopf zu, dass *sie* eben das Papier hinabgeworfen hätten. Daraufhin entgegnet ihm der Studiosus: „Lächerlich so etwas, es ist eine Unverschämtheit, einen in der Universität herinnen festzunehmen!“ Der wackere Arbeitsmann lässt sich natürlich von der Bemerkung nicht irre machen und erklärt ihnen, dass sie „verhaftet“ seien. Nach der Sachlage kann das Papier nur von ihnen hinunter geworfen worden sein. Schmid geht damit in die Hausverwaltung. Mit dem Hausverwalter gemeinsam führt er die *Festgenommenen* zum Syndikus, der die Polizei verständigt. Was meinen Sie, was das für den einfachen Arbeiter für ein Festtag ist?

Hans Scholl

Die herbeigerufenen Kriminalbeamten nehmen dann bei dem *von ihm festgenommenen* Studenten eine körperliche Durchsuchung vor. Dabei findet man in dessen Taschen mehrere Flugblätter vor. Sein Name lautet Hans Scholl. Die Studentin ist seine Schwester Sophie Scholl. Der Handkoffer, den sie bei sich hat, ist leer und die Flugblätter passen da hinein, so dass ihn kaum Zweifel daran plagen, dass die beiden diese Flugblätter selbst in die Universität gebracht und abgeworfen haben.[92]

Gespaltener könnte die deutsche Gesellschaft schwerlich sein. Während viele Menschen in Deutschland hoffen, dass der Herrgott der Herrschaft Hitlers so oder so ein Ende bereitet, hoffen Jakob Schmid und andere in Bayern und in anderen Gebieten, dass das Reich nach dem Endsieg über die feindlichen Mächte an die erfolgreiche Entwicklung vor dem Beginn des Krieges anknüpfen kann. Augenscheinlich hatte sie der Hoffnungsträger aus Österreich mehr als ein halbes Jahrzehnt lang wirtschaftlich doch erfolgreich geführt. Woher soll jemand wie Jakob Schmid vielleicht wissen, dass der Führer so gut wie keinen seiner Erfolge ohne absichtsvolle Unterstützung aus anderen Ländern erreicht hätte? Schmid & Co. hoffen, dass dieser Schock in Russland hilfreich war und dass die Front so ruhig bleibt, wie sie seitdem nach den Wehrmachtsberichten ist. Die seit Wochen äußerst bedrückte Stimmung hat in den letzten Tagen eine Auflockerung erfahren, ohne dass sich die Tendenz schon überall durchgesetzt hätte, wie die Kollegen beim Sicherheitsdienst an die Zentrale in Berlin melden. Von den hier verkündeten beziehungsweise anlaufenden Totalisierungsmaßnahmen sei *die Bevölkerung* noch unbefriedigt. Man bekomme allenthalben zu hören, dass „weniger geschrieben und geredet als gehandelt werden" solle. Die Maßnahmen könnten sich nicht darauf beschränken, nur dies und das stillzulegen, Gaststätten, Bars und alles, was außerdem Arbeitskräfte sinnlos bindet, sondern es komme auf den wirkungsvollen Einsatz der Kräfte an. In diesen Stimmen komme nicht nur die Forderung nach einer wirklich umfassenden und raschen Mobilisierung aller Kraftreserven zum Ausdruck, sondern auch der Wunsch, dass die nach Stalingrad gewonnene innere Einstellung zum Krieg durch die Führung zur vollen Auswirkung gebracht werden müsste.[93]

Der Kampf um die totale soziale Gerechtigkeit

Das lässt sich die Partei- und Staatsführung nicht zweimal sagen. Noch für diesen 18. Februar, nur zwei Wochen nach dem peinlichen Debakel an der Wolga, sind Gefolgsleute aus *unserer* braunen Partei eingeladen in den Berliner Sportpalast, wo als Hauptredner der Reichspropagandaleiter Dr. Joseph Goebbels mit einer flammenden Rede gegen „Anfänge einer Vertrauenskrise, die z. Zt. festgestellt werden müssten", vor seine Anhänger tritt. Aus den Berichten des SD geht hervor, dass *den Leuten* der Sinn nach „entscheidenden Taten" stehe.[94] Wohlan. So soll es sein. Der Sportpalast ist für dieses Großereignis zurechtgemacht. Wie in einer Kirche sehen wir in der Form von zwei Blöcken auf der linken sowie auf der rechten Seite die Zuhörer, auf beiden Seiten sitzen jeweils etwa fünfundzwanzig Leute in einer Reihe. In der Mitte bleibt ein relativ breiter Gang frei. Auch an den beiden Seiten des Saales sitzen die Genossen und Kämpfer in mehreren Reihen hintereinander. Vorn sitzt dem Publikum zugewandt an einem monumental breiten Tisch, der links, rechts und in der Mitte mit Hakenkreuzen geschmückt ist, unsere Partei- und Staatsführung und in der Mitte steht Herr Reichspropagandaleiter, um zu den hier versammelten 108-Prozentigen zu sprechen. Auf einer Empore über der Führung sitzen noch einmal ca. 64 Leute in zwölf sich wie in einem Theater hochziehenden Reihen. Zwischen der sechsten und der siebten Reihe prangt über die gesamte Breite der Stirnseite des Sportpalasts die Losung „TOTALER KRIEG – KÜRZESTER KRIEG". Apropos kürzester Krieg – Im Reich hört man in den letzten Tagen immer wieder: „Kennst du den kürzesten Witz?" – „Wir gewinnen den Krieg!"[95] Insgesamt redet unser großer Chefideologe seinerseits 109 Minuten.

Während Hitler linke Ansätze in seiner Nationalsozialistischen Arbeiterpartei 1934 noch ausbremsen konnte, soll jetzt die soziale Gerechtigkeit durchgepaukt werden. *Alle* sollen einen Beitrag leisten für den Endsieg, ohne Ansehen der Person oder des Titels. Vom Totalisieren des Krieges ist ja schon die Rede, seit Hitler den Zorn in den Augen hat im Angesicht des nach Leningrad und Moskau dritten Scheiterns vor einer der großen

Städte der Sowjetunion. Seit dieser neuerlichen Schlappe wird nun auch eine Frau Gräfin von und zu aufgefordert, sich um eine Arbeitsstelle zu bemühen, und im Zweifelsfall weist ihr ein Arbeitsamt gern auch einen Arbeitsplatz in einer Fabrik zu. Wie man sich leicht vorstellen kann, hält sich die Begeisterung der höheren Schichten der Gesellschaft recht eng in Grenzen. Manch einer entdeckt alle seine Zipperlein wieder und lässt sich einfach per Attest eines Arztes von der sozialen Gleichheit befreien. Gute Chancen dem Leben mit Stechuhr zu entgehen, haben Schwangere. Die moderne Frau muss findig sein, so lässt sich manch eine hochwohlgeborene Mama von fünf Kindern noch ein sechstes machen und kann so erreichen, dass sie weiter keiner Arbeit nachgehen muss. Da kann die Arbeitermutter, die jedes Kind selbst aufziehen muss, neidisch werden. Doch bedingt durch die Totalisierungsmaßnahmen hat eine hohe Dame auf einmal eine neue Schlacht zu schlagen: Damit sie wirklich weiterhin nicht zu schuften hat, muss sie einen Dreh finden, um nicht wie andere Damen auch ihre Kindermädchen, Köchinnen und Haushaltshilfen, die bislang sehr viel Arbeit abnehmen, für die Arbeit in der Fabrik abgeben zu müssen. Kritik hagelt es allerdings auch am anderen Ende der Skala. In der Bevölkerung äußert sich Unmut über Zeitungsmeldungen unter dem Motto „Sie kommen alle“ und Berichte darüber, dass sich beispielsweise im Vorarlberg ein 88 Jahre alter früherer Fabrikant freiwillig zum Arbeitseinsatz meldete.[96] Reichspropagandaleiter Goebbels nimmt auch Stellung zu laut gewordener Kritik: „Es geht hier nicht um die Methode, mit der man den Bolschewismus zu Boden schlägt, sondern um das Ziel, nämlich um die Beseitigung der Gefahr. Die Frage ist also nicht die, ob die Methoden, die wir anwenden, gut oder schlecht sind, sondern ob sie zum Erfolg führen. Jedenfalls sind wir als Nationalsozialistische Volksführung jetzt zu allem entschlossen. Wir packen zu, ohne Rücksicht auf die Einsprüche des einen oder des anderen.“ Der Staatsführung ist somit bewusst, dass es weiter Auseinandersetzungen wegen der Verletzung des Kriegsrechtes durch deutsche Soldaten gibt. Im letzten Teil seiner Rede stellt er herausfordernd zehn markante Fragen. Gerade so, als hätte man in repräsentativen Diktaturen als Volksvertreter noch eine andere Möglichkeit als zuzustimmen, erklärt Goebbels die im Saale Anwesenden zu denjenigen, die im Namen des Volkes an dieser Stelle der Ausführungen stellvertretend mit „Jaaa!“ zustimmen dürfen: „Ihr also, meine Zuhörer, repräsentiert in diesem Augenblick die Nation. Und an Euch möchte ich eine Reihe von Fragen richten, die Ihr mir mit dem deutschen Volke vor der ganzen Welt, insbesondere vor unseren Feinden, die uns auch an ihrem Rundfunk hören, beantworten sollt: Die Engländer behaupten, das deutsche Volk habe den Glauben an den Sieg verloren. Ich frage Euch: Glaubt Ihr mit dem Führer und mit uns an den endgültigen totalen Sieg des deutschen Volkes?“ In dem Duktus geht das noch eine Weile weiter, dann ruft er: „Ich frage Euch: Wollt Ihr den totalen Krieg? Wollt Ihr ihn, wenn nötig, totaler und radikaler, als wir ihn uns heute überhaupt noch vorstellen können?“[97] Wenig überraschend grölen diese 14.000 Bonzen im Berliner Sportpalast: „Jaaa!“ Es gibt viele Gründe, warum der Sportpalast schon lange BBBB genannt wird – Bumsbeens Bunte Bühne.[98]

Mag sein, dass es außer dem Hausdiener an der Münchener Universität, Jakob Schmid, der die Scholls denunziert hat, noch mehr Leute gibt, die hinter der Staatsführung stehen, als gehörten sie ebenfalls dazu ohne die damit verbundenen Privilegien. Im Großdeutschen Reich, das seit 1938 auch das ehemalige Österreich einschließt, leben noch immer knapp 80 Millionen Einwohner. Der Anteil, der Goebbels in jenem Berliner Sportpalast zuhört, liegt also bei weniger als 0,02 Prozent der Einwohner. Das ist ganz gewiss nicht unbedingt repräsentativ. Sicher gibt es in der freien Wildbahn noch viele andere Leute, die auch so und nicht anders reagiert hätten. Aus der freien Meinungsäußerung von 0,02 Prozent der Gesamtbevölkerung am 18. Februar lässt sich das jedoch nicht wirklich ableiten. Die Wahrnehmung dessen, was sich in Berlin zugetragen hat, ist höchst unterschiedlich. So stellt der SD fest, dass diese Kundgebung im Sportpalast besonders die Parteigenossenschaft angesprochen habe. Das sind maximal 7 Millionen Leute oder unter zehn Prozent im Reich. Sie sagen, Reichsminister Dr. Goebbels sei ausgesprochen „in Form“ gewesen und es sei überhaupt wieder einmal „wie in der Kampfzeit gewesen“.[99] Kurz und bündig kommentieren andere Leute: Das deutsche Volk ist aber arg zusammengeschmolzen. Es geht schon in den Sportpalast hinein.“[100] Im

Ruhrgebiet heißt es nach der Veranstaltung: „Lieber Tommy, flieg doch weiter, denn hier sind nur Ruhrarbeiter. Fliegt doch weiter nach Berlin, die haben ganz laut *Ja* geschrien!"[101] Geht das auch differenzierter? Von den Berlinerinnen und Berlinern haben 0,31 Prozent geschrien.

Das Neue an der Rede am 18. ist, dass die Staatsführung nach Stalingrad erstmals in diesen Jahren „reinen Wein eingeschenkt" habe, wofür man dankbar sei. Es ist ja überdeutlich geworden, wohin die Fahrt mit einer rosaroten Brille auf der Nase das Reich geführt hat. Teilweise seien sich die Volksgenossen erst jetzt über den „furchtbaren Ernst der Lage" klar geworden. Sie seien zwar erschüttert, aber nicht verzweifelt. Da erinnert man sich natürlich an den Weltkrieg zuvor, nach dem man sagte: Worin besteht der große Unterschied zwischen Österreichern und Deutschen? Deutsche sagen: „Die Lage ist katastrophal, aber nicht aussichtslos." Die Österreicher sagen: „Die Lage ist aussichtslos, aber nicht katastrophal!" Oft habe man den Wunsch vernommen, nunmehr auch, soweit mit der militärischen Geheimhaltung vereinbar, noch mehr und öfters konkrete Einzelheiten über die militärische Entwicklung zu erfahren. Vereinzelte Stimmen meinen, Dr. Goebbels habe die Lage „schwärzer gemalt, als sie sei, um den Totalisierungsmaßnahmen Nachdruck zu verleihen." Bei der Behandlung dieser Maßnahmen habe Joseph Goebbels *der Bevölkerung* „aus dem Herzen gesprochen", wenn auch verschiedentlich gesagt wird, dass seine Ausführungen über die bislang bekannten Maßnahmen nicht hinausgegangen seien und nach wie vor darüber gesprochen werde, dass der totale Krieg „reichlich spät" durchgeführt werde. Die Zweifel an der gerechten Durchführung in allen Volksschichten seien zurückgegangen, wenn auch immer noch nicht verstummt. Gefestigt habe sich unbedingt die Überzeugung, „dass die gesamte Nachrichtengebung nunmehr von dem Prinzip getragen werde, das Volk offen und ohne Beschönigung von Rückschlägen zu unterrichten." Die Leute hoffen, dass ihnen ungünstige Ereignisse nicht mehr vorenthalten würden. Der letzte Teil seiner Rede sei uneinheitlich aufgenommen worden. Zwar sei allgemein die Schlagkraft der zehn Fragen hervorgehoben worden, jedoch sei von Volks- und Parteigenossen aus allen Kreisen in der Bevölkerung zum Ausdruck gebracht worden, dass der propagandistische Zweck der zehn Fragen und Antworten den Hörern und Lesern allzu sehr bewusst gewesen sei.[102]

In dieser Hinsicht ist der Lernprozess der Journalisten auch längst noch nicht abgeschlossen. Dank eingehender Recherchen ist den Kollegen des Sicherheitsdienstes aufgefallen, dass sich die Menschen hierzulande bei unserer eigenen Presse genauso wie beim Rundfunk weitgehend dessen bewusst sind, dass die Nachrichten und Kommentare „immer unter bestimmten Gesichtspunkten abgefasst sind“. Wie haben diese Deutschen das in nur zehn Jahren so schnell herausbekommen? Es dürfte ein ganz großer Lacher in vielen Küchen gewesen sein, dass dieser Tage nach der Sitzung des NS-Gauringes München-Oberbayern auch noch ein Presseartikel zugibt, „dass die Propagandisten getagt und neue Richtlinien erhalten haben“. In der Folge „ist die Zweckmäßigkeit solcher Veröffentlichungen erneut in Fachkreisen diskutiert worden. Dadurch, dass man dem Volk mitteile, in welcher Weise es beeinflusst werden solle, werde die Grundlage jeder wirkungsvollen Propaganda, die in der scheinbaren Unabsichtigkeit liege, beeinträchtigt. Es ist zu fragen, ob man über die Propagandisten und ihre Arbeit öffentlich sprechen solle.“ Ja, da sollten die Journalisten in Zukunft wirklich besser aufpassen. „Überspitzt wird dies mit der Handlungsweise eines Zauberkünstlers verglichen, der seinen Zuschauern nicht nur seine Kunstfertigkeiten erkläre, sondern auch bekanntgebe, warum und mit welchen Mitteln er es tue und welche Gefühle er bei ihnen erwecken wolle.“[103] Da wird beispielhaft deutlich, was für geniale Kandidaten zur Zeit in Deutschland in den Redaktionsstuben sitzen. Eine Zeitung, die Menschen erreichen soll, welchen tiefgründiges Nachdenken nicht in die Wiege gelegt wurde, darf einfach gestrickt sein; der Journalist, der dieses Blatt gestaltet, muss sich lediglich in die Welt einfacher Menschen versetzen können. Der muss nicht dumm sein.

Oh, mein Gott, zehn Jahre sind diese Dumpfbacken schon am Ruder im Reich. Herr, nimm sie zu Dir. Sicher kann nicht jeder Mensch klug sein, aber müssen denn Menschen, denen das Denken nicht liegt, wirklich an den entscheidenden Schalthebeln sitzen, wo sie Einfluss haben auf das

Leben der anderen? Wenn es um die Versorgung der Bevölkerung geht, ist es zum Beispiel nicht egal, wer die Entscheidungen trifft. Es erstaunt unter den jetzigen Umständen kaum, dass die Bevölkerung namentlich in Westdeutschland, die durch die fürchterlichen englischen Bombenangriffe gebeutelt ist, „mit Sorge auf die noch verbleibenden Möglichkeiten der künftigen Bedarfsdeckung" blickt. Im Sportpalast hatten sie gegrölt, sie wollten den totalen Krieg, und jetzt ziehen sie die Schließungsaktion durch wie mit dem Rasenmäher, ohne Sinn und Verstand. Wie kann es denn um Himmels willen kommen, dass „von den maßgeblichen Stellen die Meinung vertreten" wird, dass Schließungen „genau so durchgeführt werden müssten, als ob keinerlei Luftangriffe mit ihren versorgungsstörenden Erscheinungen erfolgt wären"? Was ist das für ein Schwachsinn? Die Bomben können dieses oder auch jenes unbrauchbar machen; dann muss man doch von Fall zu Fall entscheiden, wie das Leben weitergehen soll, oder etwa nicht? Das ist eben diese Politik mit der rosaroten Brille, und die bestraft das Leben sofort: „Hierzu wird aus Köln berichtet, dass infolge des Terrorangriffes vom 26. Februar die gesamte Vorschlagsliste hinfällig geworden sei." Wenn die Partei immer Recht hat, dann nützt es wenig, dass „von Fachkreisen darauf hingewiesen" wurde, „dass die Gefahr von Versorgungsstörungen durchaus im Bereich der Möglichkeiten liege". Offensichtlich werden trotz alledem weiter Fachkreise gebraucht, um festzustellen, dass „nach Großangriffen eine außerordentliche Nachfrage nach allen Gütern des täglichen Bedarfs auftrete".[104]

Wie hätte ein sattelfester Ideologe sich dies auch selbst denken können? Es wird nach einem Jahrzehnt des brutalen Vernichtungskampfes gegen die Opponenten dieser Ein-Parteien-Herrschaft und speziell gegen jeden Vertreter des Kommunismus nicht gern gehört, dass es seit dem Beginn der Geschäftsschließungsaktion oft heißt, dass sich der Nationalsozialismus in der Praxis immer mehr bolschewistischen Methoden annäherte. In Kreisen des Bürgertums, die von der Stilllegung mancher Branchen unmittelbar betroffen werden, prophezeie man den Untergang des Mittelstandes zugunsten der staatskapitalistischen Konzentration der Wirtschaft, von welcher eine kleine Führungsschicht allein den Vorteil haben werde. Die durch den laufenden Krieg auf allen Gebieten bedingten Veränderungen seien so einschneidend, dass der frühere Zustand nachher unmöglich wiederhergestellt werden könne. Seitens der Führung werde zur Zeit auch immer nur der Gedanke des Kampfes um Sein oder Nichtsein herausgestellt. Die Leute möchten aber darüber hinaus wissen, wie sich ihr Leben wohl gestalten werde, wenn sie aus dem Krieg nach dem Wort des Führers als „Überlebende" hervorgingen.[105]

Es ist gewiss anzunehmen, dass Hitler die eingehenden Berichte seines Sicherheitsdienstes sehr aufmerksam studiert, doch über solches kleinmütiges und defaitistisches Gewimmer kann er wirklich nur seinen Kopf schütteln. Bei ihm gilt: Nach mir die Sintflut. Was hatte er sich bloß für ein schwächliches Volk ausgewählt für seine groß angelegten Visionen? Nicht etwa nach einem militärischen Rückschlag, sondern schon früher sagte er „in voller Ruhe und Klarheit", dass das Land, das ihn nicht zum Siege zu tragen vermag, sich seiner Größe nicht würdig erweise und zugrunde gehen soll.[106] Da er keine außer seiner Muttersprache beherrscht, hatte er natürlich nicht mehr die freie Auswahl, über welches Reich ihm die Herrschaft angeboten werden konnte. Zu Beginn des Krieges und im Laufe des Russlandfeldzuges hat er jene stark erfolgsfixierten Gedanken wie ein Besessener wiederholt: Ein Deutschland, das nicht siegen kann, sollte ausgelöscht werden – nicht durch die Gewalt der Sieger, sondern durch seinen Willen. Franz Halder, der Adolf Hitler im Prinzip von Anfang an kennen gelernt hat, meint: „Diese Gedanken wird nur verstehen, wer Hitler persönlich erlebt hat." Für ihn gebe es kein Deutschland, obgleich er es noch so oft im Munde führt. Für ihn gebe es keine deutschen Truppen, für deren Wohl und Wehe er sich verantwortlich fühlt. Für ihn gibt es „zu Beginn unbewusst, in den letzten Jahren auch völlig bewusst" bloß eine einzige Größe, die sein ganzes Leben beherrscht und der seine dämonische Kraft alles opfert: sein eigenes Ich, das er als buchstäbliche Verkörperung an die Stelle des Volkes stellt.[107]

In reiner Hilflosigkeit hieven sich die Leute mit schwarzem Humor über die Angst und ihre Verzweiflung hinweg. Goebbels ruft Köln an. Tünnes meldet sich: „Hier Köln-Rest." Sagt Goebbels erstaunt: „Entschuldigung, habe falsch gewählt!" Da ruft Tünnes in den Hörer hinein: „Ja, wir auch! Vor zehn Jahren."[108] 33,1 % waren es, die die NSDAP gewählt hatten. Es waren aber insgesamt nur 80 % zur Wahl gegangen. 20,4 % wählten die SPD, 17 % die KPD, 12% das Zentrum und 8 % die DNVP. Seit die Werte für Hitler im Keller sind, gibt es noch nicht einmal mehr Pseudowahlen, die angeblich immer Ergebnisse knapp unter dem Dachfirst ergaben.

Während die wunderschöne alte Stadt Köln jetzt auf Wunsch der Elite in Großbritannien in Trümmern versinken muss, bleiben selbstredend die Fordschen Werke, die IG-Farben-Fabrik am Ostufer des Rheins und die United-Rayon-Werke am Westufer des Flusses unbehelligt.[109] Sehr verständlich sind die Gründe dafür, wurden diese Einrichtungen doch von Amerikanern finanziert oder gehören ihnen ganz. Zu den Direktoren der Firma IG-Farben zählen neben den Vorzeige-Deutschen amerikanische Financiers. Da wird nichts unbrauchbar gemacht, solange noch die Auseinandersetzung in den Tiefen Russlands tobt. Auch die Werke der Flugzeugfirma Focke-Wulf in Deutschland, die von ITT in Hitlers Reich gesetzt worden waren, bleiben von der Bombardierung verschont; und was ist mit den anderen amerikanischen Verbrecherfirmen von Singer bis zu IBM? Warum kommt es Hitler nicht spanisch vor, dass ihm Amerikaner seine Kriegsmaschine schmieren, gerade so, als hätte Er ihnen nicht den Krieg erklärt? Ist es ihm denn überhaupt nicht schleierhaft, weshalb die USA keine zweite Front aufmachen? Glaubt er, dass die (von den Amerikanern ausstaffierte) Wehrmacht die *Yankees* so ordentlich abschrecke? Es gibt jedoch durchaus eine Anzahl Deutsche, die ahnen, wohin das im Endeffekt führt, wie aus den Informationen entnommen werden kann, die der SD erhält: „Wird es nicht immer ein Pendeln zwischen Erfolgen im Sommer und Rückschlägen im Winter bleiben, bei denen wir und die Russen sich schließlich erschöpfen und die Engländer und Amerikaner am Ende mit Leichtigkeit Sieger über beide bleiben?"[110] Eben! Genau so ist die Nummer gedacht. Lassen Sie sich aber ruhig weiter Reklame für Demokratie und Menschenrechte nach Hause schicken.

Die beiden einzigen Widerständler werden hingerichtet

Drei Tage nachdem der Parteigenosse Jakob Schmid die beiden Verräter beim Abwurf von ketzerischen Flugblättern im Lichthof der Universität zu München erwischt hat, versammeln sich die zusammengetrommelten Studenten im Auditorium Maximum der Universität, um ihren Abscheu vor einer Einzeltat von Irrläufern auszudrücken. Und was soll ich sagen? Es finden sich *Hunderte* von Studierenden ein und jubeln der Rede des NS-Studentenführers zu. Sind die hier Versammelten *repräsentativ* für die Studentenschaft dieses Hauses? Nein, laut SD sind die NS-Fanatiker in der Minderheit. Am Ende trampeln *die Anwesenden* dem Hausdiener jedoch Beifall. Der so geehrte Jakob Schmid nimmt das stehend und mit ausgestrecktem rechtem Arm entgegen. Eines ist Fakt: Dieser Moment wird wohl der größte im Leben des einfachen Arbeiters Jakob Schmid in Ewigkeit bleiben. Diese Jungspunde mit ihrer ganzen Gelehrsamkeit im Kopf haben seine Tätigkeit gewürdigt! Er war es, der diese beiden Vaterlandsverräter zur Strecke gebracht hatte! Am 22. Februar, bloß vier Tage nach jener *frevelhaften* Tat, kommt Roland Freisler, der Vorsitzende des Volksgerichtshofes, extra zur Verhandlung nach München. Drei Stunden dauert das Schnellverfahren gegen die zwei Übeltäter Hans und Sophie Scholl, denen Schmid das Handwerk gelegt hat. Im Verlaufe des Verfahrens zeigt sich, dass sie sich mit weiteren vaterlandslosen Gesellen in der Stadt München zusammengerottet haben gegen Führer, Volk und Vaterland. Sie sind 24 und 21 Jahre alt und dabei wird es auch bleiben, denn nach dreistündigem Anbrüllen durch Roland Freisler höchstpersönlich werden sie zum Tode verurteilt und noch am gleichen Tage hingerichtet. Das gleiche Schicksal erleidet Christoph Probst, der als einer der Hintermänner ermittelt werden konnte. Kurze Zeit später werden neben ihrem Mentoren, dem Musikphilosophen Kurt Huber, noch weitere Mitglieder der Gruppe hingerichtet.[111] Wer den Eindruck gewonnen hat, dass Hans und Sophie Scholl die einzigen Widerständler im Reich sind oder waren, sieht allein hier schon, dass es mehr sind, und der verharmlost daneben auch die tatsächliche irrwitzige Anzahl ermordeter beziehungsweise eingesperrter Leute im Widerstand.

Es hat gute Gründe, warum Roland Freisler als Scharfrichter persönlich nach München gekommen war. Er weiß so gut wie jeder andere, der die Szene in der „Hauptstadt der Bewegung" wie der Gegenbewegung kennt, dass kein Richter vom Strafsenat beim Oberlandesgericht München bereit war, einen derartigen politischen Schauprozess durchzuziehen. Von den Richtern ist nicht jeder so ganz von ohne. Nehmen Sie einen Mann, der seit Jahr und Tag im Justizapparat arbeitet. Wie andere auch hat er die Wahl, an die Front zu gehen oder seinen Job weiter auszuüben. Will er nicht an die Front, kann er nur noch wählen, ob er bei einem Nörgler die Meckerei gegen den Krieg nach § 5 Absatz 1 Nr. 1 der Kriegssonderstrafrechtsverordnung (Wehrkraftzersetzung) aburteilt oder nach dem Paragraphen 2 des Heimtückegesetzes. In Letzterem, das noch aus dem Jahr '34 stammt, lautet Absatz 1: „Wer öffentlich gehässige, hetzerische oder von niedriger Gesinnung zeugende Äußerungen über leitende Persönlichkeiten des Staates oder der NSDAP, über ihre Anordnungen oder die von ihnen geschaffenen Einrichtungen macht, die geeignet sind, das Vertrauen des Volkes zur politischen Führung zu untergraben, wird mit Gefängnis bestraft." Ist der Richter aber ein ganz Scharfer, wird er eher nach dem ersteren und neueren Gesetz aburteilen, in dem es im Absatz 2 zwar auch lediglich heißt: „In minder schweren Fällen kann auf Zuchthaus oder Gefängnis erkannt werden." In letzter Konsequenz aber wird Ernst gemacht: Auf Wehrkraftzersetzung steht die Todesstrafe. Die Verfahren werden schon seit Januar 1943 auch noch nicht einmal mehr von den nationalsozialistischen Sondergerichten abgewickelt, sondern gleich vom Volksgerichtshof.[112] Rosa zum Beispiel hat dabei Glück im Unglück. Sie sagt in einem Geschäft in Immenstadt: „Ich finde, die Geschäftsleute sind, seit Stalingrad für uns verloren ist, viel nachsichtiger." Da fragt die Inhaberin des Geschäftes nach dem Grund für die Einschätzung und sie antwortet: „Ja, wir wissen doch alle, dass der Krieg für uns verloren ist." Die Geschäftsfrau entgegnet ihr: „Ja, Sie hören natürlich immer die eine Seite!" Dann fügt sie noch hinzu, dass alle Opfer dieses Krieges umsonst gebracht worden wären, wenn die Kundin Recht hätte, woraufhin dieser Frau die Antwort entfährt: „Ja, das sind sie auch. Aber Ihr Mann kommt schon wieder. Die kommen alle wieder, wie sie jetzt hinaus sind. Es geht uns auch nicht schlechter, wenn wir den Krieg verlieren.“ Sie meint, die Gefangenen kämen schon wieder aus Russland zurück, denn die Russen müssten sie gegen unsere Gefangenen eintauschen. Die Übeltäterin wird vom Strafsenat beim Oberlandesgericht München „bloß“ zu einem Jahr Gefängnis verurteilt.[113] Das hätte auch richtig ins Auge gehen können.

Die 51-jährige Walburga meint beispielsweise Hausgenossen gegenüber, als sie von einer Dienststelle der Kriegsmarine eine Aufenthaltsanfrage nach ihrem Sohn erhält, der einrücken soll, die könnten sie an einem bestimmten Körperteil lecken, die sollen ihn doch selbst suchen. Wenn alle Mütter es so machen würden, wäre überhaupt kein Krieg; dann müssten „die“ ihre Schädel selbst hinhalten. Des Öfteren hört die Nachbarschaft von ihr, sie sei genauso international wie ihr Bub; sie hätten es nicht mit den Hitlern. Als diese Walburga von ihrer Mieterin gefragt wird, warum sie eigentlich noch immer keine Hakenkreuzfahne für das Haus gekauft hat, sagt sie in Gegenwart des Ehemannes der Mieterin: „Was wissen Sie alten Leute, wie es in der Welt zugeht?“ Sie säßen doch wirklich auf dem Mond. Der Hitler müsse weg und der Krieg müsse jetzt ein Ende haben. Bayern käme von Preußen weg und eine Hakenkreuzfahne kaufe sie hier auch nicht erst. Als ein Esspaket, das sie an den wegen Fahnenflucht zu 9 Jahren Zuchthaus verurteilten Sohn geschickt hat, zurückkommt, sagt sie, noch nicht einmal zu essen könne man dem armen Buben schicken. Ihr armer Bub müsse hungern. Die Hitler hätten ja genug zum Fressen. Diese liefen mit dem dicken Schädel herum, die hätten natürlich keinen Hunger. Derartige Reden führt die Frau und es kommt, wie es ganz einfach kommen muss. Sie wird vom 2. Strafsenat beim Oberlandesgericht München zu 6 Monaten Gefängnis verurteilt, worüber sich die Kollegen beim SD nicht mehr beruhigen können. Wäre diese Aufmüpfigkeit aber vor dem Volksgerichtshof gelandet, dann hätte diese Frau mit Sicherheit ihr blaues Wunder erlebt.[114]

Beim SD wird analysiert, dass der Grund für die Uneinheitlichkeit in der strafrechtlichen Beurteilung der *Zersetzungsversuche* weniger darin zu sehen sei, dass es einzelnen Richtern vielleicht nicht gelänge, die jeweils anwendbaren gesetzlichen Straftatbestände wie Heimtücke, Wehrkraftzersetzung, Feindbegünstigung usw. „logisch-begrifflich richtig voneinander abzugrenzen“, als darin, dass die entscheidenden Richter teilweise wegen der inneren politischen und weltanschaulichen Einstellung nicht das richtige Strafmaß zu finden imstande seien. Infolgedessen müssten schnellstens „gewisse Unzulänglichkeiten in der personellen Besetzung der zuständigen Gerichte“ behoben werden. Man sieht sich vor die Aufgabe gestellt, ein politisch und weltanschaulich einheitlich ausgerichtetes Richterkorps „durch bestimmte Lenkungsmaßnahmen“ zu schaffen. Es muss nicht gesondert betont werden, dass damit gemeint ist, die eingesetzten Richter müssten einheitlich nationalsozialistisch ausgerichtet sein. Die anderen jedoch müssten in den Ruhestand versetzt werden. Es sei zwischenzeitlich teilweise gelungen, die Strafentsprechung auf eine einheitlichere Linie zu bringen, als dies früher der Fall war. Andererseits mache sich aber weiter bemerkbar, dass „die verschiedenen Lenkungsmaßnahmen kein hinreichendes Mittel darstellten, um die nachteiligen Wirkungen personeller Fehlbesetzungen überhaupt auszuschalten.“[115] In diesen Worten drückt sich dann wiederum äußerst deutlich aus, wen die neuen Herren über Deutschland aus ihrem braunen Blickwinkel für eine personelle Fehlbesetzung halten. Von wegen Hitlers Juristen.

Wenn es – wie bei der strafrechtlichen Beurteilung wehrkraftzersetzender Äußerungen – auf die eigene Einstellung eines urteilenden Richters zum Kriegsgeschehen, zum nationalsozialistischen Staat usw. durchaus entscheidend ankomme, werde gegebenenfalls auch jegliche von außen kommende Lenkung des Richters versagen, weil er bei der Verurteilung gleichzeitig seine eigene innere Überzeugung, seine eigene Siegeszuversicht, sein eigenes Vertrauen in die Führung des Reiches usw. bekennen müsse, wie der SD an die Führung in Berlin schreibt. Dieses Bekenntnis könnte man ja nur von Richtern erwarten, die kompromisslos Nationalsozialisten seien. Weil es bei einer richtigen strafrechtlichen Einordnung von Versuchen, die innere Front zu zersetzen, darauf ankomme, die Persönlichkeit des Täters und „seine mit der Tat verfolgte Absicht politisch richtig zu werten“, sei es nötig, mit jener Wertung ausschließlich Richter zu beauftragen, die mit der bisherigen politischen Bewährung und weltanschaulich klaren Haltung Mut zu verantwortungsschweren Entscheidungen aufbrächten. Es seien aber immer noch überalterte und politisch keineswegs aufgeschlossene Richter mit der Abstrafung von politischen Delikten beschäftigt, die dazu keinerlei Voraussetzungen mitbrächten.[116]

Bei den Juristen stellt sich somit die gleiche Frage wie in anderen hohen Rängen der Gesellschaft auch: Verlässt man seinen Thron, auf dem man in seinem mageren Freiraum Schlimmeres abbiegen kann, und überlässt die Szene einem Verbrecher, der nur auf seine Gelegenheit wartet? Man kann seine Wertmaßstäbe als Einzelner ja bereits unter demokratischen Vorzeichen nur in begrenztem Maße durchsetzen. Um wie viel schwerer ist dies dann in einer handfesten und handgreiflichen Diktatur.

So wird in München zum Beispiel einer der beiden Strafsenate von dem Senatspräsidenten Widmann geleitet, der zwar fachlich als hervorragender Jurist gilt, dem man aber die Eignung zur Leitung eines Strafsenats, der wichtige Aufgaben beim Bekämpfen solcher Zersetzungsversuche zu erfüllen habe, schon deshalb absprechen müsse, weil er bisher keinerlei Beweis für seine positive Einstellung zum Nationalsozialismus erbracht habe und nicht einmal der Partei angehöre. Das Gleiche trifft nach dem Bekunden des Kollegen beim Sicherheitsdienst auch auf den stellvertretenden Vorsitzenden des gleichen Senats zu, den Oberstlandesgerichtsrat Emminger, der in der Systemzeit einmal wenige Monate lang Reichsjustizminister war und ebenfalls nicht Parteigenosse ist. Beim SD sehen sie sich durch die laufende Rechtsprechung der Strafsenate beim Oberlandesgericht München in ihrer Einschätzung bestätigt: Die Strafen für aufmuckende Deutsche sind zu lasch. Diese Kollegen geben wieder, dass „politisch aufgeschlossene Richter und Staatsanwälte“ die Anregung gegeben haben, dass „ausgesprochene Fehlurteile“, die Richter in politisch bedeutsamen Strafsachen ergehen lassen, auf jeden Fall genutzt werden sollten, um die verantwortlichen Richter zur Ruhe zu setzen, aus ihrem Arbeitsgebiet zu entfernen oder ihnen andere, politisch weniger wichtige Aufgaben zuzuweisen.[117]

Deutsche und Juden

Seit fast zwei Jahren bereits erhalten die jüdischen Männer und Frauen in der Hauptstadt Briefe, nach denen sie sich zu einer festgelegten Zeit am S-Bahnhof Grunewald einfinden sollen, an dem noch nicht einmal in den Stunden des Berufsverkehrs der Millionen-Metropole Berlin sieben Leute zugleich auf eine Bahn warten. Selbst wenn einer von denen sieht, dass dort teilweise ganze Familien in Güterzüge einsteigen, so weiß das in der Reichshauptstadt noch lange niemand. Und wenn die paar Leute, die da stehen, auf die bewaffneten SS-Posten zugehen würden, die diese Prozedur beaufsichtigen, so würde die Staatsmacht unauffällig mit jenen fertig werden. Schon aus dem Grund werden Augenzeugen in der Nähe eher schweigen. Erna Lückfeld beispielsweise ist bei der Laborabteilung von Siemens angestellt und sieht hin und wieder einmal am S-Bahnhof Siemensstadt Gruppen jüdischer Zwangsarbeiterinnen auf dem Weg zur Arbeit, 16- bis 18-jährige verschüchterte und ängstliche Mädchen. Erna Lückfeld weiß, dass es die Leute nicht billigen, was sie dort sehen, weiß aber auch, dass keiner etwas sagt, sie selbst eben auch nicht. So geht das seit Jahr und Tag, bis eines Tages ein Mädchen flüchtet und sich ausgerechnet in ihrer Siedlung in der Voltastraße in Siemensstadt verstecken will. Erna sieht, dass sie in einer Mülltonne verschwindet und dann, wie ein SS-Mann angerannt kommt, der sie offenbar sucht. Als die Luft rein ist, geht sie zu der Mülltonne und holt dieses Mädchen in ihre Wohnung hinein. So viel zum Thema Deutsche unter der Knute der Nazis.[118]

Wären sich unsere Nazi-Behörden einer allgemeinen Zustimmung zum Verschleppen der Juden sicher, bräuchten sie die Sammelpunkte kaum fernab der Bahnhöfe mit vielen Passagieren einzurichten. Es haben sich jedoch nicht alle angeschriebenen Adressaten in den vergangenen zwei Jahren am S-Bahnhof Grunewald eingefunden. Wie viele brachten sich zum Beispiel um, weil sie nicht wissen wollten, wohin sie der Transport bringen sollte? Über 4000 haben sich wie Hans und Ilse Grün bei ihren Nachbarn, Freunden oder Arbeitskollegen versteckt. Nach denen sucht man selbstredend weiter. Die Nazi-Behörden wissen jedoch, dass immer noch 8000 Juden ganz normal in Berlin wohnen. Um der Verbliebenen habhaft zu werden, beginnen SS und Gestapo am 27. Februar ihre sogenannte Fabrik-Aktion. Sie sollen verhaftet und in mehrere Sammellager gebracht werden. Unter den Verhafteten befinden sich allerdings unter anderem auch Partner aus „deutschblütig"-jüdischen „Mischehen" und „Geltungsjuden". Dabei handelt es sich um etwa 2000 Personen. Diese werden aussortiert und in das Gebäude der früheren Behörde für Wohlfahrtswesen und Jugendfürsorge der Jüdischen Gemeinde Berlin-Mitte in der Rosenstraße 2–4 verbracht, das sich in der Nähe vom Alexanderplatz befindet. Das ist sehr verwegen, denn da wohnen genug Deutsche, die die Vorgänge sehen können.[119] Mal sehen, wie es dort weitergeht.

Schweres Wasser für Hitlers Riesenbombe

Seit einiger Zeit wird es bezweifelt, wenn bei uns immer die Rede ist von neuen Waffen, die bald zum Einsatz kommen sollen. Bei einer Parteigenossin klingt dieses so: „Wie lange soll das noch so weitergehen? Wann kommt endlich der Gegenschlag, oder können wir überhaupt nicht mehr zurückschlagen?"[120] In anderen Kreisen der deutschen Gesellschaft verdreht man den Sinn und Zweck eines relativ frischen Schlagertextes und es entsteht der Witz: „Zarah Leander ist ins Führerhauptquartier bestellt worden." – „Warum?" – „Sie soll dort singen: »Ich weiß, es wird einmal ein Wunder geschehn!«"[121] Manch einer mag es vielleicht nicht glauben, doch die Ableitung, dass die Führung in der Reichshauptstadt die Leute nur vertröstet und eigentlich nichts in der Hinterhand hat, trifft in dem Falle einmal nicht zu. In einschlägigen europäischen Fachkreisen ist seit Jahren bekannt, dass sich in Norwegen eine Fabrik befindet, in der man, wenn auch nur als Abfallprodukt, schweres Wasser erhält. Es ist ebenso bekannt, dass die Deutschen bei ihrer Forschung an Atombomben dem schweren Wasser große Bedeutung beimessen und das Werk der Firma Norsk Hydro nach der Besetzung Norwegens umfunktioniert haben für die Produktion von eben diesem schweren Wasser. In der Nacht vom 27. zum 28. Februar dringen acht Männer vom norwegischen Widerstand in der Operation *Gunnerside* in das Werk von Norsk Hydro ein und ihnen gelingt es, 18 produktionsnotwendige Elektrolyse-Zellen durch Sprengsätze zu zerstören. Zudem wird eine halbe Tonne von bereits produziertem schwerem Wasser vernichtet. Die Staatsführung hatte jedoch mitgedacht und testet technisch unterschiedliche Verfahren an verschiedenen Orten in Deutschland und in den besetzten Ländern aus, sodass hier nur ein begrenzter Schaden entstanden ist. Dem Uranprojekt ist damit wohl ein Schlag versetzt worden, doch bis April '43 können die Schäden durch die Techniker einigermaßen behoben werden.[122]

Fanatischer Rückbau von Weltkulturerbe

Der Monat März könnte auch schöner beginnen als mit Luftangriffen in Köln und Berlin. Sie haben „in allen Reichsteilen lebhafte Erörterungen in der Bevölkerung ausgelöst“. Vielfach äußern die Leute, die Engländer seien offenbar in der Luft überlegen, die deutsche Luftwaffe sei zur Zeit „ohnmächtig“ und habe keine Möglichkeit, entsprechende Vergeltung zu üben. Die Angst vor einer neuen Welle von Terrorangriffen sei nicht nur in den bedrohten Gebieten, sondern auch in den Reichsteilen groß, die bisher nur wenige Angriffe gehabt haben. Aus Westdeutschland wird gemeldet, dass die Bevölkerung den Schutz gegen feindliche Luftangriffe nicht mehr als zureichend ansehe. Man spreche davon, dass viele Flakbatterien abgezogen und zum Teil nach Italien verlegt worden seien. Die Geschütze würden schon „von 16-jährigen Jungen und Russen“ bedient, außerdem müsse die Flak mit Munition sparen. Obendrein fehlten wirklich sichere Schutzräume. Viele Leute meinen, in Berlin hätte man den Westen offenkundig schon abgeschrieben, weil auch die größten Terrorangriffe auf dortige Städte keine Vergeltung zur Folge hätten, während nach jedem Angriff auf Berlin in der nächsten oder übernächsten Nacht London bombardiert werde. Auch in den anderen Reichsteilen wird die von der Bevölkerung oft als Offensive bezeichnete „Welle von Angriffen“ gegen Städte wie zum Beispiel Wilhelmshaven, Köln, Essen, Hamburg, Berlin, Nürnberg, München und andere „mit großer Nervosität und Besorgnis verfolgt". Man habe allgemein den Eindruck, dass diese jüngsten Angriffe schwerer als je seien und bezüglich der Auswirkungen ernst genommen werden müssen. Der Luftangriff auf Berlin in der Nacht vom 1. zum 2. März wird von der Berliner Bevölkerung als der bisher schwerste bezeichnet.[123] Die Haltung der Berliner Bevölkerung sei dabei „allgemein gut" gewesen. Es habe sich allerdings gezeigt, dass die Selbsthilfe der betroffenen Einwohner bei manchen Schadensstellen nicht richtig in Gang kam. Vielfach habe zum Beispiel die rechtzeitige Löschung von Bränden oder die Bergung von Hausrat „davon abgehangen, dass einzelne Volksgenossen – oft nicht einmal Mitbewohner – tatkräftig die Leitung in die Hand genommen hätten." Speziell dies fiel dem SD recht unangenehm auf: „Viele Männer hätten ausgesprochen versagt, während Frauen und Jugendliche – insbesondere Hitlerjungen – sich in zahllosen Fällen bewährten." Überraschung löst *diese* Beobachtung aus: „Andererseits sei allerdings auch beobachtet worden, dass Franzosen sich sehr tatkräftig bei den Löschmaßnahmen u. dergleichen einsetzten." Schaulustige hingegen hätten herumgestanden, ohne einen Finger zu rühren, und wenig Neigung gezeigt, tatkräftig mit anzupacken.[124] Das ist wieder einmal ein Indikator dafür, wie weit Anspruch und Wirklichkeit bei der Schaffung einer nationalsozialistischen Volksgemeinschaft auseinanderklaffen.

Deutsche und Juden und die Bomben

Bleiben wir hier in Berlin. Seit dem 27. Februar '43 sammeln die SS und die Gestapo die letzten Juden ein, die noch offiziell in der Reichshauptstadt wohnen. Die Leute aus jenen „Mischehen" kommen in das Haus in der Berliner Rosenstraße 2-4. Doch die ihnen nahestehenden Deutschen bleiben seitdem vor dem Gebäude stehen und fordern ihre Freilassung – sie machen dem deutschen Wort vom Stehvermögen hinreichend Ehre. Die Nazis müssen davon ausgehen, dass die Anwohner der Rosenstraße an den Fenstern hinter den Gardinen stehen und den Menschenauflauf vor der ehemaligen „Behörde für Wohlfahrtswesen und Jugendfürsorge" der Jüdischen Gemeinde beobachten. Schon am 1. März werden es noch mehr Frauen und es sind auch einige Männer in der Menge. Letztlich ist ja nicht jeder Mann irgendwo draußen an einer der Fronten. Um einmal eine der Frauen aus dieser anonymen Menge herauszugreifen, soll Änne Ullstein genannt werden. Sie sollte sich unbedingt von ihrem Ehemann Heinz Ullstein* scheiden lassen. In letzter Minute nimmt Änne Ullstein die Scheidung zurück. Was da geschieht, ist sensationell, aber die Szene ist bedrückend. Manche gehen auf und ab. Autos mit Festgenommenen fahren vor. Sie fahren in den Hof hinein und man kann nicht sehen, was dort passiert. Aber ein Redakteur des SS-Blatts *Das Schwarze Korps* im Rang eines SS-Hauptsturmführers wird zu einem Augenzeugen in jenem Hof und beschwert sich (etwas naiv) bei einem Vorgesetzten über diesen Vorgang: „Ein Lastwagen stand im Innenhof, vor der Laderampe stand ein Hocker, und die Männer, Frauen und Kinder mussten im Laufschritt auf diesen Lastwagen, daneben stand ein Mann in Zivil mit einer langen Hundepeitsche und schlug brutal auf die Juden ein. Er traf einen Säugling. Ist das eines deutschen Mannes würdig?" Was wird er sich denken, wozu Männer in der SS noch alles fähig sind? Unterdessen kommen auf der Straße draußen immer wieder neue Autos. Polizisten stehen herum oder gehen dort auf und ab. In der Nacht zum 2. März gehen über Berlin die britischen Bomben herunter und machen die Leute noch wütender. So sind an diesem Dienstag noch mehr Leute da. Nun könnte man sich denken, nichts ist leichter, als die Zusammenrottung, die nach gültigem

Recht und Gesetz verboten ist, mit Waffengewalt aufzulösen. Doch eingedenk der Leute hinter den Fensterscheiben und der Menschenmassen auf der Straße sowie einer deutlichen Intervention des Vorsitzenden der Fuldaer Bischofskonferenz Kardinal Adolf Bertram zugunsten der in der Rosenstraße Eingesperrten knickt die Staatsmacht ein und fängt an, die Leute wieder freizulassen, wenige am Anfang, in der Hoffnung, dass sich die Menge so verkleinert. Doch es kommen in den nächsten Tagen mehr und mehr Menschen wieder frei, weil der Staats- und Parteiführung klar wird, dass man in aller Öffentlichkeit den Bogen nicht zu überspannen hat. Abwiegelnd hält Goebbels fest: „Gerade in diesem Augenblick hält der SD es für günstig, in der Judenevakuierung fortzufahren. Es haben sich da leider etwas unliebsame Szenen vor einem jüdischen Altersheim abgespielt, wo die Bevölkerung sich in größerer Menge ansammelte und zum Teil sogar für die Juden Partei ergriff. Ich gebe dem SD Auftrag, die Judenevakuierung nicht ausgerechnet in einer so kritischen Zeit fortzusetzen. Wir wollen uns das lieber noch einige Wochen aufsparen; dann können wir es umso gründlicher durchführen." Die Entlassenen haben sich beim Arbeitsamt zu melden und werden zu Zwangsarbeit verpflichtet. Vielen von ihnen wird letztlich Arbeit bei der „Reichsvereinigung der Juden" und deren Einrichtungen zugewiesen. Am 3. März ist schon ein neuer Transport da und verschwindet im Innenhof. Frauen bringen den Gefangenen auch Essen mit, und findig wie Berliner sind, hat eine Frau ihrem kleinen Schmaus auch einen Zettel beigefügt, um zu sehen, ob er angekommen ist. Von der Tochter erfahren wir, was sich dann praktisch abspielt: „Manchmal wurden wir bei dem »Ordner« in Zivil, der vor der Tür des Hauses stand, ein Stullenpäckchen los. Ich habe meinen Vater hinter einem Fenster entdeckt, er hat mit dem Zettelchen gewinkt, das wir zu den Broten getan hatten. Sie waren also angekommen." Auf mehr als ein menschliches Entgegenkommen kann man auch nicht hoffen. Da hat eine der Frauen ganz Recht, die über andere Optionen für die Masse sagt: „Sollen wir hingehen und die SS zur Rede stellen? Ihre Lastwagen stürmen und unsere Freunde und Verwandten herunterreißen? Die SS hat Waffen – wir haben keine. Es gibt uns niemand welche. Und wenn man sie uns gäbe, wir verständen nicht, mit ihnen umzugehen. Wir sind keine »Umbringer«. Wir haben Ehrfurcht vor dem Leben. Das ist unsere Stärke und – unsere Schwäche.“[125] Unterdessen sammeln sich vor jenem Gebäude in der Rosenstraße immer mehr Menschen.

Am Freitag, dem 5. März, ist die Straße dunkel wie ein See von Köpfen. Eine Schätzung besagt, dass dort tausend Leute sein müssen. Dramatik kommt am Sonnabend in die Szenerie. Der Strassenbahnverkehr im Gebiet der Rosenstraße wird umgeleitet. Die SS richtet Maschinengewehre auf die Menschenmenge. Leute rufen „Mörder!“ und hoffen wohl, damit Mörder von weiteren Morden abzuhalten, na ja. Die Maschinengewehre werden schließlich doch wieder abgezogen und an diesem 6. März lässt die Verbrecherbande im Rang von Staatsangestellten die festgehaltenen Juden in der Rosenstraße frei. Unterdessen waren freilich 25 Inhaftierte schon nach Auschwitz abtransportiert worden – und müssen nur zwölf Tage später nach Berlin zurückgeholt werden, wo sie in das „Arbeitserziehungslager Großbeeren“ kommen. Ein Wort zu denjenigen, die man nicht in der Rosenstraße findet: Es gibt keine Gegendemonstration, die sich für die Deportation der Inhaftierten einsetzen würde, obwohl keiner die Maschinengewehre gegen einen derartigen Auflauf einsetzen würde. Apropos Auschwitz. Es gibt die Gerüchte darüber, dass Juden in Lagern östlich des Reiches umgebracht werden. Das zeigt alleine die Sammlung aufgeschnappter Sprüche bei Kurt Hirche schon eindrucksvoll. Doch wo geschieht dies und wie lässt sich das verhindern, was dort passiert? Man muss in diesem Zusammenhang klar unterscheiden zwischen denen, die an den Verbrechen in dieser oder jener Weise beteiligt sind, und denen, die es aus der Gerüchteküche haben, dass dies wahrscheinlich geschieht. In den deutschen Zeitungen wird nichts darüber berichtet. Man weiß ja noch nicht einmal, was das bedeutet, wenn da steht, dass es irgendwo in Westdeutschland wieder einen Bombenangriff gab. Gut, in diesem Falle wird wenigstens in den Medien angedeutet, dass es tatsächlich passiert. Zu Details jedoch schweigt man sich aus und bleibt bei euphemistischen Umschreibungen.[126] Woher sollen Leute, die noch keinen Bombenangriff im richtigen Leben oder vielleicht irgendwo auf einer Fotografie gesehen haben, eine Vorstellung davon haben?

So etwas hatte es noch nie gegeben und ohne Bilder kein Bild. So geht es ja übrigens nicht nur Ihnen. So geht es vielen Leuten in Stadt und Land. Keine Vorstellung. Aber wer in Westdeutschland lebt, führt wahrhaft ein Bombenleben. Aus den schwer heimgesuchten Städten wird bereits seit Wochen vom Wunsch berichtet, dass die zentralen Medien endlich eine realistische Darstellung von den Zuständen nach den Bombenangriffen vermitteln sollen, so dass Evakuierte in nicht betroffenen Regionen auf Verständnis stoßen. Aber wer hat eine Idee davon, wie es nach Angriffen weitergeht? Die öffentlichen Verkehrsmittel fallen aus und man läuft auf den ehemaligen Straßen über Schutthalden und durch Staubwolken zur Arbeitsstätte. Man kann sich nicht richtig waschen und nicht zu Hause kochen, weil Wasser, Gas und Strom fehlen. Auf einmal ist ein geretteter Löffel oder Teller von unschätzbarem Wert. Man muss eine Vorstellung davon haben, welche Schwierigkeiten unter diesen Umständen der Kauf von Lebensmitteln bereitet, wenn einfach die meisten Geschäfte zerstört sind oder von sich aus geschlossen haben, wenn unvermittelt Zeitzünder oder scheinbare Blindgänger explodieren. Da werden einsturzgefährdete Gebäudeteile gesprengt und Mauern, an denen man vorbeiläuft, stürzen plötzlich von selbst ein. Da ist es noch harmlos, dass Post zu spät ausgeliefert wird, keine Zeitungen mehr erscheinen und dass man die Durchsagen über den Rundfunk nicht mehr hören kann. Im übrigen Reich hat man davon keine Ahnung. Dort steht in der Zeitung, der Kölner Dom sei *beschädigt* und das Aachener Münster habe einen ganz unwesentlichen „Kratzer“ abbekommen. In solcherlei Propaganda sieht die Bevölkerung der betroffenen Städte eine reine Bagatellisierung der schweren Schäden in Wohnvierteln, vor allem aber auch der Menschenopfer. Vielfach ist zu hören, an solchen Momenten könne man die Wahrhaftigkeit des Wehrmachtberichtes überprüfen.[127] Im Angesicht des Grauens während sowie nach den Bombenangriffen stellt man sich die Frage: „Was ist Feigheit?“ und gibt darauf selbst die Antwort: „Wenn man sich von Köln aus an die Front meldet.“[128]

Die 37-jährige Berlinerin Helene Jacobs, die seit Jahren dabei hilft, Verfolgte zu verstecken, weiß auch nicht besser als andere Leute, wohin die

Juden verschickt werden, die die Aufforderung erhalten, sich an einem bestimmten Ort in der Stadt einzufinden. Viele Leute aus ihrem Umfeld haben wie sie die Vorstellung, dass sie die angekündigten Deportationen irgendwohin führen, wo sie weiterleben oder vegetieren können, bis die Naziherrschaft vorüber sein wird. So kommt es, dass die Gemeindemitglieder ihres Kirchensprengels die Juden christlichen Bekenntnisses mit einem gemeinsamen Abendmahl verabschieden. Sie erlebt mit, dass das Ritual eine Frau sogar vor der Verhaftung bewahrt. Ein Beamter von der Gestapo klingelt an der Türe, als sie gerade das Abendmahl bei der Frau zu Hause halten. Vor dem heiligen Abendmahl hat er dann eben doch zu viel Respekt und zieht unverrichteter Dinge wieder von dannen. Wenige Tage nach jener überraschenden Reaktion entschließt sich die Frau zum Abtauchen bei Freunden und wenn alles gut geht, so lebt sie noch länger als der Führer der Verbrecher.[129]

Helene Jacobs erlebt eine gewisse Bereitschaft zum Helfen durchaus bei nicht wenigen ihrer Mitbürger. Die Schwierigkeit sieht sie immer wieder darin, wie man sich gegenseitig verständigt, wo man im Prinzip keinem Menschen ohne Risiko über den Weg trauen kann. Eines Tages klingelt es an ihrer Tür. Draußen steht ein Ehepaar, das sie um eine Unterkunft bittet und sich auf Pfarrer Kurz beruft, der sie ihnen empfohlen hat. Sie hat davon jedoch von ihrem Pfarrer noch nichts gehört und ihr ist völlig klar, dass das Spitzel sein können, die austesten, wer bereit ist, Verfolgte zu verstecken. Dazu kommt, dass sie mit einem falschen Wort auch jene beiden Leute gefährden würde, die sie zur Zeit schon in ihrer Wohnung beherbergt. Kurzentschlossen schickt sie das Ehepaar weg. Es dauert in diesem Fall jedoch nicht unendlich lange, bis sich die Sache aufklärt. Die zwei Leute kommen schließlich bei Freunden von Frau Jacobs unter und sie kann dem Ehepaar dort erklären, warum sie es abgewiesen hat.[130]

Beobachtungen in Deutschland III

Eher abwartend verhält sich der größere Teil der Leute zur militärischen Entwicklung und fragt nicht so sehr danach, wie weit die deutsche Front in der nächsten Zeit noch zurückverlegt werden müsse, sondern ob es in diesem Jahr gelingen wird, die Sowjets endgültig zu bezwingen. Bei den Erörterungen klingt die Besorgnis durch oder wird offen ausgesprochen, dass ein dritter Kampfwinter im Osten undenkbar wäre und deshalb die Entscheidung im Sommer fallen müsse. Die bereits gemeldete Tendenz, beim Verlust des Kriegs erhoffe man im Süden Deutschlands die Aufteilung des Reichs in eine Interessensphäre der Briten und Amerikaner sowie eine der Sowjets, nimmt von Woche zu Woche noch an Verbreitung zu.[131] Wenn der Sicherheitsdienst in dem Zusammenhang eindeutig vom „Hoffen" redet, so bestätigt das auch bloß, dass Bismarcks Nation zehn Jahre nach dem Endsieg der Radikalinskis mental auseinanderfällt. Der Effekt wird noch nicht einmal dadurch verhindert, dass die Bevölkerung Westdeutschlands das bedrückende Gefühl hat, dass die Engländer und Amerikaner eine der dortigen Städte nach der anderen „auszuradieren" entschlossen seien. Die Erfahrungen bei den letzten Terrorangriffen, wie zum Beispiel bei dem Angriff auf die Stadt Hamm, haben zwar das Vertrauen des Volkes in die Abwehr erheblich erschüttert, erzeugen jedoch auf wundersame Weise „keineswegs überall Hass, da sie sich nicht nur, wie es die Presse behaupte, gegen Frauen, Kinder und Greise richteten, sondern auch gegen militärisch wichtige, wirtschaftliche und verkehrstechnische Einrichtungen." Hier wird deutlich, dass die Entscheidungsträger in London im vierten (!) Jahr des Krieges langsam umschwenken. Dies ist der erste Hinweis darauf, dass nun militärisch relevante Objekte in Deutschland unter Beschuss genommen werden. Abgesehen davon ist es sehr nett von den ein Jahrzehnt lang indoktrinierten Deutschen, dass sie keinen Hass entwickeln, wenn ihnen der Gegner jene Einrichtungen zerschießt, die benötigt würden, um das Kriegsglück noch zu wenden. Es ist auch interessant, dass die objektive Zerstörung relativiert wird durch die häufigen Lügen in der Propaganda aus Berlin.[132]

Gerade die gleichgeschalteten Medien bewirken offenkundig, dass man sich eigenständig eine Meinung bildet. Dadurch wird einem denkenden Menschen klar, dass die immer bloß einseitige Darstellung nicht richtig sein kann. Würden in einem bunten Blätterwald unterschiedliche Standpunkte dargeboten, so würde das eigene differenzierte Denken durch die Parteinahme für den einen oder den anderen festen Standpunkt ersetzt. Opfer dieser Masche lassen sich viel einfacher steuern als Opfer einseitiger Medien. Hin und wieder machen es die Medien allerdings 1943 auch zu plump. Ganz üble Kritiken bekommt zum Beispiel ein Aufsatz in der Tremonia, in dem es heißt, USA-Bomber können einen größeren Tagesangriff auf deutsches Gebiet noch nicht fliegen. Der Artikel lag offenbar schon ein paar Tage auf Halde und wird veröffentlicht einen Tag *nachdem* der Tagesangriff auf Hamm geflogen worden ist, der das Gegenteil beweist.[133] Das würde bei schönster Pressefreiheit gar nicht so auffallen, wenn ohnehin immer mal dies und mal jenes in der Zeitung steht. Hier aber fällt das wohl auf. Jedenfalls werden die Warnungen der Kollegen vom Sicherheitsdienst drängender, feindliche Rundfunksender würden „in größerem Maße als je zuvor gehört". Sie kämen nach Auffassung der Leute dem Nachrichtenhunger mehr entgegen als die deutschen Sender und strahlten ihrerseits eben auch „weniger Propaganda und Polemiken als konkrete Meldungen" aus.[134] So ist die Urteilsfähigkeit ungebrochen. Wahrscheinlich ist sie bei vielen Leuten nach einem Jahrzehnt *Agitprop à la Goebbels* erst richtig geschärft worden. Jedenfalls treibt sie immer giftigere Blüten: Der Führer besucht eine Mädchenschule. Sie begrüßen ihn mit Blumen, nur ein kleines Mädchen hält ihm ein Grasbüschel entgegen. „Was soll ich damit?", fragt Hitler erstaunt. „Essen", erwidert die Kleine. „Die Leute sagen doch jeden Tag, erst wenn der Führer ins Gras beißt, wird es uns besser gehen."[135]

Doch so sehen dies naturgemäß nicht alle Einwohner von Hitlers Reich. Die Meldungen, die beim Sicherheitsdienst eingehen, sagen aus, dass es schwierig ist, „die Haltung und Gesinnung der Volksgenossen zutreffend darzustellen". Auf der einen Seite werde in einer Art und Weise über die Zukunftsaussichten gesprochen, die man als sehr niedergeschlagen und wenig hoffnungsfroh, teilweise sogar als defaitistisch bezeichnen müsse. Viele Volksgenossen, die davon sprächen, dass schon alles verloren sei, würden dennoch hundertprozentig ihre Pflicht tun und sich gewiss auch in noch stärkeren Belastungsproben bewähren. Andererseits sei unverkennbar, dass die trotz alledem noch gute Haltung vieler Volksgenossen auf dem bewussten Bestreben beruhe, so zu erscheinen, wie man es von ihnen erwarte. Hinter dem äußerlich aufrechten und optimistischen Gebaren würden sie ihre Zweifel und Sorgen verbergen im Bewusstsein der Verpflichtung, mit guter Haltung beispielgebend wirken zu müssen. Sie würden sich an den Diskussionen über den weiteren Verlauf sowie den Ausgang des Krieges kaum beteiligen, weil sie solche Erörterungen für zwecklos hielten, und in der Erfüllung der jedem übertragenen Pflichten die Garantie dafür erblickten, dass „wir uns durchbeißen werden“.[136]

Hitler muss weg IV

Ende Februar bekommt Schlabrendorff schließlich von General Olbricht das Stichwort: „Wir sind fertig. Die Initialzündung kann in Gang gesetzt werden." Bei einer abschließenden Besprechung, die Canaris am 7. März im Hauptquartier der Heeresgruppe Mitte in Smolensk organisiert, wird dann zugleich auch der Sprengstoff für das Attentat auf Hitler geliefert. Nach dem gescheiterten Attentatsversuch im Februar benennt der Chef des Allgemeinen Heeresamtes im Oberkommando des Heeres Friedrich Olbricht Anfang März als neuen Termin und erläutert, dass Oberst Fritz Jäger zum gegebenen Zeitpunkt mit zwei Panzereinheiten anrücken und das Berliner Wachbataillon übernehmen wird. Der Hauptmann Ludwig Gehre hat einen Stoßtrupp für besondere Einsätze aufgestellt. Die nahe der Reichshauptstadt befindliche Division „Brandenburg" unter Oberst Alexander von Pfuhlstein ist als Einsatztruppe gegen Parteidienststellen vorgesehen. Friedrich Wilhelm Heinz* befehligt als Kommandeur das 4. Regiment dieser Division. Auch Hans Bernd Gisevius wird in die Reichshauptstadt gerufen, um Olbricht bei der Planung des Staatsstreiches behilflich zu sein, und Generalfeldmarschall Erwin von Witzleben, obwohl schon von schwerer Krankheit gezeichnet, erklärt sich im Einvernehmen mit General Ludwig Beck bereit, den Oberbefehl über die Wehrmacht zu übernehmen. Olbricht veranlasst, dass über Berlin hinaus ebenso zuverlässige militärische Einheiten in anderen Städten bereitgestellt werden, „wenn von anderer Seite der erste Schritt gegen Hitler geführt" wird. Es kann ja passieren, dass woanders der große Wurf schneller gelingt. Ein paar Tage später fährt Henning von Tresckow nach Berlin, um gemeinsam mit Olbricht und Goerdeler die letzten Fragen zu erörtern, die noch offen sind, und vor allem zur Eile zu drängen. Die Männer sind sich nun sicher, dass von den meisten Feldmarschällen eine Initialzündung nicht zu erwarten sei. Sie würden nur auf Befehl handeln. Dabei hatte sich das Grundmuster aller Pläne nicht geändert: Hitler wird entmachtet und anschließend müssen Schlüsselstellungen in Berlin mit den eigenen Leuten besetzt werden, wie zum Beispiel in den Berliner Rundfunkstationen.[137]

Es ist freilich die eine Sache, einfach einen Termin festzulegen, und eine andere Sache, ob der Führer auftaucht, wo er erscheinen soll. So ist auch Anfang März wieder ein starkes Nervenkostüm gefragt, weil das Führerhauptquartier Hitlers neuen Besuch in dem Kriegsgebiet mehrfach verschiebt. Letztlich macht Hitler am frühen Morgen des 13. März auf dem Flug vom Hauptquartier in Winniza nach Rastenburg Station im besetzten Smolensk. Die Offiziere vor Ort halten es für die beste Lösung, *Emil*, wie er oft genannt wird, durch ein gemeinsames Attentat im Casino umzubringen. Dort stehen mehr Freiwillige bereit, als der räumlichen Enge wegen überhaupt zum Zug kommen können. Rittmeister Schmidt-Salzmann, Schwadronschef König und der Oberst von Kleist sind bereit, ein zehnköpfiges Offizierskommando zu führen. Auf ein Zeichen von ihnen soll die Tafelrunde die Pistolen ziehen und ohne Vorwarnung *Emil* und die Bewacher zusammenschießen. Generalfeldmarschall von Kluge wird gebeten, sich aus der Schusslinie herauszuhalten. Dieser hat jedoch Einwände; es würden damit noch andere Tafelgäste gefährdet und darüber hinaus stört er sich prinzipiell daran, dass ein Mann bei Tisch ermordet werden solle. Von Kluge bringt „jedes nur mögliche Argument vor", um den Anschlag zu verhindern, bis die meisten Offiziere einsehen, dass es keinen Zweck hat. Ehe die drei Maschinen mit Hitler, seinem Stab sowie den SS-Begleitmannschaften auf dem Rollfelde aufsetzen, bittet der vorsichtige Generalfeldmarschall Hans Günther von Kluge noch den Oberst des Generalstabes Henning von Tresckow: „Sie werden doch um Gottes willen am heutigen Tage nichts unternehmen! Es ist noch zu früh dazu." Doch für Tresckow ist es nach Stalingrad umgekehrt zu spät und er will das Attentat in Abstimmung mit der Zentrale in Berlin und in Smolensk nunmehr allein mit Fabian von Schlabrendorff* durchführen. Dafür gibt es nach seinen Vorstellungen diverse Möglichkeiten. Eine Planung sieht vor, während des Aufenthaltes einen Sprengkörper in Hitlers Wagen zu platzieren. Es gelingt jedoch nicht, durch das Gewimmel des SS-Begleitkommandos das Fahrzeug zu erreichen. Einen anderen Plan soll Georg von Boeselager ausführen. Boeselager hat gerade damit angefangen, im Bereich der Heeresgruppe eine Einheit aufzustellen, die als Verfügungstruppe für den Staatsstreich gedacht ist.[138]

Nach der Besprechung geht man aus Kluges Blockhaus zum Essen in das nahe Casino hinüber. Die Idee, dort die Bombe zu zünden, war schlecht, weil dadurch auch das Leben von Kluges gefährdet würde. Während der Führer nun dicht gebeugt über den Teller sein Gemüsegericht isst, bittet Tresckow den neben ihm sitzenden Oberstleutnant Heinz Brandt, zwei als Flaschen *Cointreau* getarnte Sprengsätze in das Hauptquartier mitzunehmen; dies sei eine Wettschuld gegenüber Oberst Hellmuth Stieff. Entgegen dem Reglement willigt Heinz Brandt ein.[139] Der Oberleutnant Fabian von Schlabrendorff soll Heinz Brandt das Päckchen mit den explosiven *Cognac*-Flaschen am Flugplatz übergeben. Schlabrendorff ruft unterdessen das Allgemeine Heeresamt in Berlin an, wo der militärische Widerstand gegen das Regime passenderweise koordiniert wird. Dieses Amt befindet sich wie auch die Abwehr im Reichskriegsministerium an der Bendlerstraße im Berliner Tiergarten. Von dort aus wird Schlabrendorff instruiert, mit der „Operation Initialzündung" zu beginnen. Damit muss der Staatsstreich endlich eingeleitet werden. Als die Besucher das Hauptquartier verlassen, nimmt Hitler aber nicht nur einen anderen als den vorgesehenen Weg, sondern bittet auch noch Generalfeldmarschall von Kluge in den Wagen, so dass sich auch wieder jede Aktion verbietet. Schlabrendorff* gibt unterdessen das verabredete Stichwort nach Berlin durch und fährt anschließend der Kolonne hinterher. Auf dem Flugplatz wartet er, bis Hitler eine der drei Maschinen bestiegen hat. Er zerdrückt den Säurezünder und übergibt das Päckchen Oberstleutnant Brandt. Die Zündung ist auf dreißig Minuten eingestellt. Die Explosion wird vermutlich kurz vor Minsk passieren. Alle Testexplosionen haben in den letzten Wochen geklappt.[140]

Das Einzige, was nach dem Abheben noch helfen kann, ist beten. Doch wieder folgt das böse Erwachen: Einige Stunden später meldet sich das Führerhauptquartier mit der Information, Hitler sei mit aller Entourage zusammen wohlbehalten in Rastenburg gelandet. Als könne es gar nicht anders sein, hat die Bombe im entscheidenden Moment versagt. Auf der Stelle wird die Zentrale in Berlin informiert und Tresckow telefoniert im nächsten Moment Oberst Brandt hinterher, um ihm zu erklären, er habe von Schlabrendorff das falsche Paket bekommen. Jener komme morgen gleich vorbei und bringe das richtige. Als Gisevius hört, dass Hitler *noch einmal* mit dem Leben davon gekommen ist, entfährt ihm, dieser Mann habe wohl einen „Schutzteufel".[141] Wahrscheinlich. Die Schrecksekunde nach der neuesten Chance zur Beseitigung dieses Psychopathen vom Inn sei den Männern zugebilligt, aber rasch haben sie sich gefasst und legen die Hinrichtung Adolf Hitlers für den Heldengedenktag fest, der auf den 21. März verschoben worden ist.[142]

Die Versorgung in den Händen von Dilettanten

Seit im letzten Jahrhundert das Wort Sozialismus modern geworden ist, verbinden die Leute damit Inhalte wie die Herstellung sozialer Gerechtigkeit. Diese Sirenenrufe haben viele der inzwischen knapp 7 Millionen Parteigenossen ursprünglich überhaupt erst in die Nationalsozialistische Arbeiterpartei gelockt. Die Ernüchterung folgte auf dem Fuße, denn am Klassenstaat hat sich großartig nichts geändert. Nur die Bonzen werden selbst im Krieg immer breiter, außer dem Führer, der ja von Malzkaffee und Tee lebt, wenn das wirklich so stimmt. Für neue Bonzen hat sich der Sozialismus jedenfalls gelohnt. Nach der Schlappe an der Wolga richtet sich die Hoffnung nun auf die Kampagne unter dem Schlagwort *Totaler Krieg* und man hofft: „Jetzt geht's los!" Aber nichts ändert sich. Im Volk ist man über diese „Totalisierung des Krieges" enttäuscht. Der Schwung, der die Bevölkerung anfangs ergriffen hätte, sei in Gleichgültigkeit und Skepsis verebbt, erläutert der SD. Von dem Sturm, welcher – nach dem Schlusswort des Reichsministers Dr. Goebbels in der Sportpalastkundgebung – im Volk losbrechen sollte, sei nichts zu merken, findet sich als Wiedergabe der öffentlichen Meinung in den Notizen des SD. Durch den allgegenwärtigen Rohstoffmangel und andere Schwierigkeiten könne die entsprechende Zahl von Arbeitsplätzen gar nicht bereitgestellt werden – und Frau Gräfin bleibt eben doch zu Hause. Zweifel werden laut, ob bei der Geschäftsschließungsaktion nicht ebenfalls ungerecht vorgegangen werde. Häufig werde die Vermutung geäußert, dass die Parteigenossen

Hans Bernd Gisevius

weniger in Mitleidenschaft gezogen würden. Kritik gibt es ebenso daran, dass Luxuslokale und Bars offen bleiben. Die Einsparungen beträfen da wieder den kleinen Mann, wenn namentlich Eckkneipen für Arbeiter geschlossen werden. Luxusbars und Hotels, wo sich bessere Leute treffen, blieben unbehelligt. Erneut spielten Beziehungen eine Rolle. In dieselbe Richtung zielt die Kritik, dass die Sparaktion bei Glühbirnen mit einem Rasenmäher durchgezogen werde. Aber in vielen einfachen Haushalten gebe es nur eine Birne, während reiche Leute ihre Kronleuchter hätten, bei denen bei Ausfall einer Birne noch genug andere übrig blieben. Fiele aber in einer Arbeiterfamilie die eine vorhandene Birne aus, gebe es kein Licht mehr, zumal es im Handel auch an Kerzen, Petroleum und Spiritus mangele. Besonders benachteiligt seien Berg- und Rüstungsarbeiter, die mit nächtlichen Wechselschichten zu rechnen hätten.[143]

Europa im Bombenhagel

Einfache Menschen in London rennen genauso um ihr Leben, wenn ein Bombenalarm ertönt, wie einfache Menschen in Köln, und wissen auch nicht mehr über die Hintergründe des Krieges als eben so in der Zeitung angeboten wird. Die wahllose Vernichtung der deutschen Bevölkerung, die jedem Kriegsrecht Hohn spricht, wird den Menschen in London als eine Antwort auf die Zerstörung der Stadt Coventry vor zwei Jahren und für den Terror der Luftwaffe gegen die britische Hauptstadt dargeboten. Den Menschen in Köln werden die Angriffe auf England als Vergeltung für die Terrorangriffe auf das Reich aufgetischt. Doch im Unterschied zu den Engländern hat die Deutsche Luftwaffe weiterhin nicht genug Flugzeuge, um mit der Royal Air Force mitzuhalten. Aus diesem Grund hatte die Führungsgruppe der Wehrmacht den Führer immer gewarnt, einen Krieg zu riskieren, und aus demselben Grund hatten die Militärs und die Diplomaten seit 1938 auch immer und immer wieder in London vorgesprochen, um das große Gemetzel zu verhindern. Nachdem London jede Kooperation mit den Kriegsgegnern im Deutschen Reich verweigert hat, kann man auf die Eigendynamik der weiteren Entwicklung vertrauen.

Den Deutschen entgeht doch nicht, dass die Luftwaffe den Briten nichts entgegenzusetzen hat außer Reichsmarschall Görings verdammt großem losem Mundwerk. Und es stößt auf harsche Kritik, dass über die Medien „Drohungen ausgestoßen werden, die in keinem Verhältnis zu unseren eigenen vergeltenden Aktionen gegen England“ stehen würden, wie das zum Beispiel erst kürzlich wieder in dem Blatt Innsbrucker Kurier am 9. März geschehen ist unter dem Titel „Churchills Bombenkrieg wird zum Bumerang“.[144] Hohn und Spott erntet die Presse für solches großes und leeres Geschwätz: Hermann Göring sitzt bei einem Luftangriff auf Berlin im Luftschutzkeller und sagt wütend zu Generalluftzeugmeister Erhard Milch: „Milch! Dafür machen Sie morgen einen Vergeltungsangriff auf London!“ Fragt Milch: „Nehmen wir *ein* Flugzeug oder nehmen wir diesmal alle zwei?“[145] Der erste Brüller ist ja schon, dass der Luftwaffenchef in dem Witz in einen Luftschutzkeller muss – wie im richtigen Leben.

Hitler muss weg V

Unter diesen Umständen an der Heimatfront und unter dem Eindruck, dass es der schwarzhaarige Österreicher gewesen ist, der entgegen allen Beteuerungen Deutschland gleich noch einmal in einen Krieg gegen die Welt geführt hat, mehren sich im deutschen Volk die Witze, die nun den totalen Krieg gegen ihn ersehnen: Das Auto des Führers fährt den Hund eines Fleischers tot. Adolf schickt den Chauffeur in den Fleischerladen, um sich zu entschuldigen und Schadenersatz anzubieten. Der Chauffeur erklärt: „Heil Hitler! Der Hund ist tot..." Da ruft der Fleischer: „Endlich! Hier, nehmen Sie die großen Würste mit!"[146] Doch es spielt keine Rolle, wie viele Leute in der Bevölkerung dem *Führer ins Verderben* den Tod an den Hals wünschen. Wie die Dinge liegen, kommen am ehesten hohe Militärs an den Boss heran und können solche Wünsche verwirklichen.

Von denen, die sich jeweils für einige Zeit in der Nähe Hitlers aufhalten dürfen, hängt ein Teil an seinen Lippen und vertraut darauf, dass Er das Schiff wieder in ruhigere See steuert, und ein anderer Teil sieht, dass es mit ihm an der Spitze nicht besser werden kann. Aber wie viele würden sich wirklich trauen, ihn umzubringen, wenn sie die Möglichkeit hätten? Henning von Tresckow seinerseits bleibt am Ball. Das nächste geeignete Ereignis ist der auf den 21. März umgelegte Heldengedenktag. Was kann er über den Ablauf in Erfahrung bringen? Hitler wird ins Zeughaus nach Berlin kommen und sich unter anderem die Ausstellung von erbeuteten sowjetischen Waffen anschauen. Die meisten der Exponate kommen von der Heeresgruppe Mitte, deshalb wird ihr führender Nachrichtenoffizier Oberst Rudolph-Christoph von Gersdorff nach Berlin abkommandiert. Er soll Hitler erklären, was er sieht. So Gott will, wird das dann auch das Letzte sein, was Adolf Hitler sieht. Doch das genaue Programm für den Festakt ist streng geheim. Tresckow will über Generalmajor Schmundt, den Chefadjutanten Hitlers, herausbekommen, wann die Veranstaltung beginnt, doch der weigert sich mit der Sprache herauszurücken. Immerhin steht auch auf die Weitergabe von Daten wie diesen die Todesstrafe, eine eindrucksvolle Entscheidungshilfe. Durch die gegebenen Umstände ist also diesmal von Gersdorff der Hoffnungsträger. Von Tresckow lässt von Gersdorff zu sich kommen, spricht mit ihm sehr ernst über die Lage und die Notwendigkeit, das Land vor dem Untergang zu bewahren, und fragt schließlich unvermittelt, ob Gersdorff zu einem Attentat bereit sei. Nach kurzem Bedenken stimmt von Gersdorff zu. Danach bittet Oberst Tresckow Oberleutnant von Schlabrendorff, in Berlin zu bleiben und die nötigen Minen an Gersdorff weiterzugeben. Immer neue Probleme sind zu bewältigen: Von Kluge soll davon abgehalten werden, nach Berlin zu kommen, obwohl Hitler ihn eingeladen hat; Tresckow will ihn nicht dabei haben. Dann können nicht in aller Eile kurzzeitige Zünder beschafft werden. Auch Hans Oster vom Geheimdienst kann nicht helfen, so dass Gersdorff auf den Zehn-Minuten-Zünder angewiesen ist, den er bereits vorrätig hat.[147]

Am Tag vor der Führung durch das Prachtgebäude Unter den Linden erkundet von Gersdorff das zeremonielle Protokoll sowie die Sicherheitsmaßnahmen für das Zeughaus. Er gelangt zu der Überzeugung, dass es sinnlos wäre, seine Bombe an einer bestimmten Stelle zu platzieren. Es bleibt am Ende nur eine Möglichkeit übrig: Er muss sie unbedingt selbst am Körper haben und sich gemeinsam mit Hitler zerfetzen. Wird er der erste Selbstmordattentäter der Geschichte oder hat es das vorher schon einmal gegeben? Am Abend bringt Schlabrendorff seinen Sprengstoff zu Gersdorff. Wie ein zum Tode Verurteilter kann von Gersdorff die ganze Nacht kein Auge zumachen. Am nächsten Tag hält er sich am Zeughaus auf, bis die Herren des Tages vor dem Gebäude auftauchen. Gelingt der Anschlag, ist also die ganze Führungsriege auf einmal tot. Dann hat sich sein Opfer gelohnt. Nach einer Eingangszeremonie und einer Rede des Führers auf einem Podium postiert sich Gersdorff am Eingang zur Ausstellung, um die Besucher willkommen zu heißen – und aktiviert danach den Zünder in der Manteltasche. Damit bleiben ihm noch zehn Minuten zu leben. Der Führer hält eine kurze Ansprache und geht im Anschluss zusammen mit Göring, Himmler, Dönitz und Keitel zu jener Ausstellung hinüber. Dort warten am Eingang bereits Feldmarschall Model als Vertreter des Generalfeldmarschalls von Kluge, der Direktor des Museums und eben Gersdorff. Als der Rundgang anfängt, hält sich der Todesengel dicht an der Seite des Führers. Er will seine Ausführungen mit Informationen zu den napoleonischen Fahnen beginnen, die sie in der Nähe vom Städtchen Borissow erbeutet hatten. Doch Hitler wirkt relativ zerstreut und hört nicht richtig zu. Statt sich für die tollen Ausstellungsstücke zu interessieren, bricht er kurz danach unvermittelt diese Besichtigung ab und läuft zügig in Richtung des seitlichen Ausganges an dem Kastanienwäldchen. Was hat er denn jetzt vor? Gersdorff ist geradezu vom Donner gerührt. Hinterherlaufen würde den Argwohn der Leibwächter wecken. Er begreift, dass er sich in der entscheidenden zehnten Minute nicht im Umfeld Hitlers befinden wird und dass sein Unterfangen fehlgeschlagen ist. Daraufhin eilt er schnellstens zu der Toilette, um den Zeitzünder zu deaktivieren. Er will doch letzten Endes ein Selbstmordattentat verüben und keinen Selbstmord.[148]

Anschließend geht er, um mit sich allein zu sein, aus dem Zeughaus und zur nahe gelegenen Schadowstraße, wo sich der *Union-Club* befindet. Er trifft da noch benommen auf den Kölner Bankier Waldemar von Oppenheim, der ihm erzählt, er habe gerade eine Gelegenheit versäumt, Hitler zu lynchen: „Vor meinem Parterrezimmer im Hotel *Bristol* kam er ganz langsam im offenen Wagen die »Linden« vorbeigefahren. Es wäre eine Leichtigkeit gewesen, ihm über den Fußgängersteig hinweg eine Handgranate in den Wagen zu werfen." Von Gersdorff antwortet nicht. Er ist versunken in seine eigenen Gedanken. Ja, das Hotel *Bristol.* Das ist bloß zweihundert Meter vom Brandenburger Tor entfernt, Unter den Linden, Nummer 65. Diese *Begegnung der Dritten Art* in der Reichshauptstadt überrascht kaum, wenn man draußen immer häufiger Witze hört, die so beschaffen sind: Adolf, Hermann und Goebbels machen einen Rundflug über die deutschen Städte. Überall herrscht Not und Hunger. Adolf hat eine menschliche Minute und wirft Brotmarken herab, um so zu helfen. Hermann lässt sich nicht lumpen und wirft sogar Fleischmarken herab. Goebbels fragt den Piloten, womit man wohl der Bevölkerung noch eine Freude machen könnte. Da antwortet der Pilot mit grimmigem Gesicht: „Wenn ich euch alle drei hinabwerfen würde!"[149] Es erstaunt dann auch nicht, dass seit dem Ausbruch des Kriegs die Anzahl der Insassen in den Gefängnissen und in den Konzentrationslagern der Nazis derartig in die Höhe geschnellt ist. Geteilter könnte die Nation einfach nicht sein. Die Leute zu Hause am Volksempfänger werden über den jüngsten Versuch zur Hinrichtung Hitlers naturgemäß nicht informiert – von wem auch? Es dringt aber doch bis an die Ohren der Kollegen von *Horch-und-Guck*, dass sie ihre Mutmaßungen anstellen, warum denn wohl zwischen dem Eintreffen Hitlers im Zeughaus Unter den Linden und seiner Ankunft an dem Ehrenmal am Rand der Prachtstraße buchstäblich weniger als zwei Minuten liegen. Es ist geradezu grotesk, dass sie zu Hause so zu Zeugen dieser Aktion werden. Eine Vermutung läuft darauf hinaus, dass es sich um eine Zusammenfassung der Veranstaltung gehandelt habe. Weil die Veranstaltung in der Tat erst eine Stunde später als vorgesehen begann, ist diese Deutung gar nicht so weit hergeholt. Die Schwammigkeit in der Planung entstammt dem Sicherheitskonzept. Bei der Ansprache Hitlers fiel obendrein auf, dass er „teilweise recht schnell gesprochen“ habe und insgesamt sehr kurz, was zu Spekulationen führt, dass eine Störung des Staatsaktes durch Feindeinflüge gedroht habe.[150]

Es führt definitiv zu weit, allein die mannigfachen Attentatsversuche auf Hitler zu schildern, die die Sphäre des Wunschdenkens verlassen haben und letztlich in die Phase der Planung und sogar der Ausführung gelangt sind. Darüber schreibt später bestimmt einmal ein Forscher sein eigenes Buch.[151] Es bleibt dabei: Hier gab es noch gegen keinen Politiker so viel Hass. An den Planungen sind nicht einmal bloß Militärs beteiligt. Auch Landwirte, Geschäftsleute, Richter, Anwälte, Lehrer, Professoren sowie Geistliche gehen aufs Ganze.[152] Es bleibt nur zu wünschen, dass man die Diktatur mit den von der Öffentlichkeit ferngehaltenen Scheußlichkeiten später nicht als Erfüllung der Träume oder als ein Endziel des deutschen Volkes darzustellen versucht. Da es Millionen unterschiedliche Deutsche gibt, wäre das übler Rassismus. Sonst kommt womöglich gar der Schluss heraus, dass in Deutschland lediglich zwei der sechs Kinder von Familie Scholl aus Ulm dem Führer auf seinem Obersalzberg etwas anderes als gläubige Liebe entgegenbrachten und alle anderen an den Lippen eines

Joseph Goebbels hingen und zu jeder Schandtat bereit waren. Trotzdem haben die hohen Militärs, die Hitler ab und zu kurzzeitig einmal sehen, bessere Chancen, um diesen menschlichen Sprengsatz zu „entschärfen". Deshalb sammeln sich auch in Führungszirkeln anderer Frontabschnitte Offiziere, die das Schicksal endlich selbst in ihre Hände nehmen wollen.

In einer Zeit, in der formale Organisationen zerschlagen oder ein Jahrzehnt lang schon gleichgeschaltet sind, findet man das knappe Gut Vertrauen, das zur Diskussion und Entscheidung bei so hochverräterischer Aktivität unentbehrlich ist, noch am ehesten im Kreise alter Schul- und Studienfreunde und bei Verwandten. Oberstleutnant Claus Schenk Graf von Stauffenberg wirbt 1943 weitere Offiziere an – unter ihnen ist zum Beispiel Fritz-Dietlof von der Schulenburg im Potsdamer Ersatzbataillon des 9. Infanterie-Regiments. Gerade bei den traditionellen Eliten gibt es die Großfamilie bis zum entferntesten Vetter als Einheit der Interaktion und Loyalität.[153] Generalleutnant Adolf Heusinger* weist den Leiter der Abteilung „Fremde Heere Ost" Reinhard Gehlen* in die Vorbereitungen der Soldaten im Widerstand ein, wobei Adolf Heusinger hier nicht lange zu reden hat. Reinhard Gehlen war ja vor dem Kriege überhaupt in den Generalstab geholt worden, als die kritische Haltung zum herrschenden Regime aufgefallen war. Nach „allen Feststellungen und Überlegungen, die immer wieder auf Hitler als den Verantwortlichen für die bevorstehende Katastrophe führten", sind für ihn Heusingers Hinweise natürlich nicht überraschend, gehört doch der General, ebenso wie er selbst, zum Kreis derer, denen alle wichtigen Nachrichten zugänglich sind. Was die eingegangenen Meldungen für das Vaterland bedeuten, muss ihm keiner erklären. In der Folgezeit bemüht er sich in Unterhaltungen mit seinem Regimentskameraden General Stieff, dem Chef der Organisationsabteilung, auf die notwendige Beschränkung des Mitwisserkreises und ganz besonders auf größte Vorsicht bei der Vorbereitung von Gewaltaktionen zur Beseitigung Hitlers zu drängen.[154]

Einigkeit gibt es bei den Verschwörern in einer Hinsicht: Hitler hat von der Kommandobrücke zu verschwinden. Aber an der heißen Frage, ob er auch umgebracht werden darf, scheiden sich weiterhin die Geister. Ganz besonders die älteren Soldaten haften wie Kletten an ihrem christlichen Glauben. Reinhard Gehlen fällt das vor allem bei Generaloberst Ludwig Beck und beim eigenen Vorgesetzten Admiral Wilhelm Canaris auf. Sie stehen nach wie vor dem Nationalsozialismus ablehnend gegenüber; der Admiral leidet jedoch wie der Generaloberst darunter, dass seine innere Einstellung dem Diensteid widerspricht, den er unter Bezug auf Gott geleistet hat.[155] Die Gewissensfrage bleibt: Wo zieht man die Grenze? Ist es völlig in Ordnung, einen Menschen umzubringen? Soll man, muss man auch Goebbels, Himmler und Göring mit umbringen? Ist es dann genauso in Ordnung, alle Mitglieder der SA, der SS und der NSDAP zu töten?

An welchem Punkt kommt man selbst beim Denken der Nazis an? Gute Frage, nächste Frage. Wer legt am Ende den Maßstab fest, wen man nun umbringen darf, wenn nicht Gott? Der *Führer in den Irrsinn* hat solche Sorgen umgekehrt gar nicht, wovon der inzwischen gechasste Chef vom Generalstab, Franz Halder, ein Lied singen kann. Er, der schon '38 und 1939 an den Anläufen zum Staatsstreich beteiligt war, und der zu Beginn des Krieges mit der Pistole unterwegs war, um Hitler „über den Haufen zu schießen", erinnert an Generalstabschef Helmuth von Moltke, der im Jahr 1866 äußerte: „Vor allem ist mir selbst so recht klar geworden, wie der Herr in dem Schwachen mächtig ist." Solche Worte benennen nach Halders Überzeugung „die Kraft, aus der wahres Feldherrntum schöpfen muss: Die demütige Beugung vor Gott." Diese Quelle, meint Halder, sei Hitler verschlossen, doch wahres soldatisches Heldentum im Sinne der deutschen Tradition ist nach seiner Ansicht nicht denkbar ohne tieferes Erfassen der Verantwortung vor Gott. Solche Gedanken überhaupt bloß zu denken sei Hitler nicht fähig. Deshalb sei „dieser dämonische Mann kein Führer im deutschen Sinne" und erst recht sei er kein Feldherr.[156]

Wie kann man ein Versailles II jetzt noch verhindern?

Ob im Osten oder im Westen – Das Ende Deutschlands, vor dem verantwortungsbewusste und mutige Männer Hitler schon 1938 und 1939 gewarnt hatten, rückt in Reichweite. Mag sein, dass die Front im Osten im Moment etwas zur Ruhe gekommen ist, aber das kann nur heißen, dass die Sowjets im viel größeren Raum östlich der besetzten Gebiete rüsten, was das Zeug hält, und sich auf die nächste Offensive zum Hinauswerfen der ungebetenen Gäste mit ihrem kriminellen Gebaren vorbereiten. Der rote Diktator hat zwar eigene Vorstellungen davon, wen er in Ruhe lässt und wen nicht, er hat aber wenigstens nichts gegen Russen an sich. Vor allem in den westlichen Gebieten Deutschlands zerstören britische und amerikanische Flieger ein Wohnhaus nach dem nächsten unter großem Getöse und begraben auf die Art Frauen, Kinder und alte Leute. Wurden die Terrorangriffe mit Bombern und Maschinengewehrbeschuss anfangs noch als *moral bombing* scheinheilig schöngeredet, als würde mit dieser Vorgehensweise die Kampfmoral in Hitlers Diktatur zu brechen sein, so wurde jene fadenscheinige Begründung durch die Ankündigung der geplanten Niederringung des Reichs bis zur *bedingungslosen* Kapitulation endgültig entlarvt, denn mit einem so gearteten Damoklesschwert über den Köpfen der hohen Offiziere ist klar, dass namentlich sie auf Biegen und Brechen weiterkämpfen müssen. Mit der Zeit ist dies und das davon angekommen, was die Nazihorden und wohl auch Wehrmachteinheiten in den Dörfern hinter den Fronten angerichtet haben, und niemand will sich vorstellen, was die Russen mit den Deutschen veranstalten werden, wenn sie ihrer habhaft werden sollten. Allein deswegen sind die höheren Ränge schon gezwungen, eine totale Niederlage zu verhindern.

Das unschuldigste Lamm dieses Krieges, der Londoner Premierminister Winston Churchill, hat nach der Konferenz mit Roosevelt noch versucht, die Formel von der bedingungslosen Kapitulation vor dem Unterhaus in London zurechtzuinterpretieren: Die Formulierung bedeute nicht, dass das deutsche Volk vernichtet oder versklavt werden solle. Vielmehr sage sie aus, dass kein Vertrag und keine Verpflichtung die gegen die Achsenmächte alliierten Staaten im Moment der Kapitulation binden sollen. Sie berechtige nicht zu barbarischen Handlungen oder Deutschland aus der europäischen Völkerfamilie zu tilgen. Das ist sehr überzeugend, wenn es der Politiker sagt, der bereits seit Jahren verheerende Terrorangriffe auf die Insassen der Diktatur im Reich anordnet und mit allen Mitteln dafür sorgt, dass möglichst viele Deutsche ermordet werden – wenn nötig mit Phosphorregen, der in den Haaren und auf der Kleidung der ums Leben rennenden Menschen klebt und sie bei lebendigem Leibe abfackelt.[157] Da können Sie noch so kritisch gegen Adolf Hitler und das braune Regime sein, wenn Sie erst einmal brennen, dann brennen Sie. Es ist, wie schon im Weltkrieg davor, gar nicht notwendig, dass sich der Premierminister persönlich darum kümmert, dass zugleich auch möglichst vielen Russen der Garaus gemacht wird; darum kümmert sich ja schon der Führer. Der Londoner Premier braucht Stalin bloß seine zweite Front zu verweigern. Perspektivisch ist da sicher noch mehr drin. Im Moment ist es vielleicht undenkbar, *unthinkable*, dass Churchill nach dem Zusammenbruch des Deutschen Reiches die Sowjetunion angreifen will, aber wenn das Reich plattgemacht ist und Russland wieder in die alten Fürstentümer zerlegt würde, hätte der Londoner Außenminister vor dem I. Weltkrieg Edward Grey genial angefangen und Churchill würde damit unsterblich.[158]

Im März 1943 erklärt Außenminister Eden vor dem Londoner Oberhaus, Ziel des Krieges sei gewiss nicht die Vernichtung des deutschen Volkes, sondern vielmehr die Zerstörung des Hitlerstaates, den es freilich ohne die vielfältige Unterstützung aus *America and England* niemals gegeben hätte.[159] Demokratie ist eine zauberhafte Einrichtung, wenn man sie wie eine Shakespeare-Bühne zu bespielen weiß. Chamberlain war der Böse, der immer vorgab, Hitler mit seiner Unterstützung zu besänftigen, was er als *Appeasement* verkaufte, und Eden war der Gute, weil er bei seinen Besuchen gemeinsam mit Chamberlain in Hitlers Protzbauten grimmig dreingeblickt hat. Der Beste aber ist und bleibt natürlich Churchill, weil er immer auf Vorrat gehalten wurde und erst nach dem Ausbruch dieses Gemetzels wieder auf den Brettern erschien, die die Welt bedeuten. Der aktuelle Premier hatte sich zwischendurch als Privatmann verkauft, von dem hin und wieder ein Artikel in der Zeitung erschien. Doch er war am Beginn des Weltkrieges von 1914 der Erste Lord der Admiralität und er leitete schon jene Runde im Kampf gegen Kontinentaleuropa. Bleibt nur zu fragen, wer das nach drei Jahrzehnten noch weiß.

Vorstellbarer Kritik, weshalb denn wohl Deutschlands Zivilbevölkerung bombardiert wird und nicht die Gebäude, in denen die Naziführung ein- und ausgeht, begegnet man mit den gleichen Mitteln wie auch Goebbels. Noël Pierce Coward soll beispielsweise ein flottes Liedchen trällern, um jede Kritik an den Terrorangriffen ins Lächerliche zu ziehen. Man muss den Leuten doch nicht auf die Nase binden, dass er in den Diensten des Geheimdienstes Seiner Majestät des Königs MI5 steht.[160]

Don't let's be beastly to the Germans
when our victory is ultimately won.
It was just those nasty Nazis
who persuaded them to fight,
and their Beethoven and Bach
are really far worse than their bite.
Let's be meek to them
and turn the other cheek to them
and try to bring out their latent sense of fun.
Let's give them full air parity
and treat the rats with charity,
but don't let's be beastly to the Hun.

We must be kind
and with an open mind.
We must endeavour to find a way
to let the Germans know
that when the war is over,
they are not the ones who'll have to pay.
We must be sweet
and tactful and discreet.

And when they've suffered defeat
we mustn't let them feel upset
or ever get the feeling
that we're cross with them
or hate them.
Our future policy must be to reinstate them.

Don't let's be beastly to the Germans
when we've definitely got them on the run.
Let us treat them very kindly
as we would a valued friend.
We might send them out some Bishops
as a form of lease and lend.
Let's be sweet to them
and day by day repeat to them
that 'sterilization' simply isn't done.
Let's help the dirty swine again
to occupy the Rhine again,
but don't let's be beastly to the Hun.

We must be just
and win their love and trust.
And in additon we must be wise
and ask the conquered lands
to join our hands to aid them.
That would be a wonderful surprise.
For many years
they've been in floods of tears
because the poor little dears
have been so wronged and only longed
to cheat the world,
deplete the world
and beat the world to blazes.
This is the moment when we ought to sing their praises.

1943

Don't let's be beastly to the Germans
for you can't deprive a ganster of his gun.
Though they've been a little naughty to the Czechs and Poles and Dutch,
I don't suppose those countries really minded very much.
Let's be free with them and share the B.B.C. with them.
We mustn't prevent them basking in the sun.
Let's soften their defeat again
and build their bloody fleet again,
but don't let's be beastly to the Hun.

Don't let's be beastly to the Germans
when the age of peace and plenty has begun.
We must send them steel and oil and coal and everything they need
for their peaceable intentions can be always guaranteed.
Let's employ with them a sort of 'strength through joy' with them,
They're better than us at honest manly fun.
Let's let them feel they're swell again and bomb us all to hell again,
but don't let's be beastly to the Hun.[161]

Wenn man um die Hintergründe weiß, kann einem übel werden.

Lasst uns nicht fies zu den Deutschen sein,
wenn wir den Sieg endgültig errungen haben.
Es waren bloß diese miesen Nazis,
die sie zu kämpfen überredet haben,
und ihr Beethoven und Bach sind in Wirklichkeit
viel schlimmer als ihre Schlagkraft.
(Bravo! Beethoven & Bach mit Hitler in einen Topf geworfen.)
Seien wir sanft zu ihnen
und halten ihnen die andere Wange hin.
Betonen wir ihren verborgenen Sinn für Spaß.
Geben wir ihnen gleiche Rechte in der Luft
und behandeln die Ratten mit Nächstenliebe,
aber lasst uns nicht fies zum Hunnen sein.

1943

Wir müssen nett sein und aufgeschlossen.
Wir müssen uns bemühen einen Weg zu finden,
die Deutschen wissen zu lassen:
Wenn der Krieg vorbei ist,
werden sie nicht dafür bezahlen müssen.
Wir müssen lieb sein und taktvoll und besonnen
und wenn sie die Niederlage erlitten haben,
dürfen wir nicht zulassen, dass sie sich ärgern
oder jemals das Gefühl bekommen,
dass wir mit ihnen böse sind oder sie hassen.
Unsere zukünftige Politik muss darin bestehen,
sie wieder in den Sattel zu setzen.

Lasst uns nicht fies zu den Deutschen sein.
Wenn wir sie endgültig in die Flucht geschlagen haben,
sollten wir sie sehr freundlich behandeln
wie einen geschätzten Freund.
Wir könnten ihnen einige Bischöfe
leihweise zur Verfügung stellen.
Seien wir nett zu ihnen
und sagen wir ihnen Tag für Tag,
dass man einfach niemanden sterilisieren darf.
Lasst uns den Dreckschweinen erneut helfen,
den Rhein wiederzubesetzen,
aber lasst uns nicht fies zum Hunnen sein.

Wir müssen gerecht sein
und ihre Liebe und ihr Vertrauen gewinnen.
Und obendrein müssen wir vernünftig sein
und die eroberten Länder darum bitten,
uns zu helfen, den Deutschen zu helfen.
Das wäre eine wunderbare Überraschung.

1943

Viele Jahre lang
haben sie Sturzbäche von Tränen vergossen,
weil den armen kleinen Hänschen
so viel Unrecht zugefügt wurde,
und sie haben sich nur danach gesehnt,
die Welt zu betrügen,
die Welt auszunehmen
und kaputtzuschlagen.
Dies ist der Moment,
in dem wir sie loben sollten.

Lasst uns nicht fies zu den Deutschen sein.
Du kannst einem Gangster seine Waffe nicht wegnehmen,
auch wenn er zu den Tschechen und Polen und Holländern
ein bisschen ungezogen war.
Ich denke nicht, dass diese Länder etwas dagegen hatten.
Seien wir unvoreingenommen und teilen wir die B.B.C. mit ihnen.
Wir dürfen nicht verhindern, dass sie sich in der Sonne aalen.
Mildern wir ihre Niederlage wieder einmal ab
und lassen Sie ihre verdammte Flotte wieder aufbauen.
Aber lasst uns nicht fies zum Hunnen sein.

Lasst uns nicht fies zu den Deutschen sein,
wenn die Zeit des Friedens und des Überflusses begonnen hat.
Wir müssen ihnen Stahl und Öl und Kohle schicken
und alles, was sie brauchen,
weil sie garantiert nur friedliche Absichten haben.
Lasst uns mit ihnen eine Art „Kraft durch Freude“ spielen;
sie sind besser als wir, wenn es um richtig männlichen Spaß geht.
Gönnen wir ihnen das Gefühl,
dass sie sich wieder aufblasen
und uns alle zur Hölle bombardieren können,
aber lasst uns zum Hunnen nicht fies sein.

Es spricht Bände, dass die Deutschen wiederum undifferenziert mit „der Hunne" in der Einzahl angesprochen werden. Ja, Londoner Propaganda. In welch üblem Dilemma stecken seit Januar Hitlers Kritiker in höheren Rängen Deutschlands? Wann wurden sich die einzelnen Akteure absolut einig, dass es London darauf ankommen lassen will? Wahrscheinlich ist diese Einschätzung erst mit der Forderung nach einer bedingungslosen Kapitulation der Achsenmächte mehrheitsfähig geworden. Mag ja sein, dass die Hoffnung zuletzt stirbt; mag auch sein, dass mancher bis zum Januar noch gemeint hat, man könnte über geheime Verhandlungen im Hintergrund doch günstigere Friedensbedingungen heraushandeln. Das ändert aber alles nichts daran, dass sich Deutsche, denen das Vaterland lieb und teuer ist, und die keinen Bock darauf haben, wieder vor Hunger elend zu verrecken, nach Casablanca was einfallen lassen müssen. Allein das Wort von einer Kapitulation ohne eigene Bedingungen klärt bereits, dass ein „Frieden" noch krasser ausfallen muss als der von 1919. Es wird mit der Zeit immer mehr Leuten bekannt, dass überall in Europa, doch besonders in Osteuropa, bösartige Verbrechen im Namen Deutschlands begangen werden. Das würde viel härtere Sanktionen diesmal überdies noch rechtfertigen. In vielen kleinen Runden sitzen Männer und Frauen wie zum Beispiel im Kreisauer Kreis* zusammen und entwickeln die verschiedensten Denkmodelle, mit deren Hilfe man nach dem Zusammenbruch des Reichs retten kann, was noch zu retten sein wird. Da ist guter Rat teuer, denn es muss ein Ausweg gefunden werden, damit *der* Kelch an ihnen vorübergeht. Eines ist auf jeden Fall absolut sicher: Frieden im juristischen Sinne kann das Ziel der Übung nicht sein. Ein Versailles 2.0 hieße, dass wir nie wieder so leben können wie früher. Es geht um einen Schwebezustand, der eine Einigung der Alliierten über weitere hunderte von Milliarden an Reparationen für das Reich effektiv verhindern kann. Man darf nicht vergessen, dass die utopischen Summen nach Versailles bislang erst ansatzweise abgezahlt wurden.

Ob eine zündende Idee Deutschland oder vielleicht zumindest die Hälfte davon zurückführen kann aus einer großflächigen Trümmerwüste in die Elite der Wirtschaftsnationen in der Welt, wird sich dann schon zeigen.

Hitler würde das nicht mehr kratzen. Dieser Mensch kennt bloß die zwei Kategorien *Sieg* und *Tod* – wie in der Urgeschichte des Menschen. Eine Lösung kann bloß darin bestehen, dass ein Keil zwischen die westlichen Alliierten und die Sowjets getrieben wird, um sie an einer Einigung über den Friedensvertrag zu hindern. Alle Truppen sollten nach Deutschland vorstoßen können und anschließend müsste verhindert werden, dass es zur Bildung einer gesamtdeutschen Regierung kommt. Ein zweiter Staat im Reich wäre genug, um eine legitimierte gesamtdeutsche Regierung zu verhindern, die unterschreiben könnte. Der richtige Tritt ans Schienbein wäre es, die Hauptstadt eines Staates in West-Deutschland an dem Orte zu installieren, wo sich der noble Obergangster Chamberlain mehrmals mit dem Führer getroffen hat: In Godesberg bei Bonn. Genau da würden die Diplomaten aus England jeden Tag daran erinnert, welche Rolle sie persönlich in diesem Drama spielten. Moskau ist jedoch im Moment mit Amerika verbündet, da es ohne dessen militärische Unterstützung längst gegen die Wehrmacht verloren hätte. Das fängt schon beim Dynamit an, dessen größten Teil man aus Amerika beziehen muss, – und dort regiert, seit Franklin Delano Roosevelt am Ruder ist, aus unerfindlichem Grund der rosarote Blick auf das Reich Stalins. Die Beziehungen zwischen den Vereinigten Staaten und der Sowjetunion haben sich seit Roosevelts Antritt 1933 mehr als normalisiert; sie sind geradezu freundlich geworden. Moskaus Staatschef Jossif W. Stalin firmiert in großen Medien der USA liebenswürdig unter *Uncle Joe*.[162] Botschafter William Christian Bullitt, der dem Massenmörder im Kreml kritisch gegenübertreten wollte, war durch einen Mister Joseph Edward Davies ersetzt worden, der im Fahrwasser des US-Präsidenten segelte. Etwas gespenstisch ist diese Haltung der US-Administration gegenüber *Uncle Joe's Union* schon.

Hier lohnt es sich wieder einmal, einen Originaltext anzusehen, um eine Vorstellung zu bekommen, was in dieser Angelegenheit der aktuelle US-Vizepräsident anbietet. In einer Würdigung der phänomenalen Entwicklung Sibiriens schwärmt Mister Wallace: „Dies Land, das ein Achtel der Erdoberfläche umfasst, vermochte unter der Zarenherrschaft mit knapper Not kaum so viel Einwohner zu ernähren wie Pennsylvania, das nur einen hundertsten Teil seiner Größe hat. Nicht mehr als fünfundzwanzig Jahre sind seitdem vergangen, und über vierzig Millionen Menschen leben heute dort, wo im zaristischen Russland in den erbärmlichsten Verhältnissen lediglich sieben Millionen – zum größten Teil Sträflinge – vegetierten. Vor dem heutigen Sowjet-Asien müssen die Verleumder Russlands verstummen."[163] Das Zitat stammt allen Ernstes von Henry Agard Wallace, dem Vizepräsidenten hinter dem *sowjetfreundlichen* amerikanischen Präsidenten. Kein Wort der Kritik an dem System der „Gulags", den bedeutend erweiterten Strafgefangenenlagern, in denen wesentlich mehr Häftlinge hausen als zu seligen Zarenzeiten und in denen auch viel mehr Menschen jämmerlich zugrunde gehen. Über die Perspektiven der Entwicklung der Beziehungen zwischen den Vereinigten Staaten und der Sowjetunion schreibt er in einem Buch für Amerikaner, die Zusammenarbeit der zwei Nationen möge über den Krieg hinaus in der Nachkriegs- und Friedenszeit fortdauern.[164]

Mancher in *America* reibt sich schon ein Jahrzehnt lang die Augen, weil es nicht zu glauben ist, was die herrschende Administration zu Russland sagt, und noch mehr, was sie zu den Zuständen dort nicht sagt. Und das war schon von 1933 bis 1939 so. Lesen wir ruhig noch ein Stück mehr. Das geht im ganzen Buch so weiter: „Es ist kein Zufall, dass Amerikaner und Russen einander mögen, wenn sie sich kennen lernen. Beide Völker wurden geformt vom riesigen Schwung eines reichen Kontinentes. Beide Völker wissen, dass ihre Zukunft großartiger ist als ihre Vergangenheit. Beide hassen die Heuchelei. Als die Russen die Fesseln des zaristischen Absolutismus abgeschüttelt hatten, wandten sie sich instinktiv den Vereinigten Staaten zu, um wirtschaftliche und landwirtschaftliche Hilfe zu erhalten." Was für ein schwülstiger Kitsch. Als am 1. Mai im Jahre 1918 eine „Amerikanische Liga zur Hilfe und Zusammenarbeit mit Russland", die *American League to Aid and Cooperate with Russia*, von Vertretern großer Firmen und Banken gegründet wurde, lebten die Bolschewiki im revolutionierten Zarenreich im ganz festen Glauben, dass sie anzutreten hätten gegen die Klassenfeinde in aller Welt, die ihnen ihre Sandburgen wieder einreißen wollten.[165] Wären nicht Unterhändler aus den USA gekommen und hätten Hilfe angeboten, hätte man sich *instinktiv* bemüht, das kriegsgebeutelte Land allein aufzubauen. Davon abgesehen weiß der gute Mann nicht oder sagt nicht, dass unter den Interventionstruppen in den Jahren nach der russischen Revolution vom Oktober 1917 auch US-Truppen waren, wenn auch nur wenige tausend Soldaten.

Was ist also die Lösung des Problems? Was zeitnah herbeizuführen sein wird, ist eine Art kalter Krieg, wenn der aktuelle Krieg erst einmal vorbei ist. Man müsste den beiden Westmächten einreden, dass die Sowjets die Absicht hätten, nach der geschlagenen Schlacht gegen Hitler dann ihren Bolschewismus in anderen Ländern ebenso durchzuboxen, und, dass es in den Weiten des eurasischen Sowjetreiches militärische Möglichkeiten gebe, die es in die Lage versetzen, die Welt zu bedrohen. Das muss ja gar nicht alles auf der Stelle passieren. Hauptsache, man hat gute Pläne von wichtigen Städten und Regionen in der Sowjetunion, mit denen man die Amis später hinters Licht führen kann. Hier kommt den Deutschen auf jeden Fall zupass, dass es die Amerikaner aufgrund ihrer Geschichte für unschicklich hielten, einen Geheimdienst zu unterhalten, war dies doch unter der Würde für eine freiheitliche Gesellschaft. Was sie während des Krieges als OSS aus dem Boden gestampft haben, dient ja nur zur Unterstützung der aktuellen Kampfhandlungen gegen die Wehrmacht. Damit haben diese Amerikaner allerdings noch lange keine geheimdienstlichen Kenntnisse über das mächtig-gewaltige Reich der Sowjets. Hier könnten die deutschen Agenten von der Ostfront genüsslich Nachhilfe geben.[166]

Wer entwickelt den rettenden Einfall? Heusinger? Gehlen? Wenn dieser *coup* gelingt, wird das keine Rolle mehr spielen, und gelingt er nicht, ist ohnehin alles andere gleichgültig. Mag sein, dass jener Beschluss gefasst wurde, als sich der Freundeskreis von Moltkes am 22. Februar das dritte Mal auf seinem Gut in Kreisau getroffen hatte. Aber selbst zwei Wochen früher oder später spielen keine Rolle. Mag auch sein, dass dies nicht die Lösung für das ganze Reich sein kann – für die östliche Hälfte von Tilsit bis herein an den Harz wird das bitter. Man wird abwarten müssen, bis die Truppen der Briten, der Amerikaner und der Sowjets alles besetzen, und dann müssen die westlichen und die östlichen Alliierten gegeneinander ausgespielt werden. Sie werden dort bleiben müssen, wo sie sind, und dann sind viel diplomatisches Geschick sowie solide Kenntnisse im juristischen Bereich erforderlich. Wehe dem, der unter *den* Umständen dann auf demokratischem Wege in ein hohes Amt in Deutschland rein-Brandtet und keine Ahnung von der Krümelkackerei der Juristen hat.

Die Hauptlast der Vorbereitung solch eines kalten Krieges zwischen den *Yankees* und *Uncle Joe's Empire* liegt zuallererst auf den Schultern der engsten Kollegen in der Leitung des Abwehrdienstes Fremde Heere Ost, der von Generalmajor Reinhard Gehlen* geführt wird. Er hat das Drama miterlebt: „Jahrelang waren wir gezwungen, mit den Augen des Gegners zu sehen und uns in seine Denkweise und Absichten einzuleben. Schon frühzeitig konnten wir seine wachsende Siegeszuversicht feststellen und mussten sie als berechtigt anerkennen. Damit ahnten wir aber auch unausweichlich das Herannahen der Katastrophe voraus. Es ist verständlich, dass sich dabei auch Überlegungen aufdrängten, was getan werden müsse, wenn der Zusammenbruch einmal eingetreten sei." Er räumt ein, dass sich sein Umfeld nicht freiwillig damit abfindet, dass endgültig das Ende Deutschlands gekommen sei. Diese Haltung drängt ihm Gedanken darüber auf, welche Verpflichtungen sich für ihn ergeben werden für die Zukunft nach dem Kriege. Er weiß am besten, dass solche Überlegungen nicht auf einmal entstehen – sie reifen in einem Denkprozess. An jenem Grübeln ist neben ihm ebenso Major Gerhard Wessel* beteiligt. Darüber hinaus hat auch Fremde Heere West seinen Part zu leisten: Ludwig Beck und Carl Friedrich Goerdeler entwickeln die Idee, über den Waffenstillstand an der Westfront mit den Briten und Amerikanern zu verhandeln und dafür die Landung alliierter Truppen im Westen zu ermöglichen.[167]

Die Männer in der Leitung der Abwehr können sich vorbehaltlos aufeinander verlassen und der innere Zusammenhalt der Abteilung hält allen Krisen stand. Selbst der Nationalsozialistische Führungsoffizier tanzt in ihrer Abteilung nicht aus der Reihe. Reinhard Gehlen weiß selbstredend, dass das nicht überall so ist. Extreme Haltungen, sowohl in Form eines ausgeprägten Nationalsozialismus wie auch eines ganz hemmungslosen Fatalismus in der inneren Einstellung mancher jüngerer Offiziere außerhalb seiner Abteilung, zeigen doch zuweilen, dass die Dauer des Krieges und die Indoktrination der letzten zehn Jahre sich auswirken. Durch die Umstände rund um Gehlen werden ihre Überlegungen auch nach außen abgeschirmt, was bei einer Verschwörung natürlich unabdingbar ist. Es darf sicher davon ausgegangen werden, dass Reinhard Gehlen und seine Mitarbeiter jetzt bereits damit anfangen, ihre Feindlageberichte über die Rote Armee einmal für den täglichen Gebrauch zu schreiben und einmal ihre Unterlagen parallel dazu so zu überarbeiten, dass sie später ebenso zur Irreführung der Amerikaner genutzt werden können. Immerhin sind sie noch in großen Teilen der Sowjetunion unterwegs und haben bislang noch Chancen, um sich in den Städten und Dörfern des Riesenlandes zu bewegen und sich dort umzusehen, um Aufzeichnungen zu machen und getürkte Karten anzufertigen. Wer weiß denn, ob sie im Jahre 1944 nicht längst aus dem Tempel vertrieben sind? Dann ist es dafür zu spät. Es ist nur eines sicher: Was in insgesamt fünfzig Kisten für die Zeit nach dem Krieg landet, sind Fälschungen.[168]

In Anbetracht der irren Verwüstungen, die auch US-Bomber im Westen Deutschlands anrichten, wird sich das schlechte Gewissen der Agenten wohl in Grenzen halten. In Bezug auf Hitler und seine *crew* dürften die Männer ihre Arbeit an sorgfältigen Lageberichten samt und sonders einschätzen wie Heinz Felfe*, einem weiteren dieser Geheimdienstmänner, der sagt: „Deprimiert stellten wir fest, dass wir mit diesen Lageberichten und Einzelmeldungen – soweit es Referenten erkennen konnten – verhältnismäßig wenig erreichten. Alarmierende Informationen glaubte die Führung – Himmler, Ribbentrop, Hitler – nicht oder kaum oder nahm sie nicht ernst. Sie glaubte fast immer nur das, was in ihr vorgefertigtes Bild passte, und dem widersprechende Informationen tat sie als falsch, gar als feindliche Irreführung oder Ähnliches ab." Menschlich hat er da völlig Recht; letztlich hat doch keiner der Agenten den Ehrgeiz, falsche oder unvollkommene Lageinformationen weiterzugeben. Jeder bemüht sich darum, objektiv zu berichten, aber niemand von ihnen kann diese

„immer schneller werdende Fahrt ins Verderben abbremsen".[169] Gehlen und die anderen Köpfe aus der Schar der deutschen Agenten im Ausland brauchen jedenfalls nicht zu lange, um zu begreifen, „was getan werden müsse, wenn der Zusammenbruch einmal eingetreten" ist.[170]

Mein Gott, wie unmoralisch, werden manche im Publikum jetzt denken. Die Verlierer des Kriegs können doch nach dem Zusammenbruch keinen kalten Krieg zwischen den Alliierten organisieren! Aber wenn wir schon bei moralischen Bedenken angekommen sind, können wir uns auch einmal in jene hohen Bediensteten des Deutschen Reiches hineinversetzen, die zeitlebens dafür gearbeitet haben, ihren Staat nach der Katastrophe des Weltkrieges von 1914 bis 1918 und den zugegebenermaßen unerträglichen Friedensbedingungen von 1919 aus dem Chaos zu retten und ihn wieder zu alter Blüte zu führen. Manch einem von ihnen schien Kanzler Adolf Hitler in den Jahren seit 1933 Ruhe in die bürgerkriegsähnlichen Zustände der frühen dreißiger Jahre zu bringen. Aber wer hat den Herrn Volkskanzler denn ernst genommen? Als Übergang war der gedacht und nicht als das Patentrezept für das Reich. Nach der sogenannten Fritsch-Krise fünf Jahre später ging manchem von ihnen ein Licht auf. Nach der Sudetenkrise und der Nacht der Ausschreitungen gegen Juden und ihre Gotteshäuser waren sie endgültig munter. Wie viele fähige Leute waren seit 1933 schon aus dem Reich geflüchtet? Banker, Wissenschaftler und Künstler. Nein, die Nazis hatten nicht das Gefühl, dass sie im stumpfen Rassismus wertvolles Potenzial hatten ziehen lassen, das dem Reich einmal fehlen wird. Die begehrten Nobelpreise sind schon lange der Schnee von gestern. Während des Sommers 1939 war offenbar manch einem in den alten Eliten klar geworden, dass es dem selbsternannten Führer auf dem Obersalzberg nicht nur um den Wiederaufbau der Großmacht ging, sondern um Krieg um jeden Preis. Die Briten haben ihm Österreich und die Sudeten ausgeliefert. Alte deutsche Gebiete in Polen waren ihm versprochen – was wollte er denn noch? Dieser wirre Kopf wollte den Krieg haben und dann sollte unter seinem Namen ein *antikes* Großreich in die Weltgeschichte eingehen – in der modernen Zeit. Wie viele Emissäre hat das Auswärtige Amt seit dem Jahr 1938 nach London hinübergeschickt, nach Paris und über den Atlantik hinweg, um Adolf Hitlers Überfälle auf andre Länder zu vereiteln, und wie oft sind sie mit fadenscheinigen und haarsträubenden Begründungen an der Themse abgewiesen worden? So war es schon im Frühjahr 1938, dann wieder im Herbst, so war es 1939, und jeder Versuch, London und Washington seit 1940 davon abzuhalten Hitler und seine Spießgesellen als die legitime Vertretung des deutschen Volkes anzusehen, ist immer wieder fehlgeschlagen. So ein kalter Krieg ist keine schlechte Lösung, doch wird es soweit kommen? Woher sollen die Deutschen denn wissen, dass die Briten planen, nach dem Sieg über Deutschland die Sowjetunion ebenso anzugreifen und auf diese Art zwei Reiche mit einem Abwasch auszuradieren? Wenn es den Deutschen gelänge, ihren Plan umzusetzen, dann würde ihnen zuerst Churchills Plan für eine *Operation Unthinkable* zum Opfer fallen, und dabei war bislang für die Briten alles so gut gelaufen. Nach 1914, in den 1920er Jahren, in den 1930er Jahren und jetzt seit 1941. In Deutschland steht in absehbar kurzer Zeit kein Stein mehr auf dem anderen und was bei den Russen im Moment noch nicht im Eimer ist, soll nach der Kapitulation des Reiches endgültig klipperklar geschossen werden.[171]

In der Bevölkerung des Reiches wird man noch nicht einmal auf unüberwindliche Widerstände für den Teilungsplan stoßen. Im Süden und im Westen gibt es ohnehin vielfach die Hoffnung, nach der Katastrophe sei eine Aufteilung in eine anglo-amerikanische Sphäre und eine russische Region zu erwarten, die die eigene Landschaft vor den Sowjets bewahrt, und in der Arbeiterschaft herrscht die Überzeugung, es würde Arbeitern im Bolschewismus „nicht wesentlich schlechter gehen als jetzt".[172] Doch auch im Osten gibt es nicht bloß Arbeiter, die vom Leben unter bolschewistischen Vorzeichen träumen. Werden sie sich dagegen wehren? Ideen für eine Abspaltung hatten freilich bereits vor dem Kriege viele Gruppen des Widerstandes gegen das Hitler-Regime, wie zum Beispiel Mitglieder des „Reichs- und Heimatbundes deutscher Katholiken" und der „Reichs-Arbeitsgemeinschaft deutscher Föderalisten", die die Autonomie für das Rheinland und andere Teile des Deutschen Reiches in einem neuorganisierten Bundesstaat anstrebten. Die beiden Organisationen wurden von

Benedikt Schmittmann geführt, der wegen dieser Verschwörung im KZ Sachsenhausen starb, oder klarer gesagt, totgetreten wurde. Mit solchen Vorstellungen ist durch die enge Freundschaft mit Schmittmann neben anderen auch der frühere Oberbürgermeister der ehemals schönen Stadt Köln, Dr. Konrad Adenauer*, vertraut. Damit Männer wie er nicht neue Sachen aushecken und sich mit anderen vernetzen, hat er sich alle paar Tage bei der Polizei zu melden.[173] Seine Gegnerschaft zum herrschenden Regime ist den Nazis schon vor zehn Jahren aufgefallen, als sie forsch in die zu großen Schuhe der Herrschenden hineingeschlüpft waren.

Weil doppelt einfach besser hält, führt der Kopf des zivilen Widerstands Carl Friedrich Goerdeler eine zweite Komponente in den schlauen Plan ein. Im Jahr 1938 und somit noch vor dem Krieg schrieb er selbst, wenn es zu einem Krieg komme, wären die deutschen Gebiete östlich der Oder weg. In einer Denkschrift fixiert er am 26. März 1943 *neue* Forderungen für die Zeit nach dem Krieg. Auf einmal hält er neben der Erhaltung von Österreich und dem Sudetenland beim Reich sogar den Zugewinn eines Gebietes wie Südtirol für möglich, das sicher einst zum Habsburgerreich gehört hat, aber nie zu Deutschland, und auf das obendrein gar jemand wie Kanzler Adolf Hitler feierlich verzichtet hatte. Das lässt auf alle Fälle aufhorchen, hatten doch Abgesandte des Auswärtigen Amtes sowie des Generalstabes der Deutschen Wehrmacht schon im Oktober 1939 nach den Kriegserklärungen Englands und Frankreichs nur noch die Garantie der Versailler Grenzen im Osten und im Westen erhofft.[174] Was soll das?

Wenn Goerdeler in dieser gar nicht mehr rosigen Lage anfängt, utopisch anmutende Gebietsforderungen in den Raum zu stellen, darf man davon ausgehen, dass sie in einer Patt-Situation zwischen den Russen und den Westmächten eine Einigung zwischen ihnen und Deutschland über eine Regelung der deutschen Frage und die damit verbundenen neuerlichen Reparationsforderungen so lange wie bloß denkbar unmöglich machen. Alternative Deutungen zu der vorliegenden sind immer willkommen, da die Beschreibung von Vorgängen in fremden Köpfen letzten Endes einer Spekulation gleichkommt. Oder würden Sie jedes Wort Ihnen vertrauter

Menschen oder ganz und gar von Unbekannten einfach für bare Münze nehmen? Eine Möglichkeit besteht zum Beispiel darin, dass ein schlauer Kopf wie Carl Friedrich Goerdeler im Prinzip sturzdumm ist, vergesslich beziehungsweise von deutscher Großmannssucht mehr erfüllt ist als der Führer in Berlin persönlich. Abgesehen von Goerdelers eigener früherer Darlegung kann man den kreativen Ausbau der Gebietsforderungen im Jahr 1943 – nach der Konferenz von Casablanca und dem militärischen Fiasko der Wehrmacht in Stalingrad – gewiss auch in Beziehung setzen mit frühen Orakeln aus Zeiten, als noch lange kein Krieg am Horizont zu sehen war. So hatte der Vater von Franz J. Strauß* nach der Ernennung Hitlers zum Reichskanzler in Berlin zum Sohnemann gesagt: „Bub, jetzt ist der Hitler Kanzler. Das bedeutet Krieg, und dieser Krieg bedeutet das Ende Deutschlands."[175] Er rechnete nicht damit, dass das Reich dadurch noch weiter wächst. So hatte sich auch Ernst Reuter* 1933 über die Ostprovinzen geäußert.[176] Und wie oft ist das besonders seit dem Beginn des Kriegs immer wieder von Diplomaten bis hinunter ins einfache Volk geäußert worden? Die Gebiete östlich der Oder werden bei einer weiteren Niederlage nicht mehr zu halten sein. Aber ein Carl Friedrich Goerdeler fährt nach dieser Katastrophe ernsthaft heftige Geschütze auf. Bis wann werden sich derartig illusorische Gebietsforderungen nach einer solchen *bedingungslosen* Kapitulation weiter aufrechterhalten lassen? Bis 1950? Bis 1970? Oder vielleicht bis 1990? Oder wird jemand bemerken, dass es sich bei der utopischen Forderung nach dem Deutschen Reich in seinen Grenzen vom 31. Dezember des Jahres 1937, das heißt mit Schlesien, mit Ostpreußen und weiteren Gebieten, um einen Schwindel handelt?

Die Idee hinter den Gebietsforderungen scheint tatsächlich zu sein, dass mit ihrer Hilfe eine ernsthafte juristische Hürde für den Abschluss eines regulären Friedensvertrages aufgetürmt wird. Waren jene Reparationsforderungen nach dem Weltkrieg von 1914 bis 1918 bereits unbezahlbar, so geht es nunmehr darum, einem neuerlichen Eisberg an Forderungen der Siegermächte zu entgehen. Wenn Hitlers Krieg irgendwann vorüber ist, wird es ja ohnehin heißen, Deutschland habe von den Reparationen für den ersten Weltkrieg vor drei Jahrzehnten bei Abzug der westlichen

Kredite nur drei Milliarden Mark bisher netto bezahlt. Allein für diesen Eisberg hat Deutschland noch viele Jahrzehnte hart zu arbeiten.[177]

Die dritte Komponente des Planes rundet diesen Giftmix ab. Den kalten Krieg müssten die Mächte rund um ein geschlagenes Deutsches Reich in Zukunft mit Atombomben führen, mit neuartigen Waffen, an denen hier seit 1939 gearbeitet wird und die andere Staaten inzwischen ebenso auf dem Wunschzettel haben. Dieses Teufelszeug muss alles in den Schatten stellen, womit bisher Kriege geführt wurden, damit es nach dem Sturm keinen weiteren Windhauch in Europa geben kann, wollen *Tommys* und *Yankees* nicht diesmal ihre eigene Vernichtung herbeiführen. Dabei sind die Deutschen gezwungen, mit höchstem Einsatz in zwei Richtungen zu arbeiten: Sie müssen die Forschung so schnell wie möglich vorantreiben und deren Ergebnisse dem Führer zugleich vorenthalten, damit der Irre nicht meint, er könne derartige Bomben zur Erringung seines Endsieges verwenden. Dass diese „die Explosivkraft der bisher stärksten Explosivstoffe um mehrere Zehnerpotenzen übertreffen“, stand ja schon 1939 in einem Bericht von Werner Heisenberg* an das Heereswaffenamt.[178]

Was die Gefahr anlangt, wenn Gröfaz – der Größte Feldherr aller Zeiten auf dem Obersalzberg – solche unvorstellbar zerstörerische Bomben in die Finger bekommt, tauschten sich schon am 2. Februar 1940 beispielsweise auch die Atomforscher Manfred von Ardenne* und Max Planck* aus. Planck sagte damals: „Die Folgen werden unvorstellbar sein, wenn dieses Machtmittel in unrechte Hände gerät.“ Manfred von Ardenne hat sich im September 1940 dann mit dem Atomphysiker Carl Friedrich von Weizsäcker* und dessen Vater, dem Staatssekretär im Auswärtigen Amt Ernst von Weizsäcker* in dieser heiklen Frage ausgetauscht. Im Oktober 1940 folgte Carl Friedrich von Weizsäcker einer Einladung zum Gegenbesuch im Institut Manfred von Ardennes in Berlin-Lichterfelde. Dabei übergab Carl Friedrich von Weizsäcker seinem Kollegen ein *Gutachten*, in dem er schrieb, dass „Atombomben aus einem trivialen Grund in der Praxis gar nicht funktionieren können: Bei hohen Temperaturen, wie sie unzweifelhaft bei der Uranspaltung auftreten, müsste die Kettenreaktion rein theoretisch wieder zum Stillstand kommen." Die Bombe könne also gar nicht explodieren.[179] So wurden die Hoffnungen Hitlers gedämpft. Es ist abwegig, hier von Vaterlandsverrat zu sprechen. Wenn Hitler Waffen dieser Art in die Hand bekommt, dann wird er sie zweifelsfrei einsetzen, und zwar gegen London. Doch mit der Zerstörung von ein, zwei Städten in England ist nicht das Land verschwunden. Im Übrigen bleibt Amerika auf dem Plan. Dafür wird man sich über kurz oder lang an Deutschland rächen und wer das nicht verhindert, der begeht Vaterlandsverrat.

Als Fritz Houtermans* in den Gewissenskonflikt geriet, seinen eigenen, praktikablen Weg zum Bau der Atombombe gefunden zu haben, sie aber nicht entwickeln wollte, vertraute er sich endlich dem Hitlergegner Max von Laue* an. Sein Physikerkollege war deutlich entspannter und sagte zu ihm: „Verehrter Kollege. Eine Erfindung, die man nicht machen will, macht man auch nicht." Daraufhin schickte Houtermans ein warnendes Telegramm an seinen früheren ungarischen Kollegen Eugene P. Wigner, der in die USA gegangen war, in dem stand: „Beeilt Euch! Wir sind nahe dran!" Seit September 1941 sieht auch Heisenberg „eine freie Straße zur Atombombe". Werner Heisenberg selbst ist jedoch genau wie auch Carl Friedrich von Weizsäcker der Überzeugung, dass die an dem deutschen Atomprojekt beteiligten Forscher mit nur wenigen Ausnahmen eine derartige Waffe aus Prinzip nicht wollen. Über den aktuellen Stand, was die Atomforschung im Deutschen Reich anlangt, sollte dann Ende Februar 1942 auf einer Tagung einer Arbeitsgemeinschaft „Kernphysik" berichtet werden. Die Tagung fand statt, aber ohne die verehrten Ehrengäste der Veranstaltung: Hitler, Göring und Bormann. Einige der Forscher hatten sich von deren Anwesenheit einen Auftrieb für das Atomprojekt erhofft. Andere verstanden es, die drei fernzuhalten. Hitler hofft weiter auf diese Bombe der Bomben und obwohl Göring im April 1942 die Forschung für Projekte untersagte, die erst nach dem Krieg nutzbar sein würden, blieb die Bombe auf dem Wunschzettel und Albert Speer sagte den Forschern am 4. Juni 1942 zu, als Reichsminister könne er die notwendigen Mittel in jeder Höhe beschaffen. Heisenberg, Hahn und Weizsäcker versuchten abzuwiegeln, die Forschung werde sicher noch ein paar Jahre dauern.[180]

General Leslie R. Groves, der Chef des *Manhattan-Projects*, mit dem die Amerikaner seit Ende 1941 auch eine solche Atombombe bauen wollen, meint Anfang 1943, dass die deutsche Kernenergieforschung bis zu dem Punkt gediehen sei, an dem Deutschland gegen Amerika oder, was dem Chef wahrscheinlicher scheint, gegen die Briten Atombomben einsetzen könnte. Für realistischer hält er jedoch, dass das Reich an einer gewöhnlichen Bombe arbeitet, die radioaktives Material enthält. So könnte man radioaktive Sperren in Europa legen, wenn britische und amerikanische Truppen versuchen, auf dem Kontinent zu landen.[1] Wird die Lösung in jener heiklen Geschichte darin bestehen, Hitler immer wieder Probleme vorzugaukeln und nach der Niederlage des Reichs, die irgendwann doch eintreten muss, die deutschen Forscher und Techniker gleichmäßig auf die Großmächte aufzuteilen? Wenn die erst einmal in den Besitz solcher Bomben kommen und sich gegenseitig nicht mehr über den Weg trauen, wird sie das endgültig entzweien. Nach der absehbaren Niederlage wird Deutschland sowieso wieder militärisch gestutzt und wird nichts von der Art wie Atomwaffen haben dürfen. An der Stelle möchte ich ausnahmsweise Berichte über den weiteren Verlauf in dieser Angelegenheit in den Jahren bis 1945 erwähnen, weil sie Zweifel daran verstärken, dass unter Umständen deutsche Atomforscher aus rein persönlichen Gründen nach dem Krieg nach Amerika überwechselten, genau wie es schon eine sinnvolle Erklärung dafür geben müsste, warum deutsche Forscher – auch in freier Entscheidung – 1945 ausgerechnet in die kommunistisch regierte Sowjetunion gingen, unter ihnen so hochkarätige Experten wie Manfred von Ardenne*, der, wie der Name schon sagt, obendrein ein Adliger war.

Schauen wir einmal in die Memoiren des Wissenschaftlers Manfred von Ardenne, die er in den 1980er Jahren über die Absprachen schrieb, die er 1944 mit einem Industriellen traf, der dann die Wirtschaft der B.R.D. mit aufgebaut hat. Im Sommer 1944, äußert er dort, habe Dr. Hermann von Siemens Ardennes Institut in Berlin-Lichterfelde letztmalig besucht und erinnert sich so: „Bei dieser Gelegenheit nahmen wir kein Blatt vor den Mund. Der Krieg war verloren. Wir besprachen Möglichkeiten, wie wir unsere Mitarbeiter in dem zu erwartenden Chaos bei Kriegsende am

1 Groves (1965), S. 331f., 200 und 248

besten schützen konnten.“ Obwohl ihm nach seinem eigenen Bekunden eine Bescheinigung ausgestellt worden war, die es ihm ermöglicht hätte, zusammen mit der Familie und den meisten Anlagen und Dokumenten Berlin zu verlassen und einen Ort im Westen Deutschlands aufzusuchen, habe er sich damals „zum Bleiben – und damit für die sowjetische Seite“ entschieden. Ein Motiv dafür benennt er zwar nicht, aber in einem Satz, der eine verständliche Erklärung vielleicht ersetzen sollte, offenbart der Atomforscher, dass bei weitem nicht allein er und seine Familie in diese einigermaßen ungewöhnliche Richtung gingen: „Das so fest zusammengewachsene wissenschaftlich-technische Kollektiv mit seiner vielfältigen Tradition zerflatterte nicht im Sturmwirbel der Ereignisse.“[2]

Wäre das so fest zusammengewachsene Forscherteam um Ardenne nun nicht freiwillig für die weitere Arbeit nach dem Krieg in die Sowjetunion gegangen, würde sich gar nicht die Frage ergeben, weshalb die Forscher rund um Wernher von Braun eigentlich in die *United States of America* gehen wollten. Abgesehen von der entgegengesetzten Himmelsrichtung ähneln sich diese Texte: „Das Raketenteam beschloss, zusammenzubleiben und den Kontakt zu den Amerikanern zu suchen. Der Krieg war für uns verloren.“ Von Braun lässt den Laien ebenso ob der diesbezüglichen Motive im Dunkeln tappen. Sein Biograph Johannes Weyer hat vermutlich gründlich recherchiert, bevor er schrieb: „Wieso von Braun sich für die USA entschied, hat er nie befriedigend erklären können.“ Was Braun als Verhaftung deklarierte, deute ich als einen Begleitschutz der SS nach Bayern. Dort wartete er, genau wie der schon erwähnte spätere Chef des westdeutschen Geheimdienstes BND Reinhard Gehlen, in den Alpen das Ende des Weltkrieges ab, und dann geschah das entscheidende Wunder, für das es wieder keine Erklärung gibt: Hans Kammler, der SS-Chef von Peenemünde, der die Atomforscher um Wernher von Braun* bis Bayern begleitet hatte, war plötzlich „spurlos verschwunden, und die Kontrolle durch die SS lockerte sich in den letzten Kriegstagen. So konnte der Entschluss fallen, die Kontaktaufnahme mit den Amerikanern zu wagen.“[3]

2 Ardenne (1987), S. 176 und 180
3 Weyer (1999), S. 74 bis 77

Wo ist die SS denn sonst noch nett mit ihren Gefangenen umgegangen? Diese etwas kurz angebundene Erklärung über die Auflösung der bösen SS in Luft wirkt auf mich nicht so, als ob da jemand die Wahrheit so laut wie möglich in die Welt hinausschreien wollte. Aber gut.

Mit meinen Überlegungen zum Ursprung des Kalten Krieges, die ich auf den letzten Seiten des Buches entwickelt habe, will ich diese Darstellung der Jahre 1942/43 unterbrechen. Erstens würde das Buch sonst zu dick und unhandlich und zweitens war es das Ziel meiner Bemühungen vom ersten Moment an, die Rahmenbedingungen für deutsche Diplomaten, Generäle und Politiker in ihren aktiven Jahren unter der Diktatur eines gewissen Adolf Hitler aus einem Dorf im österreichischen Wald für erst später Geborene so aufleben zu lassen, dass sie sich realistisch vorstellen können, dass eine solche Idee im Bereich des Vorstellbaren liegt. Aber es gibt doch schon verschiedene Theorien, wie der Kalte Krieg zustande gekommen war, sagen Sie? Wenn es nicht so unterschiedliche Deutungen in der vorliegenden Literatur gäbe und wenn mich eine davon überzeugt hätte, wäre ich nicht seit Jahrzehnten am Ball geblieben und hätte alles zusammengetragen, was das Bild noch abrunden kann. In der Tat habe ich so lange gesucht, bis die neuen Fundstücke unsichere Deutungen im Kern eher bestätigt haben, als neue Fragen aufzuwerfen. Geschichte besteht meiner Meinung nach aus unendlich vielen Puzzleteilen, und wenn jemand eine bestimmte Theorie um jeden Preis beweisen will, so wird er hinreichend viele Argumente für alles entdecken. Er muss sie dann bloß entsprechend zurechtkürzen oder in der Bedeutung aufblähen. Daneben ist es auch beliebt, abstrakte Buhmänner aufzubauen wie beispielsweise den Russischen Bären, denen man ohne näheres Hinsehen schon einmal jede böse Absicht in die Schuhe schieben kann.

Wenn man jedoch an anderer Stelle Puzzleteile findet, die ein Argument oder eine Schlussfolgerung aushebeln, dann muss ganz gewiss noch einmal neu nachgedacht werden. Dafür ist die gerade eben angesprochene Forschung an der Atombombe ein gutes Beispiel. Wie kann ein Autor in dieser Frage zu der Feststellung gelangen, die Arbeit an Atomwaffen sei im April 1942 nicht weitergeführt worden, weil es die Quelle gibt, die besagt, dass zu dieser Zeit Projekte verworfen wurden, die erst in der Zeit nach dem Krieg genutzt werden konnten, wenn auch die Quelle existiert, die besagt, dass der zuständige Albert Speer am 4. Juni 1942 den Atomforschern zugesagt hat, als Reichsminister könnte er ihnen die notwendigen Mittel in jeder Höhe beschaffen? Außerdem wird berichtet, dass in den Jahren danach Atomforschungsanlagen aus bombardierten Städten in kleinere Städte verlagert wurden. Daraus muss man beim ernsthaften Bemühen um die Rekonstruktion des Herganges schlussfolgern, dass im Jahr 1942 die Arbeiten nicht eingestellt worden sein können. Wenn nun ein deutscher Autor trotz alledem schreibt, dass die Forschung an Atomwaffen im Deutschen Reich im Jahre 1942 eingestellt wurde, muss man sich nur noch zwei Fragen stellen: Ob der alternative Autor die Quellen nicht kannte, die seine Schlussfolgerung widerlegen, oder ob er eine vorgefasste These auf Biegen und Brechen belegen wollte.

Ich kann Ihnen an dieser Stelle bereits sagen, dass im Anschluss an das vorliegende Buch und vor der Darstellung der Jahre zwischen 1943 und 1988 der Indizienbeweis im nächsten Band geführt wird. Es wird darin um die Jahre 1989 und 1990 gehen und der Band wird den Titel tragen: *Entzaubert. Kohl und Genscher, diese beiden. Das Ende der Geschichte.* Auf diese Art erspare ich mir die Diskussion, ob es die Sowjets und alle anderen mit dem Vereinigen Deutschlands wohl ernst gemeint haben in den Jahrzehnten dazwischen oder nicht. 1990 zeigt, dass es möglich gewesen ist, und es zeigt auch, wie es Bonn über Jahrzehnte geschafft hat, die Diskussion über die Vereinigung auf Sankt Nimmerlein zu vertagen. Wenn Sie sich nur einmal eine Nahaufnahme von der Trauerfeier neben dem Brandenburger Tor und vor dem Berliner Reichstag am 3. Oktober 1990 ansehen, als die Teilung von Deutschland zu Grabe getragen wurde und Kohl und Genscher bleierne Gesichter haben, wissen Sie, dass etwas faul ist an der *story* mit dem Einheitskanzler. Hannelore Kohl versuchte sich ab und zu die Mundwinkel hochzuziehen, das war alles. Im Unterschied zu ihnen blickte Willy Brandt in seine Gedanken versunken in die jubelnde Menge und wird sich erinnert haben, wie viel Kraft, Mühe und Zeit er über mehrere Jahrzehnte investiert hat und wie glücklich er sein konnte, dass er diesen Moment noch erleben durfte.

1 Gisevius (1947), Band 1, S. 148

2 Huber & Müller (1964), Band 1, S. 106

3 Berlin hears Ford is backing Hitler. In: New York Times, 20. 12. 1922, S. 2
Wiegrefe (1998), Orden für Henry. In: Der Spiegel, Nr. 50/1998, S. 184f.
Bührer (1992), S. 81f.
Vgl. Sutton (1974), Wall Street and the Bolshevik Revolution.
Preparata (2011), Wer Hitler mächtig machte. Wie britisch-amerikanische Finanzeliten dem Dritten Reich den Weg ebneten, S. 64ff. und 327
Sutton (2008), Wall Street und der Aufstieg Hitlers, S. 23, 44, 51, 91f. und 165
Pauwels (2013), Big Business avec Hitler, S. 185f. und 197
Zdral (2002), Der finanzierte Aufstieg des Adolf H, S. 41f. und 90f.
Higham (1983), Trading with the Enemy. An Exposé of the Nazi-American Money Plot 1933-1949.
Gassert (1999), Handel mit Hitler. Nach den Schweizer Banken geraten nun auch die amerikanischen Unternehmen ins Visier. In: Die Zeit, 14.01.99, S. 78

4 Preparata (2011), S. 173

5 Zdral (2002), S. 77 und 91

6 Pauwels (2013), S. 196, 198 und 206
Sutton (2008), S. 80-86 und im Übrigen handelt das gesamte Buch davon. Was seine Darstellung überzeugend macht, ist der Umstand, dass das Original schon im Jahr 1976 erschien und der Autor von den vielen namentlich genannten Firmen und Einzelpersonen über die vergangenen Jahrzehnte hinweg niemals wegen Verleumdung verklagt worden ist. Worüber man auch einmal nachdenken kann, ist der Umstand, dass Anthony Cyril Suttons Erkenntnisse offenbar vom historischen Diskurs in der wunderbar freien Bundesrepublik Deutschland genau wie in der Demokratischsten Deutschen Republik (grins) ferngehalten werden konnten.

7 Zdral (2002), S. 65

8 Ebd., S. 18 und 134
Der Autor Wolfgang Zdral schreibt zwar ein ganzes Buch über jene Deutschen, die Adolf Hitler unterstützten, sagt aber schon am Anfang: „Hitler versteht es, mächtige Persönlichkeiten für sich einzunehmen – wenn auch bis 1933 nur einen vergleichsweise kleinen Personenkreis. Die Großindustrie und die Grundbesitzer halten sich vor der Machtübernahme bei der Finanzierung der NSDAP zurück, das radikale Parteiprogramm, das eine teilweise Enteignung und die Brechung der Zinsknechtschaft fordert, schreckt viele Unternehmer ab." Gut, dass wir auch das einmal angesprochen haben. Zdral (2002), S. 18
Karsten Heinz Schönbach (2015) liefert nützliche Belege für die Zeit ab Mitte der 1920er Jahre, sagt jedoch auch nicht, woher Hitlers Partei *zuvor* das Geld hatte, um durch rheinische Industrielle als aufstrebende Macht angesehen zu werden. Bei denen ist der ehemalige Landstreicher bereits in feinen Autos vorgefahren. Welche *story* wird er denen erzählt haben, wie er sich das leisten konnte?

9 Sutton (2008), Wallstreet und der Aufstieg Hitlers, S. 137
Pauwels (2013), Big Business avec Hitler, S. 184-191 und 199
Er erwähnt auf S. 197 auch Prescott Bush, welcher mit seiner Beteiligung am wirtschaftlichen Aufschwung in Deutschland den Grundstein für die weitere Entwicklung seines Sohnes George H. W. Bush legte, der dann im Jahr 1989 Präsident der USA wurde (Golfkrieg 1990). Auch sein Enkelsohn George W. Bush wurde im Jahr 2001 Präsident der USA (Golfkrieg 2003).
Denson (2013), Sie sagten Frieden und meinten Krieg: Die US-Präsidenten Lincoln, Wilson und Roosevelt. Weiter auf der nächsten Seite.

LeBor (2014), Tower of Basel. BIZ. Die Bank der Banken und ihre dunkle Geschichte.
Katasonov (2015), Anglo-amerikanische Geldgeber organisierten den zweiten Weltkrieg [online]. Verfügbar unter http://www.voltairenet.org/article187534.html [05.06.2015]
Gassert (1999), Handel mit Hitler. Nach den Schweizer Banken geraten nun auch die amerikanischen Unternehmen ins Visier. In: Die Zeit, 14.01.99, S. 78
Higham (1983), Trading with the Enemy. An Exposé of the Nazi American Money Plot 1933-1949.
Preparata (2011), Wer Hitler mächtig machte. Wie britisch-amerikanische Finanzeliten dem Dritten Reich den Weg ebneten.

10 Zdral (2002), 10f.

11 Sutton (2008), S. 137

12 Ebd., S. 23, 44, 51f. und 91
Preparata (2011), S. 327
Katasonov, Valentin (2015), Anglo-amerikanische Geldgeber organisierten den zweiten Weltkrieg [online]. Verfügbar unter http://www.voltairenet.org/article187534.html [05.06.2015]

13 Briefwechsel (2008), S. 81

14 Sutton (2008), S. 36, 66 und 139

15 Knightley (1990), S. 113

16 Ebd., S. 114 und 118

17 Ebd., S. 118

18 Denson (2013), Sie sagten Frieden und meinten Krieg: Die US-Präsidenten Lincoln, Wilson und Roosevelt.
LeBor (2014), Tower of Basel. BIZ. Die Bank der Banken und ihre dunkle Geschichte.
Pauwels (2013), Big Business avec Hitler, S. 184-191
Der Autor erwähnt auf S. 197 auch Prescott Bush, der mit seiner Beteiligung am wirtschaftlichen Aufschwung in Deutschland den Grundstein für die weitere Entwicklung seines Sohnes George H. W. Bush legte, der dann im Jahr 1989 Präsident der USA wurde (Golfkrieg 1990). Auch sein Enkelsohn George W. Bush ist 2001 Präsident der USA geworden (Golfkrieg 2003).
Sutton (2008), Wallstreet und der Aufstieg Hitlers, S. 24, 37, 49
Preparata (2011), Wer Hitler mächtig machte. Wie britisch-amerikanische Finanzeliten dem Dritten Reich den Weg ebneten, S. 170f. und 234f.
Higham (1983), Trading with the Enemy. An Exposé of the Nazi-American Money Plot 1933-1949.
Gassert (1999), Handel mit Hitler. Nach den Schweizer Banken geraten nun auch die amerikanischen Unternehmen ins Visier. In: Die Zeit, 14.01.99, S. 78
Leube (2018-2020), die ersten Bände dieser Serie.

19 Gisevius (1947), Band 2, S. 41

20 Hirche (1964), S. 178

21 Speidel (1977), S. 137

22 Hirche (1964), S. 153

23 Speidel (1977), S. 137f.

24 Hirche (1964), S. 100

25 Boberach (Hg., 1984), Band 14, S. 5516

26 Columbia, Schellack-Platte, Bestellnummer 4921.
Sie können sich einen eigenen Eindruck von der Darbietung machen, indem Sie sie unter folgender Internetadresse suchen: Columbia Schellack-Platte (1942). So hoch liegt der Schnee. Best 4921, Text: Werner Plücker, Musik: Martin Schönicke [online]. Verfügbar unter https://www.youtube.com/watch?v=KqEIBOAcL-Q [31.03.2015]
27 Professor Richard Overy von der Universität zu Exeter, einer der führenden Experten, was den Zweiten Weltkrieg angeht, stellt fest, dass lediglich 50 % der britischen und amerikanischen Bomben für das Deutsche Reich bestimmt waren. Ungefähr 30 % wurden auf Ziele in Frankreich, in Belgien, in den Niederlanden, in Norwegen und in Dänemark abgeworfen. 6,7 % zerstörten Ziele in Osteuropa und auf dem Balkan. Dort begannen die Angriffe Ende 1943. Die restlichen Bomben, die die 100 % dann vervollständigt haben, gingen über Italien nieder. Um die Zerstörung Osteuropas kümmerte sich schon Adolf Hitler. Und während immer mehr Europäer umkamen, verweigerten England und die USA der Sowjetunion weiter die Eröffnung einer zweiten Front – nämlich der in Westeuropa. Das ist neben Hitlers krankem Wahn der andere Grund, warum so unendlich viele Menschen die Jahre von 1939 bis 1945 nicht überlebt haben. Aber wer 1938/39 schon nicht das große Gemetzel verhindert hatte, der tat das später dann auch nicht mehr. Sonst wäre der Aufwand zuvor ja für die Katz gewesen. Overy (2013), S. 361
Boberach (Hg., 1984), Band 13, S. 4948
28 Hirche (1964), S. 98 und 157
29 Boberach (Hg., 1984), Band 12, S. 4784
30 Ebd., Band 13, S. 4944f.
31 Fest (1994), S. 158
32 Dönhoff (1976), S. 25ff.
33 Boberach (Hg., 1984), Band 12, S. 4664f.
34 Hirche (1964), S. 178
35 Ebd., S. 179
36 Steinbach & Tuchel (Hg., 1994), S. 316
Pauwels (2013), S. 191 und 203
Sutton (2008), S. 83 und 153
37 LeBor (2014), S. 129 und 155
Sutton (2008), S. 83 und 153
Preparata (2011), S. 114 und 223
Bundeszentrale für politische Bildung. Schlaglichter der deutschen Geschichte. Lizenzausgabe. Leipzig, Mannheim: F. A. Brockhaus GmbH
38 Briefwechsel (2008), S. 80f.
39 Schmidt (1949), S. 566f.
40 Briefwechsel (2008), S. 65
41 Schmidt (1949), S. 567
Preparata (2011), S. 347
42 Ebd.
43 Rothfels (1960), S. 157
Ulysses Simpson Grant formulierte die Forderung nach einer bedingungslosen Kapitulation im Amerikanischen Bürgerkrieg im Jahre 1862.
44 Churchill (1954), S. 578ff.
Präsident Roosevelt bezog sich auf die Generäle Robert Edward Lee und den gerade erwähnten Ulysses Simpson Grant, der *Old Unconditional Surrender* genannt wurde, was eben den Begriff „bedingungslose Kapitulation" enthält. Für die,

die es vielleicht nicht wissen sollten: Ex-Premierminister Winston Churchill wurde allen Ernstes für sein Buch *Der Zweite Weltkrieg* mit dem Nobelpreis für Literatur ausgezeichnet. In dieser Sparte spielt Logik keine Rolle.

45 Schmidt (1949), S. 567f. und 495
Rothfels (1960), S. 155-166

46 Boberach (Hg., 1984), Band 12, S. 4822
Schmidt (1995), S. 272
Hirche (1964), S. 180

47 Fest (1994), S. 201
Rothfels (1960), S. 77

48 Boberach (Hg., 1984), Band 12, S. 4784

49 Gehlen (1971), S. 120
Wahn und Wirklichkeit ist der Titel eines Buches Erich Kordts nach dem Krieg.
Hirche (1964), S. 146
Moorhouse (2007), S. 305

50 Hirche (1964), S. 176

51 Boberach (Hg., 1984), Band 12, S. 4803

52 Ebd., S. 4734

53 Paul Conradi war der Großvater des Autoren mütterlicherseits.

54 Damit sind die Großeltern des Autoren vollständig.

55 Rothfels (1960), S. 164 und 168

56 Ebd., S. 182f.
Es ist nicht erstaunlich, dass Sie sich über die Zahlen wundern. Was Sie über die Jahre unter Adolf Hitler wissen, haben Sie vermutlich in erster Linie aus zweiter Hand – aus den Medien. Über die Inhalte, die dort vermittelt werden, äußerte sich Günter Gaus, der jahrelang an der Spitze des Hamburger Magazins *Der Spiegel* stand, in aller Offenheit so, dass der in der Bundesrepublik von den Medien anerkannte Widerstand schon bald nach der Staatsgründung im Jahre 1949 „auf die Opposition in Stabsquartieren, auf Rittergütern und in großbürgerlichen Herrenzimmern eingegrenzt worden" sei. „Des Widerstands aus der Wohnküche, in Arbeitervierteln der Großstädte, der sich in aller Ohnmacht früher regte als der auf den Landsitzen und in Generalkommandos, wurde nach dem Kriege fast immer nur in betroffenen Zirkeln gedacht, wenig oder gar nicht von Staats wegen." Auch hier gebe ich Ihnen die Quelle. Das Buch sollte man auf jeden Fall gelesen haben, um zu verstehen, wie Westdeutsche über einige Generationen im Kopf bearbeitet wurden: Günter Gaus (1986), S. 110
Zu den Personen, die nicht auffallen durften, zählten auch jene, die allein schon Wilhelm Leuschner gefunden hatte und die überall im Reich für die Verwaltung direkt nach dem geplanten Umsturz vorgesehen waren. Jeder von ihnen hatte im gegebenen Augenblick zehn bis zwanzig weitere Gegner des Regimes aufzurufen. Dieser Personenkreis umfasste nicht nur Einwohner großer Städte, sondern auch solche kleinerer Gemeinwesen bis hin zu den kleinen und großen Dörfern. Eine Schätzung geht dahin, dass nur allein im Südwesten des Deutschen Reiches für den Fall eines gelungenen Staatsstreiches zehn- bis fünfzehntausend Gegner des herrschenden Regimes bereitstanden. Rothfels (1960), S. 107

57 Boberach (Hg., 1984), Band 13, S. 4967

58 Ebd., Band 12, S. 4822

59 Ebd., S. 4623f.

60 Ebd., S. 4624

61 Ebd.

62 Boberach (Hg., 1984), Band 12, S. 4624f.
63 Ebd.
64 Briefwechsel (2008), S. 83
65 Sutton (2008), Wall Street und der Aufstieg Hitlers, S. 150
Black (2001), IBM und der Holocaust. Die Verstrickung des Weltkonzerns in die Verbrechen der Nazis.
LeBor (2014), Tower of Basel. BIZ. Die Bank der Banken und ihre dunkle Geschichte.
Trepp (1997), Bankgeschäfte mit dem Feind. Die Bank für Internationalen Zahlungsausgleich im Zweiten Weltkrieg. Von Hitlers Europabank zum Instrument des Marschallplans, S. 130
66 Pauwels (2013), S. 185f.
Sutton (2008), S. 105 und 123
67 Pauwels (2013), S. 185f.
Sutton (2008), S. 153f.
68 Boberach (Hg., 1984), Band 12, S. 4735
69 Ebd., S. 4735 und 4751
70 Ebd., S. 4782
71 Ebd., S. 4781
72 Ebd., S. 4781f.
73 Ebd., S. 4751
74 Ebd., S. 4822
75 Ebd., S. 4822f.
76 Hirche (1964), S. 177
77 Boberach (Hg., 1984), Band 12, S. 4782 und 4843
78 Ebd., S. 4800 und 4823
79 Ebd., S. 4800
80 Ebd., S. 4783 und 4800
81 Ebd., S. 4800 und 4823
82 Fest (1994), S. 201
Vgl. Steffahn (1992)
Wikipedia [2015], Weiße Rose [online]. Verfügbar unter http://de.wikipedia.org/wiki/Wei%C3%9Fe_Rose [02.04.2015]
83 Boberach (Hg., 1984), Band 13, S. 4944
84 Ebd., Band 12, S. 4820f.
85 Hofer (1957), S. 328f.
HJ ist die Abkürzung für Hitlerjugend, SA steht für Sturmabteilung und SS für die Schutzstaffel der NSDAP.
86 Boberach (Hg., 1984), Band 13, S. 4944
87 Ebd., Band 12, S. 4735, 4784, 4821 und 4850
88 Ebd., S. 4850 und Band 13, S. 4926
89 Hirche (1964), S. 146
90 Boberach (Hg., 1984), Band 13, S. 4944
Moorhouse (2007), S. 305f.
Fest (1994), S. 195
91 Hirche (1964), S. 148
Berthold (2007), Die 42 Attentate auf Adolf Hitler.
Moorhouse (2007), Killing Hitler. Die Attentäter, die Pläne und warum sie scheiterten.
Fest (1994), Staatsstreich. Der lange Weg zum 20. Juli.

92 Steffahn (1992), S. 103-110
Fest (1994), S. 201f.
Das Bundesarchiv (2013), Sophie und Hans Scholl, zum Tode verurteilt am 22.02.1943 [online]. Verfügbar unter https://www.bundesarchiv.de/oeffentlich keitsarbeit/bilder_dokumente/03388/index-17.html.de [02.04.2015]
Den Namen von Jakob Schmid findet man in verschiedenen Formen vor. Hier richte ich mich nach seiner handschriftlichen Unterschrift unter der Anzeige bei der Polizei, weil ich hoffe, dass er selbst wusste, wie er richtig geschrieben wurde.
93 Boberach (Hg., 1984), Band 12, S. 4800f. und 4843
94 Ebd., S. 4800
95 Hirche (1964), S. 177
96 Boberach (Hg., 1984), Band 13, S. 4948
97 Hofer (1957), S. 250f.
98 Hirche (1964), S. 101
Bumsbeen bezog sich auf das missgestaltete Bein des Propagandachefs.
99 Boberach (Hg., 1984), Band 12, S. 4732f.
100 Hirche (1964), S. 188
101 Ebd., S. 188
Mit *Tommy* sind die britischen Bomberpiloten gemeint.
102 Boberach (Hg., 1984), Band 12, S. 4831
103 Ebd., Band 13, S. 5065
104 Ebd., S. 4943
105 Ebd., S. 4903
106 Hofer (1957), S. 264
107 Ebd., S. 264
108 Hirche (1964), S. 185
109 Sutton (2008), S. 156
110 Boberach (Hg., 1984), Band 13, S. 4943
111 Fest (1994), S. 202, Endnote 40
Boberach (Hg., 1984), Band 14, S. 5416f.
112 Ebd., Band 15, S. 6096
113 Ebd., S. 6099
114 Ebd., S. 6098f.
115 Ebd., S. 6099f.
116 Ebd., S. 6100
117 Ebd., S. 6100f.
118 Sandvoß (1988), S. 90
119 Wydra (2003), S. 31-41
Jacob, Rena (2010-2015), Wider des Vergessens [online]. Verfügbar unter http://www.wider-des-vergessens.org/index. php?option=com_content&view=article&id=55%3Adie-fruehen-deportationen-juedischer-mitbuerger&catid=7&Itemid=36& limitstart=5 [31.03.2015]
120 Boberach (Hg., 1984), Band 14, S. 5462
121 Hirche (1964), S. 176
Boberach (Hg., 1984), Band 14, S. 5446
122 Wikipedia (2015), Uranprojekt [online]. Verfügbar unter http://de.wikipedia.org/wiki/Uranprojekt [31.03.2015]
123 Boberach (Hg., 1984), Band 13, S. 4888 und 4923
124 Ebd., S. 4889

125 Jacob, Rena (2010-2015), Wider des Vergessens [online]. Verfügbar unter http://www.wider-des-vergessens.org/index. php?option=com_content&view=article&id=55%3Adie-fruehen-deportationen-juedischer-mitbuerger&catid=7&Itemid=36& limitstart=5 [31.03.2015]
126 Ebd.
Wydra (2003), S. 31-41
Boberach (Hg., 1984), Band 14, S. 5515f.
127 Ebd.
128 Hirche (1964), S. 179
129 Szepansky (1983), S. 57 und 70f.
130 Ebd., S. 75
131 Boberach (Hg., 1984), Band 13, S. 4902
132 Ebd., S. 4923 und 4927
133 Ebd., S. 4927
134 Ebd., S. 4944
135 Hirche (1964), S. 146f.
136 Boberach (Hg., 1984), Band 13, S. 4902
137 Fest (1994), S. 194f.
138 Ebd., S. 195
Berthold (2007), S. 191f.
Moorhouse (2007), S. 308
Gisevius (1947), Band 2, S. 225
139 Fest (1994), S. 195
Berthold (2007), S. 191f.
Moorhouse (2007), S. 308
140 Ebd., S. 309f.
141 Fest (1994), S. 197
Moorhouse (2007), S. 310f.
Gisevius (1947), Band 2, S. 225
142 Boberach (Hg., 1984), Band 13, S. 4944
143 Ebd., S. 4945 und 4979ff.
144 Ebd.
145 Hirche (1964), S. 187
Ein Wort noch zu Hermann Görings großem Mundwerk: Richard Overy stellt in *The Bombers And The Bombed* unter anderem fest, dass Hitlers Luftwaffe bedingt durch die Verluste an Flugzeugen während des ganzen Krieges nie mehr als 500 nutzbare Flugzeuge gleichzeitig in der Luft hatte. Das war vermutlich bei dem Angriff auf Coventry im November 1940. Overy (2013), S. 187
146 Hirche (1964), S. 187
147 Moorhouse (2007), S. 311-313
148 Ebd.
Steinbach & Tuchel (Hg., 1994), S. 316
149 Fest (1994), S. 199
Hirche (1964), S. 145
Die Hausnummern in der Berliner Straße Unter den Linden wurden nach dem Krieg geändert.
150 Boberach (Hg., 1984), Band 13, S. 4981f.

151 Berthold (2007), Die 42 Attentate auf Adolf Hitler.
Moorhouse (2007), Killing Hitler. Die Attentäter, die Pläne und warum sie scheiterten.
Fest (1994), Staatsstreich. Der lange Weg zum 20. Juli.
152 Rothfels (1960), S. 91
153 Steinbach & Tuchel (Hg., 1994), S. 231
Moorhouse (2007), S. 303
154 Krieger (2007), S. 276
Gehlen (1971), S. 57
Es war einer der Auslöser meiner historischen Recherche, dass sich Reinhard Gehlen bis zu seinem Lebensende von den Medien als eine braune Altlast aus der Hitler-Zeit verkaufen ließ. Da er dies nicht war, bedurfte es einer Erklärung.
155 Gehlen (1971), S. 45f.
156 Fest (1994), S. 128
Hofer (1957), S. 264f.
157 Churchill (1954), S. 581
Boberach (Hg., 1984), Band 14, S. 5431-5435 und S. 5463
158 Internet Archive WayBackMachine (2004), „Operation Unthinkable: »Russia: Threat to Western Civilization«." British War Cabinet, Joint Planning Staff [Draft and Final Reports: 22 May, 8 June and 11 July 1945], Public Record Office, CAB 120/691/109040/001. Verfügbar unter https://web.archive.org/ web/ 20101116152301/http://www.history.neu.edu/ PRO2/ [15.06.2015]
Reynolds (2007), From World War to Cold War: Churchill, Roosevelt, and the International History of the 1940s, S. 250-253
Knightley (1990), S. 123
Walker (2013), Operation Unthinkable: The Third World War. British plans to attack the Soviet Empire, 1945. Ab Seite 43 wird aus den Originaldokumenten zitiert, die im oben genannten Internetarchiv WayBackMachine zu sehen sind. Allerdings dient das Buch nicht der Aufklärung über die Vorgänge, da es nur den offiziellen Titel aufgreift und illustriert. Er lautet: Russland ist eine Gefahr für die westliche Zivilisation. In einem Schriftstück vom 22. Mai 1945 heißt es allerdings unter der Überschrift *Operation Unthinkable, Report by the Joint Planning Staff*, ganz deutlich: „Es muss jedoch die Notwendigkeit berücksichtigt werden, dass die öffentliche Meinung in den alliierten Staaten dazu gebracht werden muss, dass ein Krieg mit Russland hingenommen wird, sodass ein Angriff nicht als vollkommene Überraschung daherkommt." Interessant ist auch dies: „Wegen der besonderen Notwendigkeit der Geheimhaltung ist die einfache Beamtenschaft der beteiligten Ministerien nicht konsultiert worden." (1. Seite des Berichts vom 22. Mai 1945) Das ist ein abschreckendes Beispiel für die politische Entscheidungsfindung in einer Musterdemokratie in einer derartigen Angelegenheit. Dem Volk muss noch irgendetwas vorgegaukelt werden und selbst Mitarbeiter der Ministerien werden nicht einbezogen. Ich vermute, dass die Fortsetzung des Weltkrieges in Richtung Sowjetunion dann abgeblasen wurde, weil Reinhard Gehlen – aus ganz eigenen Gründen – die US-Amerikaner 1945 davon überzeugen konnte, dass die Sowjets Massenvernichtungswaffen besessen hätten, die die ohnedies befürchtete Unterlegenheit der Möchte-gern-Invasoren vollendet hätte. Ohne Unterstützung durch die Amerikaner war aber eine eigenständige Aktion der Briten gegen die Sowjetunion nicht möglich. Darauf wird in den genannten Dokumenten hingewiesen. Gehlen musste die Briten somit nicht selbst ansprechen.

159 Speidel (1977), S. 175
Was die westliche Unterstützung für die Nazis in Deutschland angeht, vergleichen Sie gerne diese Darstellungen miteinander:
Denson (2013), Sie sagten Frieden und meinten Krieg: Die US-Präsidenten Lincoln, Wilson und Roosevelt.
Pauwels (2013), Big Business avec Hitler, S. 184-191 und 199
Er erwähnt auf S. 197 auch Prescott Bush, welcher mit seiner Beteiligung am wirtschaftlichen Aufschwung in Deutschland den Grundstein für die weitere Entwicklung seines Sohnes George H. W. Bush legte, der im Jahr 1989 Präsident der USA wurde (Golfkrieg 1990), Auch sein Enkelsohn George W. Bush wurde 2001 Präsident der USA (Golfkrieg 2003).
LeBor (2014), Tower of Basel. BIZ. Die Bank der Banken und ihre dunkle Geschichte.
Katasonov (2015), Anglo-amerikanische Geldgeber organisierten den zweiten Weltkrieg [online]. Verfügbar unter http://www.voltairenet.org/article187534.html [05.06.2015]
Gassert (1999), Handel mit Hitler. Nach den Schweizer Banken geraten nun auch die amerikanischen Unternehmen ins Visier. In: Die Zeit, 14.01.99, S. 78
Higham (1983), Trading with the Enemy. An Exposé of the Nazi American Money Plot 1933-1949.
Sutton (2008), Wallstreet und der Aufstieg Hitlers.
Preparata (2011), Wer Hitler mächtig machte. Wie britisch-amerikanische Finanzeliten dem Dritten Reich den Weg ebneten.
Zdral (2002), Der finanzierte Aufstieg des Adolf H.
Der Autor Wolfgang Zdral schreibt zwar ein ganzes Buch über jene Deutschen, die Adolf Hitler unterstützten, sagt aber schon am Anfang: „Hitler versteht es, mächtige Persönlichkeiten für sich einzunehmen – wenn auch bis 1933 nur einen vergleichsweise kleinen Personenkreis. Die Großindustrie und die Grundbesitzer halten sich vor der Machtübernahme bei der Finanzierung der NSDAP zurück, das radikale Parteiprogramm, das eine teilweise Enteignung und die Brechung der Zinsknechtschaft fordert, schreckt viele Unternehmer ab." Gut, dass wir das hier angesprochen haben. Zdral (2002), S. 18
Schönbach, Karsten Heinz (2015), Die deutschen Konzerne und der Nationalsozialismus. 1926–1941. Seitenzahlen entsprechend der Doktorarbeit aus dem Jahr 2012. Veröffentlicht zu Berlin: trafo Wissenschaftsverlag

160 Wikipedia (2020), Noël Coward [online]. Verfügbar unter https://de.wikipedia.org/wiki/No%C3%ABl_Coward [10.11.2020]

161 Coward, Noel (2020), Don't Let's Be Beastly To The Germans, London, Juni 1943, His Masters Voice, B 9336 [online]. Verfügbar unter https://www.youtube.com/watch?v=wveW9Tw2JKE

162 Bereshkow (1975), S. 188
Appel (1995), S. 339f.
Gehlen (1971), S. 136 und 139
Um eine Vorstellung von dieser Stimmung zu vermitteln, ist eine Erinnerung des amerikanischen Offiziers James Critchfield ziemlich gut geeignet: „Mehrere Professoren hielten Vorlesungen über russische Geschichte. Sechs Monate nach unserem Sieg in Europa galt Russland ja im Großen und Ganzen noch immer als großer Verbündeter unseres Landes, und zumindest ein Professor für Volkswirtschaft hob den Vorzug und die Erfolgsgeschichte der industriellen Entwicklung Russlands unter Jossif Stalin in den Himmel." Critchfield (2005), S. 31

163 Wallace (1947), S. 17

164 Ebd., S. 16

165 Sutton (2008), S. 165
Was die Kritik an der diesbezüglichen Außenpolitik von Präsident F. D. Roosevelt angeht, vgl. Kennan (1968), S. 87.

166 Das ist im Kern meine eigene These, ausführlich dargestellt in *Intimfeinde – Die Selbstteilung der Deutschen und der Kalte Krieg*. Die sechs Bände von *Intimfeinde* sind aktuell nicht erhältlich; sie sollen überarbeitet werden und dann in dem Stil gehalten sein, in dem auch die vorliegende Serie geschrieben ist. Meine Forschungen über die Zeit des Kalten Krieges waren ursprünglich überhaupt der Grund, warum ich begonnen habe, die Jahre bis 1943 chronologisch darzustellen. Was ich da in *Intimfeinde* diskutiere, kann besser nachvollziehbar werden, wenn man die Lebensläufe der relevanten Akteure der Nachkriegszeit in die Jahre unter Adolf Hitler einordnet und darstellt, wie sie sich zu den Zuständen im Reich der Nazis positioniert hatten. Es greift einfach zu kurz, wenn man naseweis feststellt, jemand habe unter Hitler diesen oder jenen Posten innegehabt. Damit weiß man noch lange nicht, ob er für oder gegen den Umgang der Verbrecher mit ihren Mitmenschen waren.
Phillip Knightley betont ebenfalls, dass ein zentraler Polizeidienst, zumal ein geheimer, im Widerspruch zu amerikanischen Traditionen gestanden habe. Wiedergegeben wird ein zeitgenössischer Leitartikel aus der *New York Times* mit dem Statement: „Die Schaffung einer militärischen Superspionageorganisation ist sowohl überflüssig als auch unerwünscht. Es entspricht nicht der amerikanischen Tradition, und wir brauchen und wollen hier keine allmächtige Geheimpolizei á la OGPU." Damit war die Geheimpolizei in der Sowjetunion gemeint. Knightley sagt, dass Ray S. Cline, der in den sechziger Jahren stellvertretender CIA-Direktor gewesen sei, über den Zustand Ende 1941 äußerte: „Es ist immer noch beängstigend, daran zu denken, wie unzulänglich unser Nachrichtenapparat war, als der Krieg zu uns kam." Knightley weist auf der anderen Seite auch darauf hin, dass es trotz des „Fehlens eines richtigen Geheimdienstes am Vorabend des Zweiten Weltkrieges" schon seit 1882 die Nachrichtenabteilung der Navy gab, seit 1885 eine solche Abteilung bei den Gesamtstreitkräften und seit 1910 das FBI, das anfangs Bureau of Investigation geheißen habe. Er schreibt, Roosevelt habe schon längere Zeit vor dem Zweiten Weltkrieg eine geheime Dienststelle gegründet, „die man nur als seinen privaten Nachrichtendienst bezeichnen kann". Knightley (1990), S. 201-204

167 Gehlen (1971), S. 120f.
Rothfels (1960), S. 161
Reinhard Gehlen wurde nach der Gründung der Bundesrepublik Deutschland der Chef ihres Geheimdienstes BND und Gerhard Wessel übernahm dieses Amt nach Gehlens Pensionierung 1968. Damit hatte Gehlen die Möglichkeit, alle Unterlagen über seine Beteiligung an Attentaten gegen Hitler verschwinden zu lassen. Wer hätte denn erklärten Hitler-Gegnern abgekauft, dass sie über Jahrzehnte und noch im Jahre 1990 unbeirrbar auf den Grenzen von Ende 1937 herumreiten würden? Beim BND konnte Gehlen dann auch alte Nazis nutzbringend einsetzen – und die Tarnung für die Fraktion der Guten war perfekt. Glauben Sie doch nicht an das Ammenmärchen von der Rolle, die die 1968er-Leute gespielt haben sollen. Nach der Wende von 1990 ist der Mummenschanz dann aufgeflogen und es wurde nur zu deutlich, dass alle, die in diesem Land politisch etwas zu sagen haben, samt und sonders zu den Guten gehören. Die Guten haben dieses Land in der gesamten Zeit nach Adolf dem Hitlerchen in einem Rollenspiel quer durch alle Parteien geführt.

168 Gehlen (1971), S. 45.
BND-Chef Reinhard Gehlen sagte einerseits: „Es ist verständlich, dass sich dabei auch Überlegungen aufdrängten, was getan werden müsse, wenn der Zusammenbruch einmal eingetreten sei.“ Andererseits sagte er kein Wort, welche Ergebnisse diese Überlegungen denn erbracht haben. Vgl. Gehlen (1971), S. 120f. In den publikumswirksamen Medien wird schon seit Jahrzehnten der Eindruck gepflegt, dass es sich beim ersten Chef des BND Reinhard Gehlen um einen alten Nazi gehandelt habe. Vgl. z. B.: Bönisch, Georg & Frohn, Axel: „Schweinehunde“ willkommen. In: Der Spiegel (2006), Ausgabe Nr. 13, S. 32f.
Jahrzehnte nach dem Ableben Gehlens erfährt der Teil des Publikums, der nun zufällig nach dem richtigen Buch greift und es auch liest, dass Gehlen im engsten Kreis der Verschwörer des Jahres 1944 war. Da wird der Widerspruch nicht mal thematisiert. Schmidt-Eenboom (2004), S. 62-64 und Krieger (2007), S. 276
Das lässt aufhorchen nach einer langen Pseudo-Aufklärungskampagne, bei der tatsächliche oder vermeintliche Alt-Nazis *enttarnt* sowie kritisiert wurden. Für Gehlen und Co. hätte jedes Jahr zum 20. Juli eine Ehrenkompanie der Bundeswehr angetreten sein müssen, um auch diese Beteiligten an der Verschwörung zu würdigen. Stattdessen wurde die Verschwörung von 1944 so verkauft, als wären die Beteiligten damals alle hingerichtet worden. Von Wolfgang Krieger stammt die Anzahl von 50 Kisten. Ansonsten klingt seine Darstellung zwar nach Insiderwissen, aber nicht nach einem heftigen Bestreben, dieses auch vollständig mit dem Publikum zu teilen. Vgl. Krieger (2007), S. 277
Auf die Bedeutung der Abteilung Fremde Heere Ost und ihrer Informationen wird in den Medien gelegentlich hingewiesen. Ich halte es für glaubhaft, wenn in dem Buch von Giefer & Giefer in Interviews mit Geheimdienstagenten aus den USA steht, dass Gehlens Kollegen die Amerikaner mit überzogenen Angaben über die militärischen Möglichkeiten der Sowjets und auch damals schon fälschlich über Massenvernichtungswaffen fütterten, weil das für die Autoren überhaupt keine Rolle spielt. Das kommt zutage im Rahmen von Recherchen, die der Frage nachgehen, warum Nazis (sic!) nach dem Krieg von der CIA für ihren Kampf gegen die Sowjetunion herangezogen worden seien. Bei Gehlen sind die Autoren somit ohnehin auf einer falschen Fährte. Es wird nur in den Antworten erwähnt und die Autoren selbst gehen darauf auch nicht weiterführend ein oder leiten daraus eine These ab. So bleibt es bei den Erinnerungen der US-amerikanischen Geheimdienstler zu einem wichtigen Puzzleteil der Nachkriegsgeschichte, über das in Deutschland natürlich kein Wort verloren wird. Wer den BND aufbaut, um den Westen gegen den Osten auszuspielen, der hängt das Hauptziel dieses Dienstes nicht an die große Glocke. Giefer & Giefer (1991), S. 189, 191, 205
Über den Fortgang der Versorgung Amerikas mit überhöhten Angaben zur militärischen Stärke der Sowjetunion äußerte sich der Autor des Vorwortes zur deutschen Ausgabe eines Buches zur Geschichte der CIA mit dieser Darstellung: „Der BND schluckte sowjetische Fehlinformationen – darunter in den späten fünfziger Jahren die Behauptung, Moskau besitze Tausende von Kernwaffen, die es nachweislich nicht hatte. Im Jahr 1961, auf dem Höhepunkt der durch den Berliner Mauerbau ausgelösten Spannungen, musste die CIA zu ihrem Entsetzen feststellen, dass Gehlens Chef der Spionageabwehr, also der Mann, der für ihn auf Spionjagd ging, für den Kreml arbeitete.“ So wird es wohl gewesen sein – oder vielleicht auch ganz anders: Der BND erfand falsche Informationen und fütterte die CIA damit. Wenn die Angaben der Spione kurz nach dem Krieg Moskau fälschlich in ein dunkles Schummerlicht stellten, ist es nicht so weit hergeholt, dass der

BND diese Linie fortsetzte, bis amerikanische Aufklärungsflugzeuge endlich selbst sahen, dass sie dort so gut wie nichts sahen. Dann konnte man rätseln. Weiner (2008), S. 16. Ein Wort noch zu Gehlens Chef der Spionageabwehr Heinz Felfe. Da ich zu der Schlussfolgerung gelangt bin, dass die Weiterführung dieses Kalten Krieges die zentrale Aufgabe des BND war, gehe ich davon aus, dass Felfe sicher nicht auf eigene Faust, sondern im Auftrag des BND-Chefs Gehlen „für den Kreml" gearbeitet hat. Hätte er nicht „die wesentlichen Einzelheiten aller wichtigen CIA-Aktionen gegen Moskau verraten" und hätte er nicht auch „annähernd siebzig größere Geheimoperationen, die Identität von mehr als hundert CIA-Agenten und ungefähr fünfzehntausend Geheiminformationen" an Moskau verraten, wäre dem BND und Adenauers Bundesrepublik Deutschland die Sowjetunion als Sparringspartner des Westens abhanden gekommen und die Anglo-Amerikaner hätten Deutschland doch noch den Friedensvertrag nach der bedingungslosen Kapitulation aufgedrückt. Bei dem amerikanischen Journalisten, der die Geschichte des bekanntesten amerikanischen Geheimdienstes nachgezeichnet hat, heißt es weiter: „Die CIA war in Deutschland und in ganz Osteuropa so gut wie aus dem Geschäft, und es brauchte ein Jahrzehnt, um diesen Schaden wettzumachen." Weiner (2008), S. 254

Es ist denkbar, dass Gehlens falsche Infos über das Militär der Sowjets 1945 schon verhindert haben, dass Briten und Amerikaner nach der Zerstörung West- und Mitteleuropas den Weltkrieg mit deutschen Soldaten in Osteuropa fortsetzen konnten. Zumindest gehen auf sein Konto 45 Jahre Frieden in Europa.

169 Felfe (1988), S. 106

170 Gehlen (1971), S. 120

171 Ebd.

Operation Unthinkable siehe Endnote 158.

172 Boberach (Hg., 1984), Band 12, S. 4800 und Band 13, S. 4902

173 Ebd., Band 12, S. 4800 und Band 13, S. 4902

174 Rothfels (1960), S. 151

Diese Gebietsforderungen schlugen sich in einem Forderungskatalog für Claus Schenk Graf von Stauffenbergs geplante Verhandlungen mit den Engländern nach einem geglückten Attentat gegen Hitler nieder. Das Papier war bis zum 25. Mai 1944 fertig. Darin heißt es unter Punkt 8: „Reichsgrenze von 1914 im Osten, Erhaltung Österreichs und der Sudeten beim Reich, Autonomie Elsaß-Lothringens, Gewinnung Tirols bis Bozen und Meran." Kern (1988), S. 269

Es steht Ihnen frei, alternative Deutungen für Forderungen dieser Art zu finden, ausformuliert zu einem Zeitpunkt, als die deutsche Wehrmacht noch schlechter dastand als im März 1943. Die Bedeutung der irrealen Gebietsforderungen reicht bis in die jüngste Vergangenheit. Damit wurden *nach dem Mauerfall* die Verhandlungen über die Vereinigung der BRD mit der DDR noch ein halbes Jahr hinausgezögert. Sie waren von 1943 bis zum Juli 1990 auf der Tagesordnung. Fragt man Bundesbürger von damals, so denken viele von ihnen, das Thema der unklaren Grenzen Deutschlands sei mit dem Staatsbesuch Willy Brandts in Warschau schon längst aus der Welt gewesen. Sein Kniefall ist ein guter Anfang gewesen. Dies war jedoch kein wasserdichter juristischer Akt. Richtig ist nur, dass Willy Brandt in der polnischen Hauptstadt einen Vertrag unterschrieben hatte, nach dem die BRD auf die sofortige Revision von Grenzen verzichtete, weil doch die militärische Lage in der Mitte Europas so gefährlich war. Damit war es aber nicht mehr als ein Gewaltverzichtsabkommen und eben gerade keine Grenzanerkennung. Wirklich tragisch daran ist, dass besonders aus Willy Brandts Auftreten nach dem Mauerfall hervorgeht, dass er selbst das Wesen *seiner* Ostverträge nicht verstand. Lange nach dem Tod des Ex-Kanzlers hat sich sein Nachfolger Helmut Schmidt köstlich amüsiert: „Brandt neigte nicht zur verfassungsrechtlichen oder militärstrategischen oder ökonomischen Analyse, er suchte und fand seine Urteile mehr im Gespräch mit seiner unmittelbaren Umgebung." Zu der auch sein Nachfolger gehörte – Schmidt (2008), Außer Dienst, S. 42

175 Strauß (1989), S. 11

176 Brandt (1989), S. 159

177 Sutton (2008), S. 26
Die letzte Tranche für die Forderungen nach dem Ersten *(!)* Weltkrieg wurde erst vor wenigen Jahren – am 4. Oktober 2010 – überwiesen in das Land der unlimitierten Unverschämtheiten.
Offen ausgesprochen fand ich den Gedanken, dass man in der Bundesrepublik die Bezahlung von Reparationen für den Zweiten Weltkrieg umgehen wollte, erstmals beim ehemaligen bayerischen Ministerpräsidenten Franz Josef Strauß. Seine *Erinnerungen* ließ er erst nach seinem Tod veröffentlichen und darin weihte er sein Publikum in aller Offenheit ein: „Wenn wir einen Friedensvertrag schließen, dann verlangt man von uns Reparationen. Da wir aber nicht bereit und nicht in der Lage sind, Reparationen zu zahlen, wollen wir auch keinen Friedensvertrag. Die höhere und die niedere Mathematik der Politik trafen hier zusammen – das Offenhalten der deutschen Frage und das Vermeiden gigantischer Reparationszahlungen." Strauß (1989), S. 257
Dieser Gedanke findet sich auch in den *Erinnerungen* des Ex-Außenministers der BRD Hans-Dietrich Genscher wieder. Er schrieb: „Eine Friedenskonferenz konnte ebenso wenig in Frage kommen wie ein Friedensvertrag. [...] Die Verhandlungen hätten sich an der Frage der Reparationen festgefahren." Genscher (1995), S. 709
Das Offenhalten der deutschen Frage schloss selbstredend den bedingungslosen Erhalt „unserer" DDR ein. Deren langjähriger Spionagechef Markus Wolf kam zu dieser Erkenntnis bereits während der Regierungszeit von Kanzler Helmut Schmidt. 1977 wurde ihm durch Herbert Wehner (Mitglied des Bundestages) und über den Unterhändler Wolfgang Vogel eine Niederschrift des Bundeskanzlers mit höchster Geheimhaltungsstufe zugespielt, wonach er im Tagebuch notierte: „Wenn unsere Dilettanten dieses Dokument wirklich gelesen und verstanden hätten, wären sie ohne Illusionen. Für den realistisch denkenden Bundeskanzler hat nach den Beziehungen zu den USA das Verhältnis zur Sowjetunion absolut vorderen Rang. Dann kommt noch sehr viel anderes und erst dann, weil äußerst kompliziert, kommen die Beziehungen zur DDR, wenn für ihn etwas herausspringt." Wolf (2003), S. 323
Da Helmut Schmidt und Franz Josef Strauß im Unterschied zu Willy Brandt verstanden hatten, dass sie Westdeutschland ausschließlich durch das Offenhalten der deutschen Frage vor der Zahlung von Reparationen bewahren konnten, hat Bundeskanzler Schmidt den Milliardenkredit für „unsere" DDR Anfang der 1980er Jahre angebahnt und der bayerische Ministerpräsident Strauß realisierte ihn dann gegen alle Kritik in der Öffentlichkeit.
Ein Wort vielleicht noch zu dem einst prominenten DDR-Bürger Dr. Wolfgang Vogel. Pro Jahr erhielt er aus der Bundesrepublik DM 360.000 auf ein Konto in West-Berlin. Wenn man das in der DDR gewusst hätte, dann hätte man ihm wohl mehr geboten als 100.000 Mark der DDR und 50.000 D-Mark pro Jahr oder man hätte ihn gleich hinter schwedische Gardinen verbracht. Dr. Vogel hat sicher zu

Recht postuliert: „Ich war kein Top-Agent der Stasi.“ Der Spiegel 06/ 1994, S. 28 und 46/1994, S. 77. Richtig, Dr. Vogel war kein Top-Agent der Stasi. Er war einer der Techniker, die das Offenhalten der deutschen Frage über vier Jahrzehnte bewerkstelligt haben – für Bonn. Betrachtet man zum Beispiel all die Debatten über Manfred Stolpe, Albrecht Schönherr und andere einmal so, dann wird man deren krumme, aber nicht bestrafte Touren endlich nachvollziehen können.

178 Hoffmann (1979), S. 221

179 Ebd., S. 228

180 Ebd., S. 229-235
Groves (1965), S. 331f.

Literaturauswahl

Appel, Reinhard (Hg., 1995). Es wird nicht mehr zurückgeschossen. Erinnerungen an das Kriegsende 1945. Bergisch Gladbach: Lingen

Ardenne, Manfred von (1987). Sechzig Jahre für Forschung und Fortschritt. Autobiografie. Berlin: Verlag der Nation

Bereshkow, Walentin M. (1975). Jahre im diplomatischen Dienst. Berlin: Dietz Verlag

Berthold, Will (2007). Die 42 Attentate auf Adolf Hitler. Wiesbaden: VMA-Verlag

Black, Edwin (2001). IBM und der Holocaust. Die Verstrickung des Weltkonzerns in die Verbrechen der Nazis. München: Propyläen Verlag

Boberach, Heinz (Hg., 1984). Meldungen aus dem Reich. Die geheimen Lageberichte des Sicherheitsdienstes der SS. 1938-1945. Herrsching: Pawlak Verlag

Brandt, Willy (1990). Erinnerungen. 4. Auflage 1990, Frankfurt am Main: Propyläen Verlag

Briefwechsel (2008). The Secret History of World War II. The Ultra-Secret Wartime Cables and Letters of Roosevelt, Churchill and Stalin. USA: Konecky & Konecky

Bruch, Rüdiger vom & Hofmeister, Björn (2000). Deutsche Geschichte in Quellen und Darstellung. Band 8. Kaiserreich und Erster Weltkrieg. 1871-1918. Stuttgart: Philipp Reclam jun.

Bührer, Werner (1992). Finanzierung Hitlers und der NSDAP. In: Legenden, Lügen, Vorurteile. Ein Wörterbuch zur Zeitgeschichte. Herausgegeben von Wolfgang Benz. München: Deutscher Taschenbuch Verlag

Churchill, Winston Leonard Spencer (1954). Der Zweite Weltkrieg. Bern: Alfred Scherz Verlag

Critchfield, James (2005). Auftrag Pullach. Die Organisation Gehlen 1948 – 1956. Hamburg: Mittler

Dell, Robert (1934). Germany Unmasked. London: Martin Hopkins Ltd.

Diekmann, Kai & Reuth, Ralf Georg (1996). Helmut Kohl. Ich wollte Deutschlands Einheit. Berlin: Propyläen Verlag

Denson, John V. (2013). Sie sagten Frieden und meinten Krieg: Die US-Präsidenten Lincoln, Wilson und Roosevelt. Gilching: Druffel & Vorwinckel

Dönhoff, Marion Gräfin (1976). Menschen, die wissen, worum es geht. Politische Schicksale 1916 – 1976. Hamburg: Hoffmann & Campe

Falin, Valentin (1995). Zweite Front. Die Interessenkonflikte der Anti-Hitler-Koalition. München: Droemersche Verlagsanstalt Th. Knaur Nachfolger

Felfe, Heinz (1988). Im Dienst des Gegners. Autobiografie. 2. Auflage 1989, Berlin: Verlag der Nation

Fest, Joachim C. (1994). Staatsstreich. Der lange Weg zum 20. Juli. Berlin: Siedler Verlag

Gassert, Philipp (1999). Handel mit Hitler. Nach den Schweizer Banken geraten nun auch die amerikanischen Unternehmen ins Visier. In: Die Zeit, 14.01.1999, S. 78

Gaus, Günter (1986). Die Welt der Westdeutschen. Kritische Betrachtungen. Köln: Kiepenheuer & Witsch

Gehlen, Reinhard (1971). Der Dienst. Erinnerungen. 1942 – 1971. Mainz und Wiesbaden: v. Hase & Koehler Verlag

Genscher, Hans-Dietrich (1995). Erinnerungen. München: Goldmann Verlag

Giefer, Thomas & Giefer, Rena (1991). Die Rattenlinie. Fluchtwege der Nazis. Eine Dokumentation. Frankfurt am Main: Athenäums Programm by anton hain

Gisevius, Hans Bernd (1947). Bis zum bittern Ende. In zwei Bänden. Darmstadt: Claassen & Würth

Gisevius, Hans Bernd (1965). Adolf Hitler. Versuch einer Deutung. Bertelsmann Lesering. Auflage: Lizenzausgabe, Buchgemeinschaftsausgabe mit Genehmigung des Rütten + Loening Verlages, München

Giskes, Hermann J. (1982) London ruft Nordpol. Das erfolgreiche Funkspiel der deutschen militärischen Abwehr. Bergisch-Gladbach: Bastei Lübbe. Das Original erschien 1949 bei De Bezige Bij, Amsterdam.

Grey, Edward Grey (1926). Fünfundzwanzig Jahre Politik. Memoiren 1892-1916. Band 2, München: Bruckmann

Groves, Leslie R. (1965). Now It Can Be Told. Die Geschichte der ersten Atombombe. Köln und Berlin: Verlag Kiepenheuer & Witsch

Haisenko, Peter (2010). England, die Deutschen, die Juden und das 20. Jahrhundert. Lehrte: AnderweltVerlag

Higham, Charles (1983). Trading with the Enemy. An Exposé of the Nazi-American Money Plot 1933-1949, New York: Backinprint.com

Hirche, Kurt (1964). Der braune und der rote Witz. Düsseldorf und Wien: Econ Verlag

Hofer, Walther (1957). Der Nationalsozialismus. Dokumente 1933 – 1945, Überarbeitete Neuausgabe 1982, Frankfurt am Main: Fischer Bücherei KG

Hoffmann, Klaus (1979). Otto Hahn. 2. Auflage, Berlin: Neues Leben

Huber, Heinz & Müller, Artur (1964). Das Dritte Reich. Seine Geschichte in Texten, Bildern und Dokumenten. München, Wien und Basel: Verlag Kurt Desch GmbH,

Hughes, Emrys (1955). Winston Churchill. British Bulldog - His Career in War and Peace. New York: Exposition Press

IMT: Internationaler Militärgerichtshof Nürnberg (1948). Der Nürnberger Prozess gegen die Hauptkriegsverbrecher vom 14. November 1945 – 1. Oktober 1946. Genehmigte Sonderausgabe, herausgegeben vom Internationalen Militärgerichtshof Nürnberg, Frechen: Komet MA-Service und Verlagsgesellschaft mbH

Kennan, George F. (1968). Memoiren eines Diplomaten. Stuttgart: Henry Goverts Verlag

Kern, Erich (Hg., 1988). Verheimlichte Dokumente. Was den Deutschen verschwiegen wird. München: FZ-Verlag GmbH

Klöckler, Jürgen (2005). Auslandspropaganda und Holocaust. Kurt Georg Kiesinger im Auswärtigen Amt 1940-1945. In: Buchstab, Günter & Gassert, Philipp & Lang, Peter Thaddäus (Hg.): Kurt Georg Kiesinger 1904-1988. Von Ebingen ins Kanzleramt. Freiburg im Breisgau: Herder

Knightley, Phillip (1990). Die Geschichte der Spionage im 20. Jahrhundert. Aufbau und Organisation, Erfolge und Niederlagen der großen Geheimdienste. Berlin: Verlag Volk und Welt

Krieger, Wolfgang (2007). Geheimdienste in der Weltgeschichte – Von der Antike bis heute, Köln: Anaconda Verlag GmbH

LeBor, Adam (2014). Tower of Basel. BIZ [Bank für Internationalen Zahlungsausgleich]. Die Bank der Banken und ihre dunkle Geschichte. Zürich: Rotpunktverlag

Machiavelli, Niccolò (2009), Der Fürst. Hamburg: Nikol Verlagsgesellschaft mbH & CoKG

Mackinder, Harold John (1919). Democratic Ideals and Reality. A Study in the Politics of Reconstruction. London: Constable and Company Ltd.

Mackinder, Harold John (1904). The Geographical Pivot of History. In: The Geographical Journal. April 1904, S. 421–444. Nachgedruckt in: Special Issue of The Geographical Journal, Vol. 170, No. 4, Dezember 2004, S. 298–321

Mader, Julius (1976). Hitlers Spionagegenerale sagen aus. Ein Dokumentarbericht über Aufbau, Struktur und Operationen des OKW-Geheimdienstamtes Ausland/Abwehr mit einer Chronologie seiner Einsätze von 1933 bis 1944

Mayer, Edgar & Mehner, Thomas (2001). Das Geheimnis der deutschen Atombombe. Gewannen Hitlers Wissenschaftler den nuklearen Wettlauf doch? Die Geheimprojekte bei Innsbruck, im Raum Jonastal bei Arnstadt und in Prag. Rottenburg: Jochen Kopp Verlag

Moorhouse, Roger (2007). Killing Hitler. Die Attentäter, die Pläne und warum sie scheiterten. Wiesbaden: marixverlag GmbH

Overy, Richard (2013). The bombers and the bombed: Allied war over Europe, 1940 – 1945. New York, NY [u. a.] : Penguin Books

Pauwels, Jacques R (2003). The myth of the good war. America in the Second World War. Toronto: Lorimer

Pauwels, Jacques R (2013). Big Business avec Hitler. Brüssel: Les Èditions Aden

Pool, James (1979). Who Financed Hitler: The Secret Funding of Hitler's Rise to Power, 1919-1933. Gallery Books

Preparata, Guido Giacomo (2011). Wer Hitler mächtig machte. Wie britisch-amerikanische Finanzeliten dem Dritten Reich den Weg ebneten. 2. Auflage, Basel: Perseus Verlag

Ramge, Thomas (2003). Die großen Polit-Skandale der Bundesrepublik. Frankfurt am Main: Campus Verlag

Reginbogin, Herbert (1998). Erträgliches Geschäft mit dem Feind. Amerikanisch-deutsche Wirtschaftsbeziehungen im Krieg. In: NZZ, 22.10.1998

Reynolds, David (2007). From World War to Cold War: Churchill, Roosevelt, and the International History of the 1940s. Oxford: Oxford University Press

Rothfels, Hans (1960). Die deutsche Opposition gegen Hitler. ungekürzte, stark revidierte Ausgabe, Frankfurt am Main und Hamburg: Fischer Bücherei

Sandvoß, Hans-Rainer (1988). Widerstand in Spandau. Heft 3 der Schriftenreihe über den Widerstand in Berlin von 1933 bis 1945. Berlin: Gedenkstätte Deutscher Widerstand

Schafranek, Hans (2004). Unternehmen „Nordpol“. Das Englandspiel der deutschen militärischen Abwehr in den Jahren 1942–1944. In: Hans Schafranek, Hans & Tuchel, Johannes (Hg., 2004). Krieg im Äther. Widerstand und Spionage im Zweiten Weltkrieg. Wien: Picus-Verlag

Schmidt, Helmut (1995). Aufsatz in: Appel, Reinhard (Hg., 1995). Es wird nicht mehr zurückgeschossen. Erinnerungen an das Kriegsende 1945. Bergisch Gladbach: Lingen

Schmidt, Paul (1949). Statist auf diplomatischer Bühne. 1923–1945. Erlebnisse des Chefdolmetschers im Auswärtigen Amt mit den Staatsmännern Europas. Frankfurt am Main und Bonn: Athenäumverlag

Schmidt-Eenboom, Erich (2004). Geheimdienst, Politik und Medien. Meinungsmache Undercover. Edition Zeitgeschichte, Band 16, Berlin: Kai Homilius Verlag

Schönbach, Karsten Heinz (2015). Die deutschen Konzerne und der Nationalsozialismus. 1926–1941. Seitenzahlen entsprechend der Doktorarbeit von 2012. Veröffentlicht zu Berlin: trafo Wissenschaftsverlag

Schreieder, Joseph (1950). Das war das Englandspiel. München. Walter Stutz Verlag

Schultze-Rhonhof, Gerd (2003). 1939. Der Krieg, der viele Väter hatte. Der lange Anlauf zum Zweiten Weltkrieg. 6. Auflage. München Olzog Verlag GmbH

Speidel, Hans (1977). Aus unserer Zeit. Lizenzausgabe des Deutschen Bücherbundes, Frankfurt am Main, Berlin, Wien:Verlag Ullstein GmbH,

Steffahn, Harald (1992). Die Weiße Rose. Reinbek bei Hamburg: Rowohlt Taschenbuch Verlag GmbH

Steinbach, Peter & Tuchel, Johannes (Hg., 1994). Widerstand gegen den Nationalsozialismus, Schriftenreihe, Band 323, Bonn: Bundeszentrale für politische Bildung

Straeten, Herbert (1997). Andere Deutsche unter Hitler. Mainz: v. Hase & Koehler Verlag

Strauß, Franz Josef (1989). Die Erinnerungen. Berlin: Wolf Jobst Siedler Verlag

Sutton, Antony Cyril (1974). Wall Street and the Bolshevik Revolution. New Rochelle, New York: Arlington

Sutton, Antony Cyril (2008). Wall Street und der Aufstieg Hitlers. Basel: Perseus Verlag

Szepansky, Gerda (1983). Frauen leisten Widerstand: 1933 – 1945. 16. - 18. Tausend: Mai 1988, Frankfurt am Main: Fischer Taschenbuch Verlag GmbH

Trepp, Gian (1996). Bankgeschäfte mit dem Feind. Die Bank für Internationalen Zahlungsausgleich im Zweiten Weltkrieg. Von Hitlers Europabank zum Instrument des Marshallplans. 2. Auflage, Zürich: Rotpunktverlag

Walker, Jonathan (2013). Operation Unthinkable: The Third World War. British plans to attack the Soviet Empire, 1945. Stroud, Gloucestershire: The History Press

Wallace, Henry Agard (1947). Sondermission in Sowjet-Asien und China. Zürich: Steinberg Verlag

Waltershausen, August Sartorius von (1920). Deutsche Wirtschaftsgeschichte 1815-1914, Jena

Weyer, Johannes (1999). Wernher von Braun. Reinbek bei Hamburg: Rowohlt Taschenbuch Verlag

Weiner, Tim (2008). CIA. Die ganze Geschichte. 2. Auflage, Frankfurt am Main: S. Fischer Verlags GmbH

Wolf, Markus (2003). Spionagechef im geheimen Krieg. 5. Auflage, München: Ullstein Verlag

Wydra, Thilo (2003). Rosenstraße. Ein Film von Margarethe von Trotta. Die Geschichte. Die Hintergründe. Die Regisseurin. Berlin: Nicolaische Verlagsbuchhandlung GmbH.

Zdral, Wolfgang (2002). Der finanzierte Aufstieg des Adolf H. Wien: Ueberreuter

Ebenfalls im Anderwelt Verlag erschienen:

England war mit dem Aufstieg kontinentaleuropäischer Länder zu Wirtschaftsmächten und Konkurrenten am Ende des 19. Jahrhunderts nicht untergegangen. Dabei standen die Sterne für das Empire nicht günstig. Der Anteil der Insel am Welthandel war über Jahrzehnte immer weiter gesunken, sie verfügte perspektivisch nicht selbst über genug Rohstoffe für ihre eigene Wirtschaft, auch nicht über hinreichend viele Einwohner, um den ökonomischen Aufstieg anderer Länder mit Hilfe von Feldzügen zu beenden. Wie lässt es sich erklären, dass binnen 50 Jahren die erfolgreiche Entwicklung großer Reiche in Kriegen und Diktaturen versandete und England auch ohne materielle Grundlage noch der Global Player ist wie vor hundert Jahren?

Londoner Außenpolitik & Adolf Hitler: Gibt es einen blinden Fleck?
Autor: Reinhard Leube
ISBN 978-3-940321-19-0 **€ 25.00 (D)**

Was haben die Menschen in Deutschland wohl gefühlt und erlebt in den Jahren 1933 bis 1937? Waren alle glühende Nationalsozialisten oder begann mit den Nazis eine Diktatur? Hätte es tatsächlich eine braune Mehrheit gegeben, dann wäre das eine Demokratie gewesen und man hätte die Gestapo und Ähnliches nicht gebraucht. Wie hat aber das Ausland auf den neuen Kanzler Adolf Hitler reagiert? Wieso war die Chefetage in London von ihm eigentlich so begeistert?
Das vorliegende chronologisch aufgebaute Werk vermittelt dem Publikum einen Eindruck von dieser Zeit, der eine Gänsehaut erzeugt. Ganz anders als die unzähligen Dokus, die nur blitzlichtartig Ausschnitte zeigen ...

Atemberaubend
Autor: Reinhard Leube
ISBN 978-3-940321-20-6 **€ 25.00 (D)**

Kann sein, dass die Berufshistoriker ihr Wissen bloß in verschämten Nebensätzen und in ihren Fußnoten unterbringen. In der Geschichte dritter Teil Septemberrevolution kommt alles auf den Tisch, was inzwischen über das Jahr 1938 bekannt geworden ist, zeitlich geordnet und packend erzählt. Nach weniger als sechs Jahren konnte der kleine Hitler, der mit dem Geld aus England und Amerika in Berlin an die Macht kam, von der Bühne wieder verschwunden sein und sein Drittes Reich nicht mehr als eine üble Panne in der Geschichte Deutschlands. Monate vor den Pogromen gegen die Juden vom November 1938 und ein Jahr, bevor ein zweiter Weltkrieg begann, konnte Hitler durch einen Aufstand in seinem Dritten Reich weggeputscht sein. In diesem Buch erleben Sie noch einmal live mit, wie genau das verhindert wurde.

Septemberrevolution
Autor: Reinhard Leube
ISBN 978-3-940321-23-7 **€ 25.00 (D)**

England war mit dem Aufstieg kontinentaleuropäischer Länder zu Wirtschaftsmächten und Konkurrenten am Ende des 19. Jahrhunderts nicht untergegangen. Der Anteil der Insel am Welthandel war über Jahrzehnte immer weiter gesunken, sie verfügte perspektivisch nicht selbst über genug Rohstoffe für ihre eigene Wirtschaft, auch nicht über hinreichend viele Einwohner, um den ökonomischen Aufstieg anderer Länder mit Hilfe von Feldzügen zu beenden. Wie lässt es sich erklären, dass binnen 50 Jahren die erfolgreiche Entwicklung großer Reiche in Kriegen und Diktaturen versandete und England auch ohne materielle Grundlage noch der Global Player ist wie vor hundert Jahren?

God Save the Fuehrer
Reinhard Leube
ISBN 978-3-940321-25-1 **€ 25,00 (D)**

Im Prinzip kennen Sie die Geschichte. Irgendwann gab es einen ersten Weltkrieg und später einen zweiten. Warum ein neues Buch darüber? Und weshalb ist es denn letzten Endes gleich eine Serie geworden?
Es gibt sie, die vielen Wahrheiten, die vielen Quellen, die vielen Details. Gewöhnlich entscheiden sich Historiker dafür, die Fragmente zu liefern, die ihre These „belegen". Doch wo bleibt der Rest? Andere Wahrheiten landen in anderen Büchern und dort war auf einmal alles ganz anders.
Das Appeasement war kein Fehler. Es war die Pflege und Wartung des Selbstzerstörungsmechanismus im Inneren Deutschlands, der den Namen Adolf Hitler trug und glaubte, er verdanke die Erfolge, die er wundersam erzielen durfte, im vollen Ernst der Vorsehung ...

Katz-und-Maus-Spiele
Autor: Reinhard Leube
ISBN 978-3-940321-26-8 **€ 25,00 (D)**

Kriege werden aus zwei Gründen begonnen:
Wirtschaft und Religion. In der Neuzeit ist es oftmals nicht zu übersehen, dass der Kampf ums Öl der wahre Grund für Kriege ist. Die Betrachtungen von Peter Haisenko zeigen, dass es bereits vor mehr als 100 Jahren nicht anders war. Politisch orchestrierte Lügen und Intrigen sind keine Erfin- dung der Neuzeit. Mit diesem Buch gehen Sie auf eine Reise durch das 20. Jahrhundert, und die Analyse wirtschaftlich-politischer Verknüpfungen lässt manche „geschichtliche Wahrheit" zweifelhaft erscheinen.

England, die Deutschen, die Juden und das 20. Jahrhundert
Autor: Peter Haisenko
ISBN 978-3-940321-03-9 **€ 24.90 (D)**

Vor einigen Jahren reisten kleine Gruppen von neugierigen Weltverbesserern aus vielen Ländern nach Neuseeland, um zu bewundern und zu lernen, wie so eine kleine, ehemalige Kolonie es geschafft hatte, einen der höchsten Lebensstandards auf Erden für seine Bürger zu erreichen. Neuseeland stand damals für einen Traum, für den Traum einer tatsächlich möglichen gerechten Welt. Heutzutage kommen die Menschen in Millionenstärke jedes Jahr, aber fast ausschließlich als Touristen oder als Einwanderer, als Ertragsquellen, um Devisen zu bringen, die das Land dringend braucht. Denn inzwischen haben die Investoren wieder die Oberhoheit vom Volk zurückerobert, die ihnen einige Jahre lang aus den Händen geglitten ward.

Ausverkauf vom Traum Neuseeland
Autoren: Hans-Jürgen Geese
ISBN 978-3-940321-24-4 **€ 21.00 (D)**

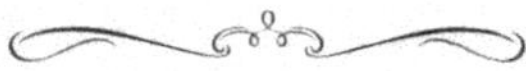

Wer echte Demokratie will, muss als wichtigste Voraussetzung ein Finanz- und Wirtschaftssystem fordern, das die Macht des Kapitals bricht, der „wundersamen Geldvermehrung" durch Zins und Zinseszins ein Ende setzt und Korruption weitgehend unmöglich macht. Die Humane Marktwirtschaft wird das leisten, und nicht nur das. Sie wird den Menschen Freiheit schenken in bisher nicht gekanntem Ausmaß; ein Leben frei von Lohnsteuer und Inflation und damit eine zuverlässig planbare Zukunft. Um das zu erreichen, bedarf es keiner blutigen Revolution, sondern lediglich der Rückbesinnung auf die Grundsätze des Humanismus – und deren konsequente Umsetzung.

Die Humane Marktwirtschaft
Autoren: Peter Haisenko / Hubert von Brunn
ISBN 978-3-940321-13-8 **€ 15.00 (D)**

Eine Laune des Schicksals hat den Schiffbrüchigen Oliver Mertens an die Gestade einer tropischen Insel gespült. In einem einsamen Haus am Strand, das von zwei Frauen bewohnt wird, findet er Aufnahme und Pflege. Diese ebenso unerwartete wie ungewollte Begegnung, aus der es kein Entrinnen gibt, wird für alle Beteiligten zu einer emotionalen Zerreißprobe. Es ist der ewig aktuelle Widerstreit von Distanz und Nähe, Ablehnung und Akzeptanz, Verstand und Gefühl...

Sicher geglaubte Positionen geraten ins Wanken, erotische Spannung baut sich auf – die vermeintlich heile Welt des Gewohnten und Vertrauten gerät völlig aus den Fugen. Was bleibt, ist die Ahnung (oder das Wissen?), dass nichts ohne Grund geschieht und nichts im Leben von Bestand ist.

Strandgut
Hubert von Brunn
ISBN 978-3-940321-08-4 **€ 14,00 (D)**

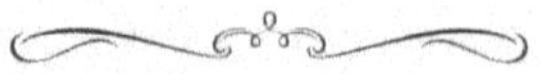

Bei Erscheinen dieses Romans 1999 war „Gender Mainstreaming“ in der öffentlichen Wahrnehmung noch weitgehend unbekannt. Feminismus, auch radikaler Feminismus, indes war damals schon längst ein Thema, das heftig diskutiert wurde und bei den Menschen beiderlei Geschlechts mitunter sehr kontroverse Reaktionen hervorgerufen hat.
Als Musiker, Journalist und Weltenbummler ist der Autor schon in jungen Jahren mit manchen feministischen Auswüchsen konfrontiert worden, über die er in seinem männlichen Selbstverständnis „not amused“ war.

Staat der Frauen
Hubert von Brunn
ISBN 3-8280-0891-7 **€ 7,50 (D)**

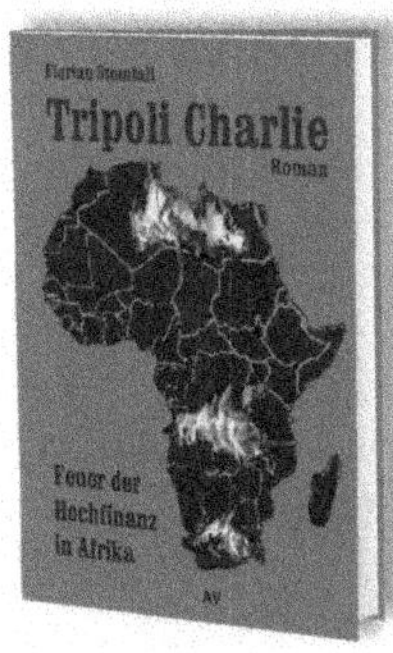

Florian Stumfall war im Bürgerkrieg in Mozambique, in Angola, im Hauptquartier der UNITA in Jamba, er war zu Gast bei Regierungen… Drei Ereignisse hat er in diesem Buch zu einer auf Tatsachen beruhenden Romanhandlung verarbeitet, deren wahrer Kern sich ganz erheblich von dem unterscheidet, was uns die Medien darüber erzählt haben. Stumfall schildert, wie und mit welchem Deal Nelson Mandela in Südafrika von der US-Hochfinanz an die Macht gebracht wurde und wie der Energiekonzern SASOL in Mozambique wegen eines Gasfeldes einen Bürgerkrieg angezettelt hat. Er berichtet vom Krieg in Angola und beschreibt die Rolle, die das weltweite Oppenheimer Diamanten-Monopol gespielt hat, als Jonas Savimbi, der Anführer der antikolonialen UNITA, vom Westen fallen gelassen wurde. Schließlich deckt er auf Basis ihm zugespielter Dokumente die Hintergründe für den 2011 geführten Krieg gegen Gaddafi in Libyen auf.

Tripoli Charlie
Autor: Florian Stumfall
ISBN 978-3-940321-22-0 **€ 24,30 (D)**

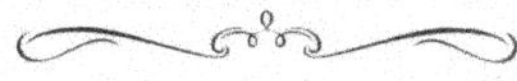

Das gesamte Angebot des Anderwelt Verlages finden Sie unter:

www.anderweltverlag.com

Besuchen Sie auch unser Portal für kritischen Journalismus und Meinungsbildung unter:

www.anderweltonline.com

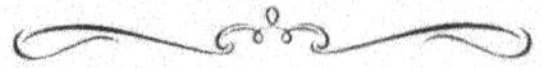